THE

世界還能變好嗎？

HISTORY

劍橋大學教授談12位時代思想巨人，
開展平等、正義與革命的關鍵思考

OF

大衛・朗西曼 DAVID RUNCIMAN——著　陳禹仲——譯

IDEAS

EQUALITY, JUSTICE AND REVOLUTION

目次

推薦序

女權、正義與人性：從閱讀中學習反思與批判

周維毅（《小大人的公民素養課》作者、高中公民教師）

在這個資訊快速流動、立場對立激烈的時代，我們需要能夠引領深層思考的經典與論述。無論是性別平等、社會正義，或是日常道德的選擇，每一個關鍵議題，都值得我們回到思想本身，重新思考「人」的樣貌與理想社會的可能性。以下引介正是希望與關注相關議題的您，一同展開對話與思辨。

閱讀波娃：女權是讓每一個性別都能獲致自由

一起知名企業的性騷擾風波，引發社群媒體上的抵制浪潮，而某些來自全台各地的明星男校學生竟拍下購買該企業產品的照片，並附上「沒有女權的世界真好」等語出驚人的發言。也許

他們並未深思其言，但這樣的舉動卻赤裸地揭示了我們社會在性別教育上的缺口與盲點。《第二性》，波娃的經典之作，於此刻顯得格外重要。

波娃曾說：「女人不是天生的，而是後天形成的。」她以存在主義哲學為基礎，深刻指出女性長久以來被建構為「他者」，無法如男性般被視為自由而完整的主體。這不只是關於個別男性如何對待女性，而是關於整個社會如何界定「人」的樣貌，又如何限縮某些人的可能性與未來。

「女權」時常被誤解為對立與排擠，其實它訴求的是每一個人——無論性別——都能自主定義人生、不被角色與生理限制所侷限。性別平等不是口號，而是一種思想的解放，是對人性尊嚴的堅持。在本書第九章，波娃《第二性》中對自由的論述，為我們指出了思考的路徑，也提醒我們：真正的自由，是讓每一種性別能夠自由。

羅爾斯為我們開啟反思正義的大門

在《正義論》中，羅爾斯提出一個簡單卻深刻的思考實驗：「如果你不知道自己會出生在什麼樣的家庭、階級、族群或性別，你會希望生活在什麼樣的社會裡？」這是他著名的「無知之幕」，讓我們能夠跳脫自身當下的處境，以更公平的角度思考制度的正義。

這樣的觀點對臺灣社會尤為重要。當我們討論如原住民族的升學保障政策時，常聽到關於公平性的質疑。但若從羅爾斯的角度思考——若你無法預知自己是否會是長期處於不利處境結構中的一員——你會不會期待社會提供一個合理的保障與支持？

羅爾斯強調，自由固然重要，但若不能保障最不利群體者的權益，那樣的社會制度就稱不上正義。他的「差異原則」提醒我們，正義不是平均分配，而是讓最需要的人也能得到尊重與機會。這不只是政治理論，更是關乎我們每一個人的生活。透過羅爾斯的觀點，關心平權與公平的讀者，將有機會重新思索：未來的社會該是什麼模樣？而我們，又能承擔什麼責任？

從史珂拉看見我們沾染的平凡卻危險的惡習

第十二章的史珂拉點出五種日常生活中看似平凡卻極具危險性的惡習：殘忍、勢利、背叛、偽善、冷漠。這些惡習並非驚天動地的罪行，而是我們每一個人可能在日常選擇、社群發文、甚至轉發行為中無意識展現的習慣。

其中最值得當代社群使用者警覺的是「偽善」。我們都曾無法完全實踐自己所信奉的原則，也因此對他人的偽善格外敏感。社群媒體是一座偽善的製造機，它既容納大量的善意，也醞釀著殘酷的審判與公審文化。當揭露與譴責成為一種公共娛樂，絕大多數人可能在「討伐偽善」之際，反倒助長了更大的殘忍。

史珂拉提醒我們，容忍偽善並不等於接受它，而是要理解人性與制度的限制，避免我們在追求道德潔癖的過程中，反而喪失了對人的寬容與理解。這樣的反思，不只是對他人的提醒，也是對自己的省思。

若你願意從閱讀練習思辨能力，對社會議題保持敏感，那麼這本書的波娃、羅爾斯與史珂拉等十二位思想家，將能引領我們思考自由、正義與道德實踐。除此之外，還有盧梭、邊沁、道格拉斯、巴特勒、尼采等人的經典論述，引領我們反思人類、社會與國家的各種重要課題。他們的視角或許無法提供正確答案，但將能陪伴我們提問與深思：在這個世界裡，我們該成為怎樣的人？我們該怎麼做才能構建更理想的公民社會？

推薦序　不在殿堂的政治哲學

蕭育和（逢甲大學通識中心助理教授）

我們當與過去劃清界線，並被迫將殘破的生命碎片，拼接到機運或將留給我們的，那未決新境地。

——洛厄爾（James Russell Lowell），《林肯》

政治哲學經常給人一種莊嚴的觀感，人們經常期許政治哲學家大從國家權力的限度，小至性別友善廁所的設立，都能提出一套堅不可摧的理據，盼望自己的意見能得到大哲學家口頭乃至片語的肯定。我曾親睹訪台的政治哲學大師被問及其學說如何運用於兩岸紛爭時，表現出半是困窘半是困惑的啞然，眼神彷彿在向對方確認，是否真心要從他口中得到一個攸關共同體命運的權威解答。

在這本《世界還能變好嗎？》最後，朗西曼以一個最不為人所知的思想家與著作做尾，結束於史珂拉一個或許違背人們對強勢政治哲學期待的主張，若殘忍是現代政治生活中最需要謹慎對抗的首惡，那麼，「沒有任何哲學體系能告訴你該如何解決這個難題」。

朗西曼歷數了十二位哲人，從十八世紀中葉延續到二十世紀末，本該是時代精神最昂揚的兩百年間，讀者卻很難在本作中感受到一絲自信的氣息，沒有同類型作品中對革命成就與現代權利體系的讚揚，更沒有對世紀浩劫的沉痛反思，在自盧梭而始、在史珂拉而終的布局中，透露出一條傅柯式（Foucauldian）的引線：殘忍並未因酷刑屠戮與舊世界的退場而消失，反倒重新在現代生命的日常境地中具體而微成形。

現代人究竟是如何走到這一步？朗西曼並沒有讓他的主角們做出基進的批判或決絕的論斷，顯然也刻意略去了某些躊躇滿志的思想家。開場那位帶著困惑憂思的盧梭奠定了本作基調，邊沁也遠遠不是人們刻板印象中執著於改造計畫的強迫症，而是一個對一切成規發起天真質疑的自閉症患者。

在朗西曼的安排下，現代政治世界無理的支配幾乎無以挽救，盧梭的第一個謊言、尼采的「奴隸在道德上的反叛」，乃至於波娃對於性別系統性壓迫無從解放的診斷；至於引領現代自由主義不同風尚的羅爾斯與諾齊克，則在朗西曼的導演下各自以弱勢的說理呼籲以及矽谷的盲目追捧，淡出指引現代生命的講臺。

此外，兩百年間以倡議革命知名的馬克思主義思想家，都不在這本題有「革命」的著作之列。如果存在任何意義上的革命，它都不應該無底線地與暴力妥協，看來是作者借盧森堡對二十世紀共產革命的幽微反擊。然而，這並不意味著「革命」的缺席，不乏批評朗西曼誤解盧森堡的評論，不過，我希望指出他在盧森堡一章中畫龍點睛的詮釋，至大的革命是「讓意料之外的事情發生」，「革命」既需要得以翻轉既有世界認知的智識勇氣，也需要避免極端的審慎自省，於是《埃魯洪》就不僅僅只是賽伯格宣言的先聲，同時也是對革命的注解。

值得推敲的是，朗西曼何以在標題中隱去在本作各章中占據相當篇幅，遠遠多過平等與正義的「民主」？即便觸及那些對現代民主最有力的論證與批判，諸如熊彼得民主作為菁英競爭的最小定義，以及施密特筆下糾葛不清的民主與自由主義，朗西曼也從未從任何人身上得出民主「應該是怎樣」的強勢定義。

他鼓勵在這些著作中延伸出一條「意料之外」的詮釋：應該從熊彼得那裡思考競爭作為民主的門檻實際上並不容易，以及競爭的多元民主精神適用於社會其他建制的可能，是否人們對「政治」的過度熱情鼓動了當前令人困擾的民粹主義，而施密特看似冷酷的論斷，則意外提示了身分政治與民主的內在緊張。道格拉斯最終在憲法發現了「為廢除奴隸制提供了法理基礎」的故事，別具深意。

同樣的，盧梭「從來都沒有一種真正的民主，未來也都不會有」的論斷，與羅爾斯那需要設置諸多條件的正義理念，從來也都不該是暴烈改造社會的依據，而是對我們當前境地，絕不應該如此自滿的反省。問題從來不是民主「是什麼」，而是人身而為政治動物的創造能力，在近乎神經質追問何以致此之後，依然不因美好的願景棄絕所有底線，試探出過去與未來之間，意料之外

「未決新境地」的能力。

這也就是盧梭之始與史珂拉之終彼此之間的呼應，我們總是具有重新奪回政治的能力，總是具有反思收束對弱者施加痛苦與恐懼，抗拒殘忍的能力，特別是在活生生的人化身數位形象的社群媒體時代。

朗西曼的這本著作，顯然不是為了打造膜拜十二位大師的宏偉殿堂，用心的讀者將會發現他在思想之間一條條穿梭串連的創意之線。例如，他多次提示現代社會的支配與壓迫，早已是一套去中心化的複雜體系，敏銳的讀者於是會意識到，波娃對性別壓迫的批判，同樣也適用於資本主義，而社群媒體過度激化的刺激，肯定也會讓人聯想起盧梭對「模糊而強烈」與「清楚但薄弱」，兩種憐憫的區分。

用心愛智的讀者，終會在這十二個思想節點的往返、接力與串連之間，找到屬於自己的「政治哲學」關懷。

獻給海倫

作者前言

一如前作《政治哲學的12堂Podcast》（*Confronting Leviathan*），這本書同樣是以我在新冠疫情大流行期間及其後，所推出的一系列Podcasts為基礎發展而來。在《政治哲學的12堂Podcast》裡，我探討了國家及其權力如何在歷史中出現的課題。在我們的政治領導者基於安全考量，而實施各種將我們閉鎖在家門中的時刻裡，那個主題似乎格外符合我們對現實的經驗。與之相對地，這本書的主旨則關乎人們如何構想一個更美好的世界，而對於後疫情時代而言，這樣的主題似乎更為合適。本書的核心課題是平等、正義與革命，並探討了不同思想家如何試著思辨這些課題，試圖構思如何能讓我們擺脫現實困境的方法，同時也構思著人們能否享有更公平和更自由的集體生活方式。在這本書裡，我筆下所觸及的每位作者都試圖了解為何我們會身陷當前的困境，同時也試圖了解我們能如何實現更美好的未來。有時候他們反思的問題，是關乎個人生命歷程的：「為什麼我會生而為奴隸？」有時候，則是帶有普遍性的叩問：「為什麼人類的現代生活是如此令人窒息？」而我希望，無論面對哪一種問題的情境，我在本書提出的答案，能在發人深省的同時，又能鼓舞人心。

本書的章節各自獨立，讀者可以不必按照章節順序閱讀。然而，如果把這些章節合併在一起看，將會發現它們講述了一段從十八世紀中葉延續到二十世紀末的故事。這本書的宗旨，試圖剖析我們所見所聞的現實情境，但同時它談論的內容也超脫了現狀。也許可以挪用小說家山謬．巴特勒的比喻，繞到鏡子背後以探究眼前的形像是否為真。這本書裡所分析的文本，涵蓋了非常不同的書寫風格，有哲學式的書寫、自傳式的寫作、論戰中的議論，乃至軼事隨筆般的短文。而這些風格各異的文本，則是在各自不同的脈絡中生成：從喬治時期的英格蘭與南北戰爭時期的美國，到威瑪共和時期的德國與二戰後的法國。儘管它們彼此之間存在如此多元的差異，我希望讀者在讀完這本書之後會發現，這些文本之間的共同之處多於分歧。它們最大的共通點之一，在於解放我們對政治的想像。

在行文上，我試圖保留原本在Podcasts中呈現的口語乃至對話般的風格，哪怕本書的每一章都經過大量改寫（甚至重寫），以符合書籍閱讀的形式。口述文句和書面書寫的文句，在句構與用字遣詞上，都屬於兩種不同的書寫形態，在本書裡，我盡可能想要保留口語論述的風格與精髓，也同時試著使文句得以達致書寫文句的嚴謹。在Podcasts的口述版本中，我陳述的句型往往在過去式與現在式之間任意轉換，這意味著有時候我是從現代的觀點分析某個歷史文本與歷史時刻，有時候我又彷彿是回到歷史情境裡，視歷史文本的記述為正在眼前發生的事情。在本書的句構上，我保留了這種彈性。本書所陳述的內容，全是我對不同作者和文本所抱持的個人觀點。每一章都涉及不同作者的生平故事，但在本書的末尾，還會有更詳細的傳記介紹[1]，以及關於這些作者更進一步的閱讀指南，供有興趣的讀者自行延伸。一如既往地，關於本書所談論的觀念及其歷史，有更多更豐富的課題與內容值得深入探討。而我希望，這本書能作為一個適當的起點。

1 編注：繁體中文版將每章談及的思想家生平小傳調整至各章結尾。

第一章

盧梭論文明社會的殞落

《論人類不平等的起源與基礎》

(DISCOURSE ON INEQUALITY, 1755)

- 從「什麼」到「為什麼」
- 盧梭對社會與不平等的質問
- 文明社會崩壞的起始
- 人類故事中的兩大關鍵轉變
- 現代文明問題的解方

從「什麼」到「為什麼」

當我們在思考政治上一些深層難題時，我們往往會從所謂「什麼」（what）的問題追問，這意味著我們會開始指認，眼前所遭遇的難題是「什麼」。舉例來說，我們可能會從一些看似簡單直白的問題切入，探討「政治是什麼」。在前作《政治哲學的12堂Podcast》裡，我就是從十七世紀哲學家湯瑪斯．霍布斯（Thomas Hobbes）所提出的、一個類似的問題展開論述。他首先問道：「國家是什麼？」以及隨之而來的是：「什麼是和平？」「什麼足以構成秩序與安全？」「什麼得以保障我們的安全？」然而，這些問題並不是我們在構思政治的深刻難題時，所會面臨的唯一的「what問題」。在本書稍後的章節裡，當我討論二十世紀的政治哲學家約翰．羅爾斯（John Rawls）時，我們將會見到，羅爾斯在展開他自身對政治的哲學反思時，是從他所謂的「第一問題」開始進行深刻的思辨。而他的第一問題即是：「正義是什麼？」我們在那個章節裡也會見到，羅爾斯從第一問題所延伸的兩個問題：「什麼足以構成一個公平的社會？」以及「如果我們無從得知，我們在社會中將會有什麼樣的處境，那麼，我們會選擇在什麼樣的社會裡生活？」

人們很常將羅爾斯的問題和霍布斯的問題視為相互對立、只能從中擇一的問題。要麼選擇當一位叩問「什麼是正義？」的哲學家，要麼將「什麼是和平？」視為你哲學家生涯的首要課題。你必須在公平與政治秩序間做出抉擇，究竟哪一個問題更為重要。顯而易見地，根據這種觀點，公平正義與和平安穩的政治秩序是無法兼容共存的。

然而，這些並不是我們能對政治提出的，唯一的基本問題。在這本書中，我想從另一組問題開始，我稱之為「為什麼」(why) 的問題（與「what問題」不同）。我想要追索的，不是「『什麼』是政治」(what is politics) 這樣的普遍性問題，而是問：「『為什麼』我們的政治成了我們現今的樣貌？」換個角度來說，這種問題也可以是「如何」(how) 的問題：我們是「如何」走到這一步，使得我們的政治成了現今的樣貌的？我們又如何發覺自己被如此樣貌的政治所支配？這些問題背後，隱含了一個簡單而且根本的問題：我們是如何讓政治淪落為由那些傻瓜來掌握權力？「why問題」在追索事情為什麼發生的同時，也引出了追索起點與終點的「哪裡」(where) 的問題。這一切是從哪裡開始崩壞的？如果我們已經走到了這一步，為什麼我們沒辦法從一開始就踏上一條更好的道路？

為什麼呢？這樣的處境又是如何發生的？我們的政治到底從哪裡開始踏上了錯路？我相信我們多少能認同，有時候，這些問題更讓人感覺像是政治的根本問題。無庸置疑地，在近年來，這些問題更是頻繁地讓人感覺，它們就是政治的核心課題。

盧梭對社會與不平等的質問

在這本書裡，我將從一位在十八世紀中期便提出這類問題的人，開始我們的討論，而這個人提問的方式，幾乎決定了後續的人們如何思考政治。他的提問出自一本於一七五五年出版的書，這本書的作者是一名瑞士哲學家、思想家和作家（儘管他常被誤認為是法國人）。他就是讓－雅克．盧梭。這本書有時被稱為盧梭的《第二論文》（*Second Discourse*），有時則稱為《論人類不平等的起源與基礎》。書中包含了他對「how問題」與「why問題」最犀利的表述。盧梭問道，我們是如何又為什麼會走到這一步，使得我們的世界竟然有了如此的樣貌：「一個孩子統治著老人，一個愚蠢的人領導著智者，少數人貪婪地享受著過剩的物質，而飢苦的大眾卻連基本生活所需都無法滿足？」在他所描繪的世界裡，蘊含了三個問題。第一個問題是時代的產物，他寫作的年代，仍舊是一個孩童可能繼承王位成為君王的年代。第二個問題則橫亙了時間，因為看起來，愚庸之人經常得以掌握政治權力。然而，真正烙印在人們心中的，是他的第三個問題：我們究竟是如何走到這一步，使得我們的世界裡富裕之人得以不斷吃香喝辣，而窮人卻連維繫基本溫飽的物資都有所欠乏？這就是《第二論文》裡，盧梭所呈現的核心課題。這不是在追問政治是**什麼**的問題，而是追問政治是**如何**又**為什麼**會變成這般樣貌。

有趣的是，盧梭並不是從這類問題開始他在《第二論文》的反思。事實上，這些問題是該書的最後一句話：《第二論文》以提出這個難題畫下結語（儘管事實上，這本書並沒有在這裡結束，因為正文之後還有一系列略顯瘋狂的注腳，盧梭把他無法塞進核心論點的種種想法都放到這些注腳中：從素食主義和動物的性生活，到一些非常奇特的人類學討論；如果讀者有興趣，那些內容都很值得一讀）。但撇除注腳不談，《第二論文》的論點隨著問題結束，這是因為叩問「為什麼走到如今」的問題，唯有在抵達終點後才得以實際開展。如果政治的關鍵問題是，我們是如何走到今天這個地步，那麼追索這個問題，確實需要我們反向思考。尤其是當你想知道，我們是從哪裡開始出錯時。我們必須回顧我們走過的路。而這裡的「我們」指的是誰？對盧梭來說，這是一個追溯我們作為一個社會，甚至一如他在書中所做的，是一個我們作為一類物種的問題。

因此，這些在書末浮現的問題，其實才是盧梭論點的起點。作為《第二論文》開頭的問題，則與這些問題有所不同，因為這本書原本是為了回應十八世紀法國所舉辦的論文競賽而寫。在當時，有很多學院喜歡提出一些關於人類境況的大哉問，並邀請任何認為自己有能力的人來撰寫論文參賽並賺取獎金。這次的主辦方是第戎學院，而這場競賽的問題（也是盧梭表面上必須回答的問題），是一個「what問題」，它問的是：人類不平等的起源是什麼？又，人與人之間存在不平等，是否是自然法所認可的？問題的第二部分，似乎表現出一種是非題的格式，而對論文競賽而言，這種格式總會有點危險，因為有人可能只會簡短回答「不是」就交卷結案。盧梭確實回答了「不是」，但幸運的是，他進一步詳細解釋了原因。

這本書之所以被稱為《第二論文》，是因為在五年前，盧梭參加了另外一場論文競賽，他贏得獎金，論文也成功出版。五年前的那篇論文被稱作《第一論文》（*First Discourse*）。當時那場競賽的問題是：「科學與藝術的復興，是否淨化了人類的道德？」（這些學院似乎總是喜歡一些自以為是的浮誇措詞），學院的問題同樣採用了是非題的格式，而盧梭對這個問題的答覆，也同樣是明確的否定。這個問題基本上在問說，藝術與科學是否讓我們成為更好的人，而學院似乎已經對什麼是「更好的人」有了隱含的標準：我們是否更體面、更有榮譽感也享有更好的生活品質？而盧梭的回答則是：不，不，不。

對盧梭的生平來說，《第一論文》扮演了比《第二論文》更為重要的角色。這有幾個原因。首先，正如他在自傳裡所言，當他在思考《第一論文》的問題並考慮是否參賽時，他對該問題的答案突如其來地在眼前浮現，就彷彿受到某種神啟一般。在當時存在著一種普遍看法（所謂啟蒙運動進步精神的結晶），這種看法認為，藝術與科學，即便未能完全促使人們的道德更加純粹，至少也確實改善了人類的處境。但當盧梭開始深思這個問題時（他當時一如往常在鄉間漫步、陷入沉思），他突然意識到這種普遍看法可能存在錯誤。事實上，人類曾經比現在過得還要幸福許多。我們曾經是更好的人，而所謂文明使我們的道德敗壞，也腐化了我們自身。我們的處境，正是因為所謂的「進步」而變得更糟。也就是說，這種進步根本算不上真正的進步。也因此，我們所熟悉的進步敘事突然完全翻轉過來。一旦盧梭得出了文明是一種陷阱的論點，他就不曾改變這樣的立場。他在不同著作中，對這個論點的著重程度和推論方式都各有不同，但這對他來說是一次真正改變人生的啟示時刻。當他帶著這樣的論點開始回顧人類從古至今的發展，他的立場再也沒有動搖過。

另外一個讓《第一論文》更為重要的原因是，盧梭贏下了那場論文競賽，而這多少有些出乎意料之外。畢竟，當時學院所提出的問題是個略顯自鳴得意、慶賀現代文明的發展與進步的問題，而盧梭的回答卻十分明確地否定了問題本身。他告訴學院，他們的問題是荒謬的，而他仍舊贏了競賽。獲得這個論文獎徹底改變了盧梭的生活，因為這讓他一舉成名。雖然在當時，盧梭的名聲還遠不及他後來的那麼顯赫，盧梭最終將成為世界名人（彼時歐洲人生活中所接觸到的世界遠比現在小得多），成為全歐洲最有名的人之一。得獎時的盧梭並沒有像後來的他那麼家喻戶曉，然而，贏得論文獎為他打下成為國際名人的基礎，也引介他進入法國啟蒙運動（尤其在巴黎）的社交圈裡。他開始結識當時的重要人物（包含了男性與女性）。換句話說，《第一論文》成為盧梭進入上流社會的名片。

《第一論文》或許改變了盧梭的生活，但《第二論文》卻更為深刻，部分原因是它本身是更加出色也更加引人入勝的著作。也許可以這麼說，在《第一論文》裡，學院所提出的問題讓盧梭得以更為輕易地開展他反對定見的論點；學院的問題基本上邀請盧梭反思並批評藝術與科學的自鳴得意，即便是藝術家和科學家，有時候也會自我懷疑是否對自己有些過於自滿，或者更常見的是，他們認為其他藝術家和科學家過於強調自己的重要性。這種知識菁英往往容易成為攻擊對象。但在《第二論文》裡，盧梭批判對象的範圍要廣泛得多，因為他討論的是整個人類。《第二論文》是一場關於「身而為人」意味著什麼的辯論，這也包括了所有非藝術家和非科學家。它其實指向了我們所有人。這是一個範圍極其廣泛的分析，而對當時的評審來說，這顯然過於寬泛了，也因此這一次，盧梭沒有贏得獎金。《第二論文》的論點對他們來說太過激進了。

盧梭可以讓人感到極其厭煩，而這有可能是因為他過早出名，使得他在同儕之間不怎麼受歡迎（當然他自己也有許多虛偽且志得意滿的地方）。但無論如何，獎項來來去去，得獎者也很快就會為世人所淡忘。但在盧梭的著作裡，那篇沒有獲獎的論文始終是一本更好的著作。事實上，它是一部極其不同凡響的著作，與其他任何著作相比，它都顯得獨樹一格。儘管這本書並沒有為盧梭那永駐的聲名奠下基礎，但它卻比《第一論文》要更廣為人們閱讀傳頌。盧梭後來的一些著作，讓他的聲名更為響亮。例如他在《愛彌兒》（*Émile*，一七六二年）中論述的教育理念；他在《懺悔錄》（*Confessions*，一七七〇年）這部自傳裡暴露自我的不足（這本書幾乎創造了「生命告解」這一文類）；還有他的政治哲學巨作《社會契約論》（*The Social Contract*，也是出版於一七六二年）。然而，在這本書裡，我決定不聚焦討論《社會契約論》。其中一個原因是，我認為《第二論文》的原創性更無與倫比。《社會契約論》也是一本引人注目的書，它在哲學上更自成體系，但範疇也較為狹隘。《第二論文》同樣涉及了政治與教育，但它的內容卻超越了這些範疇。它本質上是一個關於人類該如何認識自我的論述。從這個意義上說，它與《懺悔錄》相仿，都是一部關於自我認識與自我揭示的作品。但該書的主人翁不僅僅是盧梭自己，也不是他那些怪奇的小毛病和小虛榮，而是我們每一個人。

用更接近我們現代的用語來說，盧梭在《第二論文》裡所描繪的，是一種社會集體的自我傷害。它的主旨是在探討，我們如何集體被那看似微不足道的虛榮心所擺布。盧梭相信，所謂的「文明」社會，特別是像十八世紀中葉的法國那樣的社會，是一種持續傷害自我的形態，它對自身構成了極大的損害，而連帶地，也促使生活在那樣的社會裡的人們，深陷一種明明對自身有害的行為模式裡卻無以自拔。人們是如何陷入這種狀態的？為什麼人們如此容易地陷入這種狀態，而又為什麼如此難以擺脫這種自我毀滅的困境？關於盧梭如何面對這些問題，首先必須要確立的是，盧梭並不試圖將這種情況呈現為一種選擇錯誤所造成的結果。這是因為盧梭並沒有嘗試去辨別，我們是從什麼時候開始選擇了這種生活方式，從而放棄其他生活形態的可能。這不是一個關於在分岔路口走上了錯路的故事，它更像是一個溫水煮青蛙的漸進歷程。如果真要說是什麼使我們走上了這條路，倒不如說，這一切都只不過是一場意外，而不是一種選擇所造成的結果。或者可以這麼說，這是一系列不幸的事件所引發的。但最重要的是，這是一個漫長的故事，盧梭將這段歷程講述為，由數代人的經驗積累而成的故事。

與此同時，盧梭並不僅僅將這個過程，描繪成一段從最原初的願景終至無以避免的毀滅，緩慢而漫長的衰頹故事。這個過程中間還經歷了許多曲折與轉化。盧梭版本的人類故事，常讓我想到一句話，這句話出自一位非常不同的作家所撰寫的一本截然不同的著作：厄內斯特．海明威(Ernest Hemingway)的《太陽依舊升起》。在這部小說中，一名角色詢問另一名角色道：「你是怎麼破產的？」得到的著名回答是：「有兩種方式，漸漸地，而後猛然地。」盧梭對人類如何走向道德破產的回答也是如此：漸漸地，而後猛然地，我們破產了。

海明威想要傳達的是，在邁向破產的過程中，許多分崩離析的過程都包含在初期那些細微的瑣碎裡，這一步步的細節往往在發生的當下，沒有引起我們的警覺。但就是那些細瑣之事，那些我們以為微不足道的便宜行事，以及那些似乎不那麼重要的決策，那些儘管我們可能隱約覺得似乎略有那麼點不妥，卻也覺得可能沒那麼嚴重而忽略的細節，開始了破產的路途。然而，這些細小的債務和虛偽詭詐逐漸累積了起來。然後，在某個時刻，某件重大的事發生了，我們必須做出選擇，必須好好處理眼前的事務以免導致嚴重的後果，而我們手上所有的資源卻已經不足以應對眼前的任務。就在這時後，我們猛然驚覺自己實際上已經沒有選擇，選擇早在過往那一系列的細瑣決策裡定下了。當破產的時刻到來時，它總是猛然發生的，因為發生的當下，一切都為時已晚。然後我們開始反問自己：我們是怎麼走到這一步的？我們意識到，這個故事可以追溯到一開始，從最早那一系列的失誤開始。而這正是盧梭在《第二論文》中所講述的，關於我們所有人的故事。

文明社會崩壞的起始

那麼，他認為這一切是從哪裡開始的呢？盧梭認為，它起始於一種與霍布斯相似的「自然狀態」（state of nature）理論：這是一種假設探討社會出現以前的人類情境，並在其中分析人性本質為何的論述。盧梭的版本呼應了一些常見的十八世紀人類學論述，並使用了許多現代人會感到不自在的語言。他談到了他所謂的「原始」社會，儘管這裡的原始意指的是「第一個」，是指人類最初的狀態，而不是「不文明的」或「野蠻的」社會。但原始也同時意味著「在文明以前」的社會。只是我們必須謹記，當盧梭使用「在文明以前」這樣的表述方式時，他並不認為「文明」是一件好事。盧梭從不藐視那些缺乏文明的人，即使他可能會誤解他們，甚至幾乎肯定會以極其浮誇的方式來描繪。

生活在自然狀態中的人類，具備什麼樣的特徵呢？盧梭明言，自然狀態是一個和平的時代，而這與霍布斯形成了明顯且直接的對比。在自然狀態中，人類能夠和平共處，成功地相互共存。在自然狀態中，我們之間並沒有任何持久的、想讓彼此過得不順遂的動機。但為什麼會這樣呢？盧梭的答案，圍繞著他對我們如何看待平等與不平等有關，而這也是學院的論文評審委員最初提出的問題：人類不平等的起源是什麼？盧梭並不認為，在自然狀態中的人類在本質上是平等的。自然狀態裡的和平，並不是因為我們在自然狀態裡都曾是相同的，而因此促使我們良善地對待彼此。哪怕是在自然狀態裡，我們每個人也都是各不相同的。有些人強壯些，有些人病弱些，有些人天生健康，有些人則勉強健全——而在自然社會裡，如果你生病了，你很可能會死，因此健康的不平等實際上是非常重要的課題。但對於盧梭而言，這裡有一種更深層次的平等：無論健康或不健康，在現代醫學（或用我們現代的術語來說，醫療保健）出現之前，我們幾乎無法改變這一點。我們都平等地受制於自然的法則，再怎麼體魄強健的人也會生病，而生病就有可能死亡。

不過，還有一種更進一步的平等。這種平等並不是上一段所說的那種人類自然福祉所蘊含的要件之間的平等（強壯的人與不強壯的人，都平等地面對著生病就可能亡故的情境），而是根植於這些要件之內的平等。不健康的人都一樣脆弱，健康的人都一樣得以自給自足。對盧梭來說，我們得以和平共存的理由在於，我們並不需要相互依存。誠然，不健康的人可能會因病早逝，但健康的人（無論強壯與否），卻可以隨心所欲地選擇自己要以什麼形式生活。這並不意味著他們彼此之間不會發生衝突。盧梭並不相信我們天生良善，也不相信我們秉性惡劣。我們是人類，僅此而已。而盧梭說，如果我們與其他人發生衝突，我們永遠都有一個選擇，那就是自衝突中轉身離開：作為一個自給自足的個體，我們可以在必要時消失在森林裡延續著我們的生活，不受衝突所困擾。盧梭的這種思路，隱含的是某種採集或狩獵採集社會的想像：如果你是一個採集者，如果你不喜歡你周圍的人，那麼你大可以去別的地方，去看不到這些人的地方採集生活所需的資源。人們總是有逃避衝突的手段。

盧梭明確指出，他之所以如此描繪自然狀態，其所要反對的部分論點，正是霍布斯的看法；後者曾表示自然狀態是一種戰爭狀態，是一場所有人對抗所有人的戰爭，而人類在自然狀態的生命歷程是粗暴、殘酷且短暫的，因為我們將無以避免地陷入與彼此的戰鬥裡。盧梭認為，儘管衝突有時是自然而然就發生，但衝突也是可以避免的。衝突自身，並沒有任何要素使其成為不可避免的現象。我們可以用平等與不平等的語言，來表現霍布斯與盧梭之間的差異。對盧梭來說，人們之所以平等的原因在於，當衝突發生時，任何人都可以輕易地轉身離開，不被捲入其中。對霍布斯而言，人們之所以平等，是因為任何人都有得以攻擊其他人的能力。還有一種方式可以捕捉兩人的差別，亦即是他們關於我們睡眠時會發生什麼事的思考。對霍布斯而言，每一個人都需要睡眠，表現了我們脆弱的自然本質：無論一個人在清醒時有多麼強大，一旦陷入睡眠，你將無法確保自己不會受到攻擊。對盧梭來說，睡眠則是我們自然的逃難機制：如果你不喜歡一個人，你只須等待那個人睡著，然後趁他睡著的時候趕快遠離他，這麼一來，你根本不必再見到他，遑論與他發生衝突。霍布斯認為睡眠是攻擊的契機，而盧梭認為，睡眠是一個逃離一切的良機。

寫到這裡，我必須要強調一件事。霍布斯與盧梭的對比常常被過分誇大。在二〇一九年，羅格．布雷格曼（Rutger Bregman）出版的著作《人慈》（*Humankind: A Hopeful History*）就是一個例子。這本書涉及了關於人類的天性，是屬於衝突性還是合作性物種的辯論。換句話說，人類是容易彼此衝突的、還是更傾向於發展合作與友誼？布雷格曼認為，在現代社會中，我們接受了霍布斯的理念，認為我們需要設立國家，否則我們就會陷入彼此爭鬥的情境裡。但他表示，這種思維是錯誤的。從根本上說，我們更傾向於彼此合作，而正是國家的存在，反而讓我們更容易與彼此發生衝突。他的這個觀察很可能是對的。然而，布雷格曼書裡的錯誤在於，他說現代思想中存在著一種選擇，你要不選擇站在霍布斯這一邊，要不就選擇站在盧梭那一邊。他說霍布斯是宣揚敵意的哲學家，而盧梭則是宣揚和諧、宣揚友好的哲學家。這個說法顯得過於誇大。除此之外，若將盧梭視為友善的哲學家也很奇怪，因為他在《第二論文》中明確論及孤獨和自給自足的重要性。我們能夠在自然狀態中保持和平，正是因為我們不依賴他人、我們不需要合作。我們可以對其他人類顯得漠不關心，而這正是保障我們自身安全的要因。在自然狀態裡，當涉及其他人時，我們不需要在意他們對我們的看法為何，也不需要太在意我們對他們有什麼印象。總體而言，我們可以自由地只顧慮自己。這聽起來的確有幾分像是盧梭在描繪他自己，我們可以用許多形容詞來形容盧梭是一個什麼樣的人，但顯然「一個友善或友好的人」並不適用，盧梭也確實花了許多時間，只忙著想著自己的事情。

某方面來說，霍布斯才是真正宣揚友好的哲學家，因為他認為我們天生渴望友誼，但也注定會因此而失望。霍布斯的自然狀態裡的人們，是想要與他人成為朋友的人，但同時自然狀態的人們也因為無法相互信任以致難以持續這股衝動。盧梭甚至不確定人們是否想要或需要成為朋友。因此，我會以不同的方式來看待霍布斯和盧梭之間的對比。他們對自然狀態描述的根本差異在於，盧梭認為在自然狀態中，我們並不具有自我意識，因為我們並不需要將自己與其他人類互相比較。當然，我們還是會進行一些比較。我們會自然而然地將自己與野獸做比較，並從比較中得知牠們比我們健壯，因此如果你遇到獅子或老虎，你應該趕快逃離現場。但這並不會在我們心中引發不適或自我意識。我們可能會擔心獅子，但我們不會擔心自己是否比獅子更好或更差，因為我們的相對弱小只是自然界中的一個事實而已。被獅子吃掉是一種可怕的命運，但這並不會影響我們的自尊（被其他人類當成娛樂來餵食給獅子，比如在羅馬競技場的一群觀眾面前，則是完全不同的事情，那既是種羞辱也是種恐怖的經驗。但在盧梭看來，關於羅馬競技場的任何事物，包含其中的表演、吼叫的人群、被捕獲的獅子，都不是自然的）。

相比之下，霍布斯認為，驕傲是人類從一開始就根深柢固存在於人性之中的特質。霍布斯是最深刻分析虛榮為何物的哲學家之一，他分析了人類如何自我陶醉，指出我們渴望比其他人看起來過得更好，即使這意味著我們必須要有幾分自我欺瞞。而他認為，這是使我們成為人類的部分原因之一，也是使我們與獅子和野獸有所不同的原因。獅子可能看似在享受自我，但實際上牠們只是在依循本性行動而已。盧梭則不同意。他認為虛榮是相當晚近的產物，是隨著文明的出現才會出現於人心的特質。盧梭認為，在自然狀態裡，我們更像獅子與其他野獸，即使我們有時也會成為獅子的獵物。

然而，盧梭也認為，我們天生就具備了一種內在的、自我中心的特質，他稱之為「自愛」(amour de soi)。這意味著我們有保護自己的欲望，因為所有人類（實際上是所有的動物皆然），都會試圖避免死亡。這是很自然的事情。然而，將這種「自愛」稱為「自私」好像就有些過度。「自愛」只是人之所以活著的意義的一部分。到此為止，盧梭的觀點與霍布斯的看法相似。但對於盧梭來說，在自然狀態下，這種自我保護的驅動力與另一種非常不同的特質長相伴隨，他稱這種特質為「憐憫」，而我們可以稱之為同情（在盧梭寫作的情境中，「憐憫」並不具備我們今天可能蘊含的輕視意涵，而更接近於同情心）。我們與其他人類產生連結的一種方式是，我們不喜歡看到他們受苦。盧梭認為這是根基於人類本性的事實：在自然狀態是如此，在現代社會也是如此，人類無法逃避這樣的事實。當我們看到另一個人類受苦（特別是一個脆弱的人，例如孩童）時，我們的心裡會產生波動。完全不會因為他人的痛苦而觸動內心是一種不人道的表現，至少在某種程度上，這是一種心理病態。

我們與其他動物共享「自愛」這種求生的驅力，而「憐憫」卻是人類所獨有的特質。然而，盧梭認識到，人類在面對其他人時，還會有另一種反應：我們看到其他人受難時會感受到他們的痛苦，但當我們感受到其他人，因為我們並沒有表現出極度的痛苦（正如多數時候，我們的痛苦可能不明顯的情形），而沒有表現出什麼情緒時，我們也會為之感到痛苦。我們確實會好奇，自己在其他人眼中的形象為何。我們的痛苦可能會引起他們的憐憫，但當我們不在痛苦中——當我們只是在忙著做自己的事情時——其他人可能對我們並不特別感興趣。他們不在乎我們的內心世界。他們為什麼要在乎呢？因此，儘管我們並不是特別愛自我表現的生物，但我們仍會尋找不同的方法來提升自己，吸引他們的注意，讓自己在人群中脫穎而出。我們注意到其他人也在做同樣的事情，人人都在試圖博取注意力。這使得我們有了比較的對象。其他人的自我表現讓我們意識到，吸引他人的注意是一種競爭。

盧梭將這種情感稱為「愛己」（amour propre），這是某種「以己為尊」的情感，是人類在人際關係中所擁有的，愛著自我之於他人享有重要性的感受。這與「自愛」不同。「自愛」是自利的（我只愛著自我生存得以延續），而「愛己」則是面向他人的（我愛著「我被其他人所喜愛」的感受）。同時，儘管所有人類都有能力感受到這兩種自我中心的情感（即使聖人也有一些「愛己」的情感，這使他們渴望受到關注），但並不能因此就斷言，愛己必然主導——更不用說預先決定——任何人類社會的形態。這兩種非常人性化的特質之間的相對強度如果有所消長，都是偶然的，而它們都與憐憫共存。

人類故事中的兩大關鍵轉變

那麼，往後的人類社會——例如十八世紀的法國——究竟發生了什麼事，以至於與自然狀態產生差異？為什麼在自然狀態充斥著以自愛來驅使行動的人類，但到了社會裡卻充斥著以社經地位為驅動的行為，與滿滿的社會地位焦慮？如果在自然狀態裡，人類並不需要愛己的情感，又為什麼愛己會在社會裡勝出？愛己在人類故事的初始章節只是一段伏流，它是如何開始占據主導地位的？

盧梭的回答是，這一切發生的過程，先是漸漸地發生，而後則猛然地發生。這段過程存在某種無以避免的特性，但也存在著跳躍式的轉化。愛己並不是一種在我們人類演化的故事中，突然出現的外部感染，導致我們偏離了原本的軌道。它一直潛藏在人性裡，而在某些情境下，它甦醒了。對盧梭來說，思想家的困難之處在於，要怎麼解釋這一切究竟是如何發生，因為一旦提及觸發愛己的條件（競爭、比較、辯論），似乎也同時假設了愛己早已存在。

這個難題近似於另一個困擾盧梭許久的課題，即「語言是如何出現的？」這一深奧的謎團。這同時也是人類演化中最難以解釋的事情之一。我們是如何習得語言的？讓這個課題難以輕易釐清的原因在於，任何產生語言所需的合作關係，似乎同時也要求我們要先擁有語言才能開始展開合作。如果你不能談論某個詞彙的意涵為何，你怎麼能夠對該詞彙的意涵產生共識呢？盧梭認為他並沒有扎實的證據得以回答這個問題，但誰能怪他呢？要到幾百年後，關於演化的證據才開始被彙整起來，而且時至今日，關於語言的起源為何仍舊充滿爭辯。盧梭所認識到的是，在人類從過去走向現在的漫長歷程中，合作、競爭和相互依存之間存在著密切而複雜的關係。語言是一種相互依存的形式，它既是人類競爭的來源，也是人類合作的手段。當我們溝通時，我們必然會與他人進行比較，並且有時會懷疑自己是否能夠信任他人。

盧梭認為，有兩個重大事件標示了人類故事中的關鍵轉變，它們誘使了愛己的覺醒，而其後果龐大深遠：亦即是農業和冶金技術兩者同時被發明了出來（現在有些史學家會用所謂的農業革命來稱呼這兩個事件，這大約發生在一萬年前）。正如盧梭所言，人類的虛榮心並不始於金銀，而是始於小麥和鐵。當人類從狩獵與採集社會轉向農業與定居社會時，當人們開始耕種土地，必須要停留在一個地方以利種植和養成所需的食物時，當人們開始了解要如何使用農業勞力所需的器具時，人們同時也獲得了社會階級與所有權的概念。人們開始會說這是我的農具、那是我的土地。而這些器具也成為新形態戰爭的器具，犁頭足以轉化為劍刃。隨著這一切的開展，人們開始有了勞力分工。如果一些人負責製造器具，那麼另一些人就必須要為他們提供食物，而這會形成一種相互依存關係：器具製造者需要食物，而食物供應者需要器具來生產食物。

但對盧梭來說，這同時帶來了更為根本的轉變。它轉變了我們如何體驗空間和時間。在人類的自然狀態中，我們是日復一日地生活：早上起床，晚上入睡，這就是你的生活；沒有人需要考慮明天，因為明天總是可以使我們遠離今天的種種。然而，一旦你安定在一個地方，尤其當你開始播種並等待所種植的種子熟成為食物時，你就必須計畫並思考未來。計畫和思考未來的需求，使得人類要開始擔心其他人。他們可以被依賴嗎？他們會等待嗎？他們等不及作物熟成時，又該如何控制？

人們對空間的感受也發生了變化，因為現在人們被固定在一塊土地上，離開變得更加困難。如果這個地方讓你過得不順遂了，你能確保有一個地方可以讓你離開嗎？如果下一片土地已經被人占據，而且那些人並不是你所認同的人呢？一旦有了小麥和鐵，脫離社會變得愈發困難。當然，這並非完全不可能，只是確實變得困難了。

隨著農業與冶金技術的出現，人類在無可挽回的道路上，已經緩緩邁入下一個階段，而這個階段，正是事情真正開始出錯的時刻：私有財產概念的發明。盧梭認為，當第一個人類開始宣稱某塊土地「是我的」，並為之標出界線的時刻，就是人類終局的開端。又或者說，是人類故事初始篇章的終結。這一刻開啟了盧梭所認定的，將會成為所謂「進步」或「文明」最為糟糕的面向的過程。這個面向是事物的外表總是優於其真實本質。試想，如果你要宣稱某塊土地是你的，你會需要提出一個理由。而對盧梭來說，這個理由本質上是虛假的。從自然的角度來說，這塊土地並不是你的，也不是我的。人類對土地從屬的爭論，對自然沒有意義。私有財產本身，也不是一種自然現象。因此，你必須提出一個人造的論證，來解釋你擁有這種權利的理由。這個論證將是虛假的，因為這種人造論證所構成的權利將是一種虛構。所以，從那一刻起，我們踏上了虛構論證的道路，而一個人依據這種虛構論證所能給出的、占據財產的理由愈是巧妙，那個人的處境也就愈好。事物的外觀將比其真實樣貌更為重要，表象將成為我們相互貿易賴以為之的流通貨幣。一旦發生這種情況，盧梭認為我們將會深陷麻煩。

現在讓我們再加速一下故事的進程。富人和窮人之間的區別，被重新定義為強者與弱者之間的區別。富人藉由宣稱自己更有能力，來為自己所做的事情辯護，並以此解釋了他們享有富裕的權利從何而來。從這層虛構的強弱之別的宣稱，到主人與奴隸之間的差異，只有一小步之隔。某些人類最終會被他人所擁有，成為其他人的財產。私有財產產生了社會分化，這種分化變得根深柢固，然後受到法律的支持，而這同時要求人們必須創造具有強制權力的國家。這一過程的發展方向，是從標示土地界線的木竿繩線到守護建築的警衛，再到法律，終至國家。第一個透過虛構論證來宣稱自己享有私有財產的人，僅只是藉由標記來劃定土地，但他隨後意識他所劃下的邊界需要被保護，因此他需要警衛。為了證明警衛的存在和使用武力的正當性，法律是必需的。法律要得以被確立，則意味著政治必須存在，而政治則將成為強制力的基礎。到了這一刻，我們真的被現代的困境給困住了。

為什麼人們會允許這種事情發生呢？如果一個人宣稱「這塊土地是我的」，為什麼其他人會允許這個人如此宣稱呢？盧梭的答案是，大多數人在面對少數人時，自然處於劣勢，因為多數永遠缺乏一個單一的聲音來進行抗議。畢竟，人類的自然狀態是一種孤獨的狀態。我們無法就我們想要什麼達成共識，哪怕我們不想要的事情已經在眼前發生。對於一個人或一小群人來說，講述一個自私的故事來解釋他們的需求，會比一大群人抗議這個解釋要來得容易許多。這一小群人只需要發展出一套規則，甚至一套適用於所有人的權利。這將會是一個虛構的敘事，但如果呈現得當，它可能會非常有說服力，尤其如果這個敘事被以巧妙的方式表達出來。

也因此，我們陷入虛構敘事的陷阱，而這是因為我們開始覺得自己似乎別無選擇：我們的抵抗意識來得太晚，使得我們已經無力抵抗。借用一個更近代的術語，這個過程中存在了一種網絡效應。愈多的人認同表現勝於本質，堅持本質也就愈發困難。事實上，如果同意並接受了這個虛構敘事能讓人得到溫飽與保護，那麼要離開這個虛構敘事編織的陷阱，會需要無與倫比的勇氣。但是盧梭認為，私有財產權的虛構敘事所織就的陷阱，並不僅是坑陷了窮人而已；這是一個為每個人所設的陷阱，包括了最富有的那群人。就連那個最初宣稱「這是我的土地」的人，也把自己困在陷阱裡了。盧梭在將故事推進到他所處的時代時，提出了這麼一個論點，那是一個富人相對享有了許多資源，而窮人卻得到極少物資的世界。如果有些人擁有的遠超他們需求所有的物質資源，而另一些人卻根本沒有足夠的物資，這樣的情境對富人來說也是極其不利的。十八世紀的「文明」社會的表徵是，即使是最富裕的人也受狹隘、膚淺的生活以及持續不健康的毛病所苦：他們身體虛弱、被虛偽醫藥的空洞承諾所欺瞞、沉迷於奢華，花費時間和精力試圖讓自己看起來光鮮亮麗，同時卻也忘記了真正重要的事物。盧梭批判了文明的虛構與虛偽，也批判其視人造虛構的價值高於自然本質的荒謬雙重標準。

從某種意義上說，這是一個相對為人所熟悉的論點：盧梭當然不是唯一一個看穿文明行為虛假表象的人。但在這裡，必須要指出的是，盧梭的論點超越了對現代生活有多膚淺的常見譴責。盧梭的觀點之所以既令人振奮又令人震驚，在於他不僅拒絕奢華、文明和貪婪生活的虛偽，更是完全拒絕了定居在特定地域這種生活形態及其各種附屬產物，而這包括了那些我們已經視為自然而然的特徵。盧梭認為，所有這一切都是腐化的。用同情心來舉例：我們從未揚棄過同情心，即使在像我們所在的這種自私的社會裡，我們仍然保有著因為見到他人受難而感到痛苦的能力。但盧梭認為，文明情境下的同情心與原始情境下的同情心有所不同；如他所說，在自然情境中，人們彼此之間的情感是「模糊但強烈的」。他的意思是，這種情感的本質並不會有太多的哭泣和哀號，也不會有太多過剩的情感表現，但卻有著真正的信念。在自然狀態中，人們看到其他人受苦時不會哭，但他們會採取行動來幫助緩解他人的痛苦。盧梭認為，在文明社會中，所謂的同情心表現出顯著而奢華的外在形式，但實際的感受卻是薄弱的。這種觀點至今仍然有其影響力。我們在新聞中看到一個孩子餓得瘦弱無力時會流淚，但總體來說，我們卻沒有採取任何實際行動去改善孩子餓得過瘦的處境。在文明情境中，同情心變成某種表現。

盧梭最激進的論點之一在於，他指出家庭生活也是一種虛構的表現。而這對十八世紀與許多現代的讀者來說，都是他最令人震驚的論點。家庭看起來是唯一能將現代的我們與人類故事的起源串連起來的事物。即使在人類原初的自然狀態中，家庭似乎無庸置疑是必要的存在，也是唯一不可避免的相互依存關係：父親、母親和孩子。但盧梭卻說，連這種家庭關係也不是自然的。在這裡，他是在反駁另一位十七世紀的英國哲學家約翰．洛克（John Locke）。洛克認為，由於人類的自然構造——懷孕過程的艱辛、童年的脆弱無助，使得人類與其他動物相比起來，需要很長的時間才能自給自足——我們需要大量的保護。母親在懷孕期間需要父親的支持和保護，孩子在幼年時期需要父母的支持和保護。這必然會導致某種分工，按照當時的的說法：父親照顧母親，母親照顧嬰兒。這被認為是一種自然關係，是人類這個物種得以延續的唯一方式。

但盧梭對這個觀念說「不」。這不是自然的。他認為在自然狀態下，父親沒有理由留在原地等待孩子出生。有些嬰兒會活下來，有些嬰兒會死去，這才是自然。他甚至不認為對孩子的同情足以鞏固家庭關係。

盧梭相信，人類在本質上既有能力也有權利脫離家庭生活。而且，他不僅止於懷抱這樣的想法，還把它們付諸實踐。盧梭的個人生活中最令人震驚的一點是，他有五個孩子，卻未曾撫養過任何一個小孩；他們都在出生不久就被送走了。換句話說，他們都被帶到孤兒院去成長。這或許不像把他們留在山坡上讓他們死去那麼糟糕，但比起將孩子們留在一個溫暖安全的地方由雙親照顧長大，這已經幾近於將孩子們棄置於山上任由他們自生自滅了。盧梭實際上就是拋棄了他的孩子。他最終還是有和孩子們的母親結婚（那位有時被形容為半識字的洗衣工的女性），但那是在孩子們早已離開不在之後。也許他認為這樣才是真正地做自己。誰知道他這麼做的動機是什麼呢？但這也是我認為，我們不可能把盧梭稱為一個「好哲學家」的原因之一。霍布斯和洛克這兩位哲學家都沒有孩子，但他們的人格都遠比盧梭好上許多。

盧梭絕對不是一個善良的人，他也不是一個懷舊的人。他並不認為人類有可能回到一個更早、更真實、更美好的時代。人類社會無法回溯，更無法逆轉其先是緩慢而漸進地發生、然後是迅速進展而終至致命的錯誤：從小麥和鐵、財產和法律，經歷家庭和國家，來到奢華、特權，直至真正的現代生活的荒唐與可笑的種種表演。我們曾經是自然的存在，但我們早已不再自然。當然，我們都需要在生活中融入更多的自然元素。盧梭會鼓勵我們走向鄉村，呼吸更自然的空氣，即便我們不可能再像過去那樣隱居森林、靠覓食為生。但他並不認為我們的社會能夠重新「自然化」。社會本身就不是自然的存在，我們也都變成了極具社會性的動物。

現代文明問題的解方

那麼，如果無法回頭，我們**可以**怎麼辦呢？這就是政治哲學必須著手介入的課題。事實上，這也是他後來更著名的作品《社會契約論》的切入點。盧梭同意霍布斯的觀點，亦即政治不是自然的。它是人造的：我們必須發明政治。儘管如此，盧梭在《第二論文》中講述的故事，是一個偶然發明出來的政治，政治的出現是隨機的，而不是任何刻意計畫的。如果我們能比過去更有意識去創造政治，那麼也許我們可以避免那條不斷犯下非選擇性錯誤、最終感到被陷阱所困的道路，並找到一種替代方案。

盧梭與霍布斯之間的區別在於，盧梭明確拒絕了霍布斯提出的實現人造秩序的主要機制：政治代表制。霍布斯說，我們實現和平的唯一方法，是將我們的決策權委託給某個人或某個機構，讓他們代表我們，來為我們做出政治決定，以獲取穩定的生活。盧梭拒絕了這一點，他拒絕了代表制，因為對他來說，這正是現代文明生活問題的根源，而不是解決之道。將代表制作為政治的基礎，意味著把表象置於現實之上，因為我們最終所生活的情境，將不會是由我們自身參與創造的法律所規範的情境。哪怕那些人以我們的代表自居，這些法律終究是他們所制定的而不是我們所制定的，其中所蘊含的正當性也會是別人的正當性；在代表制所構成的政治與法律中生活，將意味著我們以代表的表象異化了我們的真實自我。

盧梭希望我們為自己重新奪回政治這個屬於我們的人造特徵。在《社會契約論》中，他提出了一個看似簡單的實現方法，那就是我們可以藉由集體行動來重新奪回政治：我們可以將我們的意志融合成為一個稱為「公意」（general will）的東西，這樣我們作為一個人民可以確實地說，我們統治著我們自己。但《社會契約論》的論述，並沒有讓這個過程顯得容易達成，盧梭也明確指出這將會是一段非常困難的過程。考慮到我們已經成為什麼樣的人，考慮到我們現在的狀況，要親自參與立法是非常艱難的。這意味著我們要做出龐大的犧牲，包括我們要放棄那些為了表象而生活的快樂並且投身政治參與裡。而且盧梭明確意識到，這種犧牲並不適合所有人。他指出，這種奪回政治的現象，只能在人口規模較小的社會中實現，比如像日內瓦這樣的城邦，而那裡也是盧梭出生和成長的地方。要達到這樣的目標，會需要一種特定的社會存在方式：他所謂的「嚴厲的民主」。這不是一種懷舊的願景，它沒有那種舒適的安逸感，但它回顧的是一種更為簡樸的生活方式。更少的奢侈，更少的商業，更少的貿易，對企業權力予以約束，為了集體的利益而限制個人自由。這當然不是自然的生活形態，但這是一種更為簡樸的生活，擁有更少的干擾、更少的比較、更少的愛己和更少的驕傲。這是非常嚴苛的。在十八世紀是如此，今天更是如此。

盧梭在《社會契約論》中，並沒有將這種形態的政治呈現為針對現況困境的萬靈藥。相反地，他將之視為某種標準，用來衡量我們與一種可能對我們有意義、能夠使我們擺脫我們所陷入的陷阱的政治之間，有著多麼遙遠的距離。但對於盧梭的批評者來說，這樣的政治本身也是一種陷阱：它誘人的理論與清晰的論述，掩蓋了盧梭的理論中所蘊含太多不可能被實現的要求。這會導致什麼結果呢？盧梭的批評者之一，班雅明．康斯坦（Benjamin Constant）在一八一九年回顧時，將法國大革命及其後的恐怖統治的災難都歸咎於盧梭，因為他認為《社會契約論》對現代公民的要求過於苛刻。那種嚴苛的集體自我統治，在像法國這樣的社會中是不可能實現的，當時的法國是擁有數千萬人口的國家，已經不僅僅致力於奢華，還包括貿易、商業、進步、藝術、科學和個人自由的私密享樂：這樣的社會由像你我這樣的人組成。最終，試圖挽救國家免於政治代表制的缺陷，反而有可能將國家變成壓迫個人多樣性的怪物。

先不論盧梭的追隨者可能怎麼想，我不確定盧梭是否曾相信，像法國這樣的社會能夠實現政治上的自我統治。我認為他是故意把他的理論構築成為一個幾乎不可能達到的政治標準，以便讓他的同時代人看清他們的真實面貌。在《第二論文》中，他向我們展示了我們與曾經的自己之間有著多麼遠的距離。而在《社會契約論》中，他向我們展示了我們與政治應該達到的目標之間的距離有多遠。

《第二論文》指向的方向不僅僅是革命政治，它還指向十九世紀的演化理論，因為它本身就是一種不受傳統進步觀念束縛的、人類發展的演化論。我們在某種程度上演化成了我們現在的樣子，這並不是我們自己的選擇，我們自己也知道自己正在邁向這樣的結局。有一些別的力量在影響我們，這些力量存在於我們的本性之中，但我們卻無法控制它們。盧梭的演化論與達爾文的有所不同，因為他對未來的科學一無所知。但《第二論文》預示了後來關於如何用演化論的觀點來理解過去的論點，並思考甚至我們的自由也可能是受到我們演化的遺產所預先決定了。《第二論文》還指向了二十世紀心理治療和心理學的智識革命，因為它在某部分上是一個關於自我認識的論點。我們必須真正了解我們的起源，真正認識我們是誰，以及這樣的認識意味著什麼。如果我們不僅被重大選擇所塑造，甚至也不總是被瑣碎的選擇所影響，而是被那些我們未曾深思的決定所構成，其中，有些未曾深思的決定，甚至是連我們自己都不知道自己已經做出了這樣的決定時，那又意味著什麼？然後分析我們自己，嘗試理解我們還剩下哪些選擇，又意味著什麼？這也是盧梭的研究計畫之一。

如果我必須指出盧梭與霍布斯之間的核心區別——也是這本書與上一本書之間的差異——我會說霍布斯希望我們接受現代生活的二元性。這是生活在虛構時代的基本條件：我們將會異化自己，而我們必須學會與之共處。這是我們為個人自由，是為了創造一個私人空間並在其中自在做自己而不受干涉，並同時請求他人的關注，是我們為了這些種種所必須付出的代價。盧梭則堅拒地說「不」：我們無法在這種條件下繁榮，也不應該接受它。這種現代生活的自我標榜是一個謊言，是一個建立在表象的自我定義並由代表制的真理所支撐的謊言。

盧梭並不認為，在這樣的困境裡，我們一定能有辦法使自己重新變得完整。尤其不是藉由追溯那段帶我們回到人類不平等自然起源的故事。那只會讓我們對自己淺薄的生活感到沮喪。但他認為，即使在現代的虛構情境下，我們也不應放棄努力變得**更加**完整，我們應該將這種虛構性掌握在自己手中，而不是單純接受它是來自外界且必然令人異化的事實。我們不應放棄。我們應該繼續努力，讓現代生活比它本來可能的樣態少一些自我異化，特別是考慮到我們已經成為了什麼樣貌：我們成了自我意識過剩的生物、花費荒謬的大量時間與他人比較而非彼此同情、思索自己是否比那個人更好還是更差、苦惱自己能否在沒有某個人的情況下生存、自願或有時不自願且常常不知不覺地進入某種相互依存的關係。既然這就是我們——既然我們已經不再是自然的人類——我們就應該更積極擁抱這一點。既然我們如此執著於表象，我們就不應放棄努力讓這些表象變得更加真實，更加能夠反映本質，從而使得本質能藉由表象而被欣賞。我們應該更好地了解自己。在這一點上，有誰能說盧梭是錯的呢？

讓－雅克・盧梭

(Jean-Jacques Rousseau, 1712-1778)

盧梭於一七一二年六月二十八日出生在日內瓦共和國。他的母親在他出生不久後去世，他由父親（一位鐘錶匠）和姑姑撫養長大。在他十歲的時候，他的父親因為法律糾紛被迫逃離城市，將盧梭留給當地一位牧師照顧。他被送往一間奉行喀爾文教派教義的寄宿學校上學，在學校待了幾年之後，他被送到一位刻字師傅的工坊當學徒，而在工坊裡盧梭飽受刻字師傅虐待。最後，盧梭逃離了工坊，投靠了一位天主教神父，神父則將盧梭引介給一位年長的貴婦：弗朗索瓦絲－路易絲・德・華倫（Françoise-Louise de la Toure）。人們稱她為華倫夫人。經歷了數年在義大利和法國的漂泊生活後，盧梭回到了華倫夫人身邊，成為她的情人及家庭照顧者。儘管他年輕時的求學過程極不穩定，但盧梭在二十多歲時重新投入對哲學、數學和音樂的研究。一七四二年，盧梭前往巴黎，期望自己能為當時音樂家的記譜方式帶來革命般的變革。雖然法國科學院拒絕了盧梭的提案，但這一趟巴黎之旅使他與法國啟蒙運動的明星們，如哲學家和百科全書的編纂者丹尼斯・狄德羅（Denis Diderot），建立了更緊密的聯繫。一七四四年，盧梭搬到巴黎，繼續為狄德羅和尚・勒朗・達朗貝爾（Jean le Rond d'Alembert）的《百科全書》撰寫文章。他的哲學與人生突破發生在一七四九年，當時他憑藉一篇論文贏得論文競賽，論文的核心論點是「人類天性善良，但已被社會所腐蝕」。在他隨後的著作裡，如《論人類不平等的起源與基礎》、《社會契約論》和《愛彌兒》等書，盧梭探討了現代人如何藉由政治和教育來保障並重新獲得自由與重新發現真實的自我。隨著盧梭名聲的增長，他所引發的爭議也隨之增加。他那帶有異議的宗教觀點冒犯了新教和天主教的權威。隨著他的教育論著《愛彌兒》出版，法國議會發出了逮捕盧梭的命令。有感於於歐洲大陸對他的敵意愈發深刻，盧梭決定接受蘇格蘭哲學家大衛・休謨（David Hume）的邀請前往英國。然而，兩人之間的關係很快就惡化。盧梭變得愈發偏執，並認為休謨在招待他的同時，也在暗地裡籌畫著什麼陰謀。一七六七年，盧梭以化名返回法國，完成了自傳《懺悔錄》，並開始研究植物學。他於一七七八年因中風去世。盧梭的終身伴侶是泰蕾絲・勒瓦瑟（Thérèse Levasseur），一位近乎半文盲的巴黎洗衣女工。無論盧梭如何在早期著作裡關懷兒童的教育，他顯然並未將這種關懷延伸到自己的孩子身上。泰蕾絲為他生了許多孩子，盧梭卻強迫她將這些嬰兒送到育嬰堂。

第二章 邊沁談人類福祉的總和

《道德與立法原則導論》

(AN INTRODUCTION TO THE PRINCIPLES OF MORALS AND LEGISLATION, 1780)

- 偏執的邊沁
- 對效益主義的兩種經典批評
- 邊沁對社會成規的追問
- 以效益主義作為社會的根本
- 對效益主義進一步的批評與回應
- 從邊沁的角度看現今社會

偏執的邊沁

在美國當代的政治評論中，有一個慣常被採納的通則，叫作「高華德守則」（Goldwater Rule）。該守則指出，當我們尚未實際為政治人物進行心理治療時，我們應該抵制對政治人物的心理狀況進行診斷的誘惑，無論我們是專業心理學家還是非專業的「沙發心理學家」（如果我們確實治療過他們，那麼醫師與患者之間的保密協議，也意味著我們應該對他們的心理狀態保持沉默）。畢竟，人們總是太輕易地指控某個公眾人物，說某人顯然患有自戀型人格障礙、可能是精神病態或其他類似的問題。在一九六四年曾經有一本雜誌以一群精神科醫師為對象做民調，調查他們是否認為脾氣暴躁、總被外界視為非理性的共和黨總統候選人貝里．高華德（Barry Goldwater）的精神狀態，會是合適的總統人選。高華德起訴了發布民調結果的雜誌，並贏得訴訟。在那之後，人們以他的名字為這條守則定名。在唐納．川普（Donald Trump）擔任總統期間，有許多人發現要遵守高華德守則是件困難的事情。然而，這條守則依然成立。

在政治哲學的領域裡，並沒有類似「高華德守則」的規範。但或許也應該要有。人們經常熱切地想藉由診斷某種情境來「解釋」一位哲學家的世界觀。尤其常見的是，有些人會推測某個知名思想家是否應該被歸納到患有自閉症的天才裡。我讀過一些學術文章宣稱霍布斯顯然是名自閉症患者，指出康德（Kant）顯然也是名自閉症患者，點名維根斯坦（Wittgenstein）不折不扣地患有自閉症。但也許最常被拿來指出偉大哲學家是自閉症患者的例子，是這一章的主角：哲學家傑瑞米．邊沁。

在二〇〇六年時，有兩位心理學家菲利普．盧卡斯（Philip Lucas）與安妮．希蘭（Anne Sheeran）發表了一篇文章，推測邊沁、天才、創造力以及它們與自閉症之間的關係。文章指出，根據我們對邊沁的了解，他很可能確實患有亞斯伯格症。證據是什麼呢？邊沁是一個痴迷於系統性的人：他熱中於在任何地方尋找足以被歸類為系統的模式。他還是一個痴迷於語言的人，試圖精確地定義語言。他創造了許多新的詞彙，而且通常是一些醜陋或怪奇的詞彙，比如「抽象性」（abstractiveness）、「使某事或某物變得不確定」（disprobabilise）和「推理性」（ratiocinatory），還有一些像「窮盡的」（exhaustive）和「全能的」（omnicompetent）這樣的詞彙進入了我們的日常語言。令他沮喪的是，許多人們日常使用的詞彙涵義過於模糊，而他發明這些詞彙真正想得知的，不僅是他自己使用某些詞彙時究竟在說什麼，還有釐清別人在日常生活中使用這些詞彙時，又有什麼涵義。他的寫作量極其龐大。在他漫長的一生中，他寫了數百萬字。學術界現在有一個進行中的「邊沁計畫」試圖出版他所有的著作（因為他大部分的著作在生前並未出版），而這已經成為倫敦大學學院長期執行的計畫。邊沁手稿的數量多到令人窒息，而這項計畫也仍在緩慢進行中。邊沁遺稿的數量之多，也部分反映了邊沁對系統性的痴迷，他似乎試圖透過寫作來為生活中的一切賦予明確定義，從而為這些事物定錨。邊沁畢生深信，一切的事物總能藉由定義而變得更加清晰。

邊沁怕鬼，也對面具的存在感到憂慮。亞斯伯格症的一個特徵，是患者往往難以理解被人們視為常規的社交線索，特別是那些不是藉由口說語言傳遞的訊息，這使得人類的面孔，在患者眼中有時會看起來像是一個個的面具。邊沁總是想知道這些「人臉面具」背後隱藏了什麼涵義，而有很大的程度可能是因為他難以讀懂人們肢體語言或臉部表情背後所傳遞的訊息。他有些古怪，會幫家中的物品取名字，例如他把他的茶壺取名為「迪基」。

盧卡斯和希蘭的論述是對患者深具同情，且有扎實學術基礎的。總體而言，他們對邊沁的分析極具說服力。然而，也許我們也應該要有一個「邊沁守則」，來約束這類對歷史人物的心理與精神狀態進行診斷的嘗試。因為這種診斷往往會助長人們對邊沁常有的刻板印象。一般來說，人們傳統上對邊沁的批評，總是認為他是一位過激的哲學家，而這是因為他缺乏對人類社會的基本理解，他不知道用什麼理性推論來處理人類問題，或在什麼時候應該畫下分界。也因此，邊沁一生都在無止境地寫作，創造出無數的系統和列表，不斷地將事物分解、列舉、演算和重新演算，試圖重新校準它們，使事物變得更清晰而非模糊。這是一位不懂得或無法理解其他人用來應對世界的種種捷徑，從而錯過了許多人類經驗中重要環節的哲學家，而這些環節往往是那些「神經典型」（neurotypical，在更好的詞彙出現以前，讓我們暫時繼續使用這個詞彙）的人能夠輕易理解的。這些人能夠讀懂其他人的臉部表情，能夠辨別人類的情感，也能夠明白為什麼有些約定俗成會存在。

對效益主義的兩種經典批評

這種觀點進一步助長了人們對邊沁的哲學——即效益主義（utilitarianism，或譯作功利主義）——常見的兩種經典批評。第一個批評所針對的，是邊沁一生中最具實踐精神的重要計畫，這或許也是他迄今為止最廣為人知的計畫：全景監獄（Panopticon）。邊沁一生中有過許多計畫，包括他為不同國家（如法國、澳大利亞、委內瑞拉）所建言的多部憲法，但在這些計畫中，最特別的是他設計了一座理想監獄。這座監獄的宗旨，是要讓監獄成為理性實踐的場域，而這又是基於以下原則：一個管理有序的監獄，應該是獄長可以時時觀察到囚犯，而囚犯無法看到或知道是誰在觀察他們的場所。這個想法的基礎是，因為囚犯無法看到也無法知道自己什麼時候正在被觀察，所以他們只好無時無刻有著良好的表現以換取假釋。全景監獄的設計目的，是要在最低成本下最大化使囚犯能維持良好行為的訴求，而邊沁花了半輩子的時間試圖說服英國政府建造它。但對許多人來說，這似乎只是對啟蒙思想的戲仿。這是一種非人道的理性效率，忽視了真正重要的事物，那就是被監視卻不知道自己正在被他人監視的感受。在今天，「全景監獄」一詞，已經成為人們對監控社會感到恐懼時常使用的術語。也因此，全景監獄成為了反對邊沁的第一個例證。

第二個典型的批評是針對效益主義本身，而效益主義哲學則可以用邊沁那句惡名昭著的口號來概括：「最大多數人的最大利益」（The greatest happiness of the greatest number）。對邊沁而言，效益主義的目的是為所有人類的行為提供行動原則和標準：人類的行為是否增進了人類福祉的總和？從某些方面來看，這似乎是一個無可反駁的觀點。我們的一切行為不都是為了追求幸福嗎？但對許多邊沁的批評者來說，這也是一種極其簡化的觀點，因為它把一切都化約為計量量表。這是邊沁所提出的又一個加總方案，而他的批評者常常指出，這種方案優先考慮了事物的數量而非質量。它並沒有區分不同形態或不同層次的幸福，因為為了使幸福與福祉得以被加總，它們之間必須是可以相互比較甚至相互轉換的，而這也意味著背後必須要有一種普世通用，用來衡量幸福與福祉的價值的標準。這個標準是一種以快樂與痛苦為基礎的演算公式，並藉由這個標準來評估所有的人類行為。畢竟，我們所有人最想要的是什麼？快樂。而我們最想避免的是什麼？痛苦。除了快樂與痛苦，其他多餘的都只是點綴而已。

因此，人們經常取笑邊沁，認為他（用個著名的例子來說）是個荒誕的人，他視「彈球遊戲」（或者用今天的話來說，彈珠台）和詩歌是同等美好的事物，因為兩者對我們一樣有益：它們都能讓人們在其中找到樂趣。他不認為有更高層次的快樂和較低層次的快樂存在，所有那些能讓人感到心滿意足的事物彼此不分軒輊。正因如此，他被形容成是一台「計算機」，這是與他同處在維多利亞時代的批評者（包括小說家狄更斯〔Dickens〕）對他的看法：邊沁就像人形電腦一樣不帶感情、無法思考也無法認識到人類生活的多樣性、人類存在的複雜性和命運的偶然性，他只忙於運算出一個解釋人類行為的系統，而忽視了人作為一個生命的意義。

以上所說的，是對邊沁常見的批評，而這不僅僅是對邊沁思想的一種速寫而已。這樣的批評極不公允，無論是對邊沁本身來說，還是對他的哲學而言，這些批評所呈現的邊沁都沒能反映邊沁與他的思想的真實樣貌。為什麼會有這麼不公平的批評呢？有很多原因。除了這些批評對邊沁這樣的人對世界的經驗懷抱偏見之外，它們還忽略了邊沁是自閉症患者的此一關鍵，甚至掩藏了這一點。邊沁很可能確實是一個難以理解某些非口說語言交流其約定俗成之意涵的人。而這所造成的結果是，他想知道那些他無法讀懂的面具背後隱藏了什麼涵義。也因此，他的基本問題與盧梭並沒有太大差異。他追問著：為什麼我們要用這種方式做事？**告訴我為什麼**，因為我真的不懂。邊沁身上有一種對約定俗成發起挑戰的天真，而這或許源自於他的心理狀況。他想知道這些令人困惑的行為背後到底是什麼。他對著人們習以為常的種種疾呼：解釋給我聽呀！用我能理解的語言來解釋，因為你們所習以為常的一切，在我看來都不合邏輯。為什麼我們要這樣做呢？

這讓我想到另一位患有亞斯伯格症的人：格蕾塔．桑柏格（Greta Thunberg）。她也經常被簡單地刻板印象化，就她的情況而言，她則是被描繪成一個斯堪地那維亞的單人死亡邪教。桑柏格曾經公開談論她的情況，她說，對她而言，亞斯伯格症帶給她最大的優勢，正是促使她去提出「為什麼」這個問題。當其他人只是默然接受「這就是我們的作法，有時候事情就是這樣，我們只好照做」時，她會說：「告訴我為什麼！因為從我的角度看來，這完全像是一種瘋狂的行為！如果你們這麼做有正當理由，那很好，我會接受它。但是，請給我一個理由，並且用我能理解的方式來解釋這個理由。不要透過暗示或眼神交流，不要用那些隱密的訊號和約定俗成，請用任何人都能理解的語言把話說清楚。」為什麼我們要用約定俗成的方式做事呢？這確實是一個非常好的問題。

邊沁對社會成規的追問

邊沁一生都在提出這個問題。他從一七四八年活到一八三二年，這意味著他出生在盧梭發表《第一論文》前幾年，並在一八三二年去世，當時正值《第一次改革法案》（當時稱為《大改革法案》）頒布，這個法案的頒布，標誌著英國國家民主化的起點，雖然邊沁並沒有直接促進這個改革，但至少在某種程度上，他是這場變革的重要思想來源之一。他與盧梭不同，他相信進步。他在自己的一生中看到了某些進步，但說實話，進步之處並不多。我想邊沁會認為，他一生中所見到的進步少得令人沮喪（尤其是在英國），而這正是他不斷追問「為什麼」的原因。

對邊沁來說，效益主義的重要價值不僅止在於它讓邊沁得以計算並系統化人類行為，和為邊沁那無盡的列表和改善人類情境的計畫提供基礎。相反地，效益主義哲學的價值在於，它讓邊沁能夠提出政治的基本問題：如果我們的政治充滿問題，我們為什麼還要繼續這麼做？因為從邊沁的角度看來，明知有問題還繼續做下去，完全像是一種瘋狂的行為。他能夠對那些捍衛現狀的支持者說，如果你們為維持現狀辯護的理由，是現狀增加了人類幸福與福祉的總和，那很好，我們可以開始討論這個問題。你們這種看法有可能是對的，但也可能是錯的，所以讓我們可以把一切都化成計量來演算看看。如果這是現狀捍衛者的理由，他們將不能反對邊沁拿出他的「計算機」來驗證現狀是否真的有益於福祉。但如果他們有其他的理由——如果現狀與人類幸福或福祉無關——那麼邊沁也將洗耳恭聽：「告訴我你們的理由是什麼。」但是邊沁也提醒，人們必須謹記，捍衛現狀的理由不能只是「總的來說這樣比較好」，因為這種含糊的說詞，本質上還是適用於效益主義的檢測（畢竟，「總的來說」是一個數學問題）。換句話說，要不捍衛現狀的人必須接受邊沁的論點，然後開始和邊沁討論現狀是否就計量上促進了人類的福祉，要不就他們不接受。而這麼一來，邊沁會說：「我真的很想知道，你們認為什麼比人類的幸福與福祉更重要。」他不容許任何人有迴避這個基本問題的空間。

當我們在思考邊沁的效益主義時，我們可以將其視為一種酸劑。它不是某種枯燥、深奧、冷冰冰的演算系統，與我們的日常生活經驗相距甚遠。它的設計目的是要燒盡我們日常生活的環境中會遇到的種種冗言贅句。當邊沁說，他的目標是要清洗人們公共生活中的種種貪腐時，他在腦海中構思的就是這種形象。他讓我們回想幾個世紀以來，不可避免地積累在各種人類制度和社會中的多餘之物與掩飾這些事物的荒誕言論，回想現代生活中被熟視無睹的複雜結構、角色和表演，然後反省有哪些是真的有道理而且有益於我們的幸福與福祉。效益主義的目標當然不是要燒毀這一切種種，因為其中有某些部分大概是有道理的，也可以被證明對促進我們的集體福祉有著必要的貢獻。但效益主義會燒掉那些無稽之談，而那些被留下來的事物才是重要的。邊沁不認為留下的會是那些只追求快樂而不經思考的個體，更不用說人類單純的自私利己的特質（對效益主義的某些刻板印象認為，效益主義的目標就是如此）。邊沁知道人類的生活非常豐富也有著複雜的面向，更知道人們會以各種奇特和不尋常的方式獲取幸福和快樂。沒有人得以預判什麼是值得做的事或值得追尋的目標。但至少，在效益主義的烈火之後，剩下的東西不會是虛偽的無用之物。那些留下來的事物，至少必須要具備某種合理促進人類福祉的特質。

邊沁的效益主義的宗旨在於減少人類的痛苦，特別是避免那些非必要的人類苦難。但它並不是要讓我們擺脫痛苦，因為痛苦是人類生存狀態中不可避免的一部分。他並不像某些人所想的那樣，是在推銷販售某種荒謬的萬靈藥。他認為，如果有機會的話，我們所有人都應該從那些顯而易見的愚蠢中解放出來，尤其是當這些愚蠢是在未經人們同意的情況下強加於他們身上時。最終，愚蠢將導致痛苦，而承受通苦的人會開始意識到這一點。也因此，我們應該透過揭露並最終終結這種愚蠢來瓦解苦痛的經驗。

在一七七六年，邊沁匿名出版了他寫的第一本書，這本書後來被稱為《政府片論》（*Government*），在這本書裡，邊沁對英國法律提出了效益主義的詮釋。換句話說，他將「最大多數人的最大利益」這一酸性試紙，應用在既定的法律體系上，而他發現既有的法律體系極其不足。他特別針對了一位名為威廉·布萊克史東（William Blackstone）的法學家和托利黨[1]政治家。布萊克史東的四大卷《英格蘭法評述》（*Commentaries*）旨在為英國法律提供一個教科書式的概述。而當邊沁對布萊克史東以及他對現狀的辯護進行剖析後，他發現能夠通過檢驗、留下來促進人類福祉的事物幾乎所剩無幾。效益主義這種酸性試紙檢測已經發揮其作用，它揭露了許多英格蘭法的荒謬之處。

其中一些荒謬之處來自於，律師堅持視為必要的各種法律擬制（legal fiction）。這些是律師自己也承認並不真實、與現實無關的事物，但卻被認為是維繫法律運作所必要存在的事物，否則法律就無法有效運轉。我們不得不假裝某些不存在的東西是存在的，這樣才能得到我們想要的結果。邊沁想知道為什麼我們「不得不」這樣做。為什麼我們不能如實描述事物？如果我們縱容這種幻想，我們怎麼知道自己不是在自我欺瞞？這些荒謬之處，還包括所謂的法律專業術語。邊沁厭惡所有這些神祕的詞彙與行話。他特別憎恨法律經常不是用英文寫的，而是用拉丁文，因為這又成為某種理解障礙（正如新教改革者曾抱怨聖經為什麼必須用拉丁文寫一樣）。為什麼律師──與神職人員一樣──不希望人們理解他們在做什麼？

基本上，邊沁對十八世紀晚期英國的現況感到絕望，而那個現況就是任何面對法律的人，都很有可能無法理解對他們彼此所說的話，因為法律語言是一種自成體系的語言。邊沁想創造一套自己的語言，有部分的原因是他想要建立一套讓不同領域的人都能理解並有所共識的術語。確實，邊沁提出的替代詞彙，通常看起來比他試圖取代的術語更難懂。他實際上是試圖用一種個人的術語取代公共術語。但無論如何，邊沁的野心是我們要開始意識到法律的荒謬之處，就算不是從最基礎的地方（例如法律的本質是什麼）開始意識到這件事，至少也要從最接近基礎的地方（法律為什麼要用這種艱澀的語言表述）開始挑戰法律。法律術語太過高深，邊沁曾著名地指出，法律術語最糟糕之處就在於它基本上是「高蹺上的胡言亂語」。

1　托利黨（Tory Party）：十七至十九世紀期間的英國保守派政黨，而後發展成為現代的保守黨。

邊沁的這句批評，特別指的是「自然權利」（natural rights）的語言，邊沁認為這種語言藉由掩蓋重要問題來避免討論它們（在這裡，他暗示的是那種認為自然權利是無可爭議的論述）。對邊沁來說，權利是人類的創造，因此不可能是自然的。如果說權利是自然的，其實真正的意涵是權利的價值是不證自明的。換句話說，自然的就是無人可以反駁的。這正是讓邊沁極為不滿的地方：宣稱說某件事是無可爭議的，只不過是在掩飾無法為它找到合理的論證（事實上，「自然」通常意味著「傳統」。它表達的訊息是「這是我們一直以來習慣的作法」，但這正是需要被證明合理的部分）。

為什麼人們——尤其是律師——要提出這些荒誕言論呢？邊沁認為，可能只有三種解釋。第一種解釋是，這些言論其實並不荒誕。它聽起來像是無稽之談，但事實上有其道理。在這種情況下，邊沁希望聽到以效益主義為基礎的辯護。也許我們這麼做（用拉丁文術語、引用自然權利、使用法律擬制表述），是因為這使人們的生活變得更好，增加了人類福祉的總和。這聽起來不太可能，但誰知道呢？一旦辯論以這種方式展開，邊沁至少會認為，這允許他能夠提出他的觀點，並試圖證明現狀的捍衛者算錯了。如果這不是荒誕言論，那至少我們對這些言論有討論的空間。

第二種可能是，律師知道這是荒誕言論，但他們不僅不在乎，還因為這些荒誕言論能給他們帶來狹隘的個人利益而重視它。人類福祉的總和並不是他們所關心的問題。法律的荒誕是他們用來隱藏圖利自身的面具，讓他們可以在群眾不知情的情況下巧妙圖謀。用我們今天的話來說，法律是一場騙局。法律體系之所以未經改革，是因為它的存在是為了讓律師謀取私利。邊沁更傾向於這種看法。他有些偏執，有時聽起來像是我們今天所說的陰謀論者。他確實懷疑法律體系不過是針對群眾的一場重大陰謀。然而他並不孤單。超過一個世紀後，愛爾蘭劇作家喬治・蕭伯納（George Bernard Shaw）在他的劇作《醫生的兩難》（*The Doctor's Dilemma*）中讓一個角色宣稱，所有職業都是「針對外行人的陰謀」：醫學、會計、法律莫不如此。這些職業的設計，是讓需要他們服務的人無法理解它們。邊沁懷疑，將法律交給那些擁有內部知識的人，只是讓他們利用這些知識為自己謀利。

但還有另一種可能，即可能律師他們自己也不知道，自己所習慣的術語荒誕不實。也許他們曾經試圖去探究其根本，但最終他們自身也不知道為什麼法律長成了現今的樣貌。他們並不是刻意要欺騙他人，而是受困於一些他們習以為常的傳統或約定俗成。這是職涯訓練的一環，也是要在這個行業取得成功的必經方式：要成為律師，你必須要學會那套專業術語。這並不是一場陰謀，而是一種無意識的麻木。

讓我總結一下邊沁對法律擬制依舊運作如常、未經挑戰的三種可能：第一，律師是理性的人，在這種情況下，效益主義提供了人們對法律進行真切辯論的基礎；第二，法律人都是騙子，在這種情況下，效益主義將揭穿他們的謊言；第三，他們都是愚昧的人，在這種情況下，效益主義會教育他們。與他們辯論，揭露他們，教育他們。無論是哪一種可能，其結果都是效益主義取得勝利。

以效益主義作為社會的根本

邊沁的《道德與立法原則導論》於一七八〇年寫成，並在九年後出版，這是邊沁早期效益主義方法的核心論述。這本書所要做的，並不僅僅是要修補英國法律體系的問題而已，它還提出更強力的主張，認為應該將所有的懲罰、制裁、道德認同與不認同的體系，都建立在效益主義的原則之上。書中充滿了列表和分類表格，而這是邊沁試圖拆解讀者種種預設的結晶。也因此，這不是一本容易閱讀的書，裡面有很多難以讓讀者接受的內容。然而，邊沁仍然在強調他的核心觀點。我們必須要服用這帖藥，這樣我們才能變得更好。如果我們拒絕，邊沁將會追問，我們到底是在害怕什麼？當眼前這帖藥能夠為這麼多牽連體大的事情帶來更好的轉變時，我們拒絕服用是否只是出於對些許不適的恐懼？還是我們拒絕效益主義的背後，有著更深層陰暗的原因？

在這本書中，邊沁有條不紊地討論了人們用來抵制效益主義計算的各種論點，並逐一反駁。其中，邊沁認為人們之所以會反對效益主義的核心原則（即人類的福祉是任何評估改善人類處境的唯一合理基礎），有一個可能的重要論點，即禁欲主義。禁欲主義明確反對感受快樂這件事。它認為追求快樂本身是有問題的，並且認為尋求快樂對我們不利，最終也會讓人們的處境變得更糟。這主要是一種宗教哲學（但也不僅只是宗教哲學）。邊沁相當認真地看待這個論點，但他最終認為這並不足以構成一個有力的論據。

效益主義在反對禁欲主義上，有兩個論點。其中一個相對簡單，另一個則更為複雜。簡單的論點是，即使是禁欲主義者也重視快樂，只是他們的快樂來源於自我否定。然而，這種思路的危險在於它過於簡單，最終可能成為一種逃避問題的方式。人們總是可以說，他們做任何事情的原因都是因為他們單純想要這麼做，而他們之所以想要這麼做，是因為這麼做將會帶給他們某種程度的滿足。用這個標準來說，那些鞭打自我的修行者、禁食者、隱士，不正是和我們一樣嗎？他們不也在做自己想做的事情嗎？或許確實如此。但這樣的論點無法帶我們走向更深遠的推論，因為它並未留下進一步討論的空間。如果你告訴一個正在鞭打自己的人，他其實內心深處是在享受這個鞭打自我的過程，而他說他並沒有享受這個過程，那麼你們最終會陷入無止境的循環討論。

邊沁認為，在許多情況下，禁欲主義者確實從其禁欲中獲得快樂，但他也意識到這需要更多的解釋。因此，邊沁認真看待了聖徒可能確實是出於聖潔的動機而禁欲的理論可能。邊沁假設，聖徒的行為與我們不同，他們不僅出於自私地追尋快樂的動機，還因為他們真誠相信自我否定是一種美德，相信追求快樂是一種罪惡。邊沁認為，我們大可以接受禁欲主義的字面意涵，接受這個假設。那麼，接下來的問題是，一個建立在這種哲學基礎上的社會體系會是什麼樣的社會體系呢？它又將會如何運作？禁欲主義無法成為道德和立法的一般指引原則，因為沒有任何政府或法律體系會主動尋求傷害人民。邊沁敏銳地意識到這之中的嘲諷意涵，因為確實有許多政府和法律體系實際上在傷害人民。誠然，世界上存在著許多糟糕的政府體系，但這些政府體系並沒有以「糟糕」作為其立法目標。無論它最終造成了多少痛苦，沒有任何政府會宣稱自己是為了最大化人民的痛苦而存在。正如邊沁所說，請指出世界上有哪一個政府體系的治理者會說，他們試圖鼓勵強盜、搶劫和盜竊，因為他們熱愛痛苦，並且認為讓人民受苦是好事。即使是最邪惡和腐敗的政權也不會這樣做。即使是最惡劣的體制，也試圖藉由宣稱它們會讓人民生活變得更好來為自己的正當性辯護。因此，禁欲主義者永遠無法將他們的信條轉化為一個社會體系並為之辯護。而如果你不能將它作為一個社會體系加以辯護，那麼即便你想過著自我鞭打的生活，也只是你個人的事。重點在於你不應該把這樣的私事強加予他人。

邊沁還考慮了另一種可能的、反對效益主義的論點。他將這種論點稱為「同情和反感的論點」，這指的是某些事物的對錯並不是因為它們對人類幸福總和的影響，而是因為我們受到它們吸引或我們感到排斥。也許有些事物被我們拒絕，並不是基於任何效益主義的計算，而僅僅因為它們令人厭惡。我們就是不喜歡它們，認為它們有問題。這種論點存在一個特定版本，而邊沁經常聽到並且極為厭惡這個版本，即有些人會認為某些事物之所以錯誤的原因，就在於它們「不自然」。換句話說，這個論點認為，我們的本性告訴我們，這些事物違反了我們的本性。抱持這種論點的人不需要去說明「不自然」的具體涵義為何，也不需要說明這些事情到底造成什麼傷害。他們只堅持強調這些是不自然的行為，而且光憑藉這一點就足以制止這些行為存在。一直到今天，我們還是可以聽到這種說法。

邊沁的回應是什麼呢？他說，這只有兩種可能的情況。一種可能是這僅僅是偏見。如果論點是「這件事是錯的，因為它讓我感到厭惡」，這個理由並不充足。就算這個人真的對眼前的事物感到極其厭惡，個人是沒有辦法將自身的厭惡感轉化為社會或政治上需要制裁的原則。對邊沁來說，這就僅是單純的偏見罷了，而這也確實符合偏見的定義：一個人認為他自身對事物的感受，理應要成為所有人的生活準則。

偏見固然是一種可能性，但卻是一種完全沒有理據的可能性。另一種可能是，當人們說某件事不自然時，他們的意思是它普遍令人反感，也就是說，多數人的反應是反對這件事情的。但邊沁指出，這實際上是一個被「自然」的語言掩蓋或混淆的效益主義論點。如果某件事在整體上是錯的，那麼我們需要一個公認的標準來衡量人們對這件事的種種反應，並計算這件事造成的傷害。在這裡，邊沁是在進行一種哲學論證，但這並不是那種象牙塔中的哲學思辨。畢竟，什麼樣的事情會被稱為是「不自然的行為」呢？大多數情況下，其所涉及的都是性和性向。在十八世紀，同性戀不僅被認為是不自然的，還是足以致死的罪行。當時的俗諺稱之為「雞姦法」或「反雞姦法」，而這樣的法律意味著，個人可能會因為同性戀與同性之間的性行為而被絞死。這不僅僅是一些過時的法律。在邊沁的有生之年及其死後，人們不斷因為這樣的罪行被處決。在一八三五年，邊沁過世的三年後，有兩名同性戀者在公開場合被絞死，他們的名字叫作詹姆斯．普拉特與約翰．史密斯。他們因為被一位旅館老闆撞見正在進行所謂的「不自然的行為」而被處死，哪怕兩人的妻子都在法庭上懇求寬恕。他們是英國最後兩名因為同性戀被判死刑的人。而這就是使用「不自然的罪行」這種語言將會導致的嚴重後果。

邊沁認為，將大眾對同性戀的感受刑事化是極其可憎的。他再次指出，這裡只有兩種可能性：要麼同性戀者是因為偏見而被絞死，如果是這樣，這將是完全無法被接受的；要麼同性戀者是因為同性戀與同性之間的性行為將會減少人類福祉的總和，從而使得他們必須被絞死，並且處死他們將會增加人類福祉的總和。但這顯然不可能成立。對邊沁而言，雙方合意的性行為是人類最主要的快樂來源之一。兩名男性在私下進行的自願性行為，不僅與他人無關，還增加了人類快樂的總和。為此絞死他們，如果不是邪惡的，就是極其荒謬不堪的。而處刑同性戀，很可能同時既邪惡又荒謬。

在十八世紀末和十九世紀初的英國，有許多罪行都可以判處死刑。小額盜竊——任何超過五先令[2]的竊罪——都被列為死刑罪。當時有兩百多條法規列舉了類似的罪行，儘管並不是所有這類罪行都會被絞死，他們中有些人被處死，有更多人則被流放。在《道德與立法原則導論》中，邊沁花了大量的篇幅將這些罪行進行系統化。他為它們分類，並創造許多新的詞彙，用來描述一個更合乎效益主義原則的，對於犯罪和懲罰的法律系統應該具備什麼樣的樣貌。要理解其中的所有內容並不容易。他使用了諸如「鄰近性」（propinquity）、「有效性」（efficaciousness）、「敏感性」（sensibility）、「比例性」（proportionality）這樣的詞語來陳述法律與量刑之間的關聯。這看起來極其枯燥，但其實它所蘊含的思維很簡單。即我們必須不斷反問自己：這個罪行真的值得受到這樣的懲罰嗎？這種制裁會讓人類整體生活變得更好嗎？為了被偷的五先令而絞死一個人，這合乎比例嗎？這顯然是不合比例的。

與對法律懲處的興趣相仿，邊沁對政治也深感興趣。在政治上，他所關注的不僅在於那些荒謬的事物（儘管政治也常常帶有荒謬的面向），他更關切的，是那些政治場域中毫無意義的愚昧行為。效益主義的一個用途，就是讓人們思考他們是否在問正確的問題。邊沁將這一點應用於稅收問題。沒有人喜歡繳稅。繳稅帶來的痛苦是顯而易見的，因為極少有人會從被徵稅中獲得快樂。因此，人們常常試圖為自己不應該繳稅辯護。其中一種不繳稅的論點，可能是指出稅收涉及了自然正義與基本權利的問題。這種論點可以被粉飾成私有財產權的神聖性，彷彿人們擁有某種自然或上帝賦予的私有財產權利，因此政府不能從個人身上正當地取走財物。但邊沁認為，權利是人造的產物，其起源是人類而不是上帝或某種自然法則。邊沁希望，人們能夠更加深入思考這些權利的基礎。

讓我們再假設一個情境。儘管我們不喜歡繳稅，但如果我們之所以必須繳納某項特定稅款的原因，是因為原本應該繳納該項稅款的人逃漏稅了，因此原本該由其他人繳納的稅款隨著系統遞延，最終落到我們身上，但我們卻不知道這個過程呢？可以想見，我們會為此感到義憤填膺，開始談論私有財產權的神聖性。但假設政府明確告訴我們，讓我們知道我們之所以被要求繳納這筆稅款，是因為其他人逃避了他們該繳的稅，那麼我們又會如何反應呢？我們可能會說：「那些人應該要繳納他們負責的稅額。」如果是這樣的話，私有財產權的神聖性又有多可靠呢？我們不會再談論任何東西的神聖性。這有個隱含的論點，如果我們提出正確的問題，我們會開始談論系統的有效性。

2　十九世紀英國的五先令大約等於現今新台幣八百七十五元。

效益主義幫助我們看到，那些經常被視為崇高原則的問題，其實是實際結果和權衡的問題。整體來說，事物之間往往是彼此相互聯繫的（陰謀論思維的一個優點是能夠看出事物的聯繫）。真正的問題在於，我們選擇如何安排事物。我們的選擇有時愚昧，有時粗心大意。但如果我們能夠有更好的安排，人們就會少一些不愉快，而當人們不那麼不愉快時，他們所說的和所相信的荒謬言論就會減少一些。這是一個良性循環，至少它在理論上看來是如此。

對效益主義進一步的批評與回應

邊沁式效益主義是現代經濟學的基礎，亦即比較不同結果之間的利益與利益之間的關聯。現代經濟學招致了許多批評，其中一個原因是它似乎有種令人不快的傾向。現代經濟學將人類行為的點點滴滴串連起來，而後宣稱這表現了人類行為的真理。當經濟學家過於迷戀自己的理論系統和模型，忘卻了人類並不一定如他們所想像的那般時，經濟學模型就有可能會出錯。和邊沁相仿，人們可能會如此熱中於設計一個可以交互操作的衡量系統，以至於忘記了自己正在衡量的標的是什麼。但與此同時，也有一個合理的、邊沁式的論點得以用來支持現代經濟學，那就是現代經濟學至少常常能幫助我們擺脫我們所處環境中的所有荒誕言論。當我讀到保羅．克魯曼（Paul Krugman）這位諾貝爾經濟學獎得主與《紐約時報》專欄作家（他在過去二十幾年來，幾乎每隔幾週就會寫同樣的專欄）的文章時，我常常會想到邊沁。現代經濟學的論調是：我們不能只因為某些事物讓我們感覺是對的，或我們希望它是對的，或者我們不喜歡那些告訴我們這些事物存在錯誤的人，就盲目相信這些事物是正確的，或是錯誤的；與之相反，請看看這些數據。如果經濟學有任何價值，那麼至少應該讓我們免於被餵食那些以崇高原則和自然正義的名義來包裝的荒誕言論。

然而，對邊沁式效益主義的批評仍然存在。維多利亞時代的哲學家約翰·斯圖爾特·彌爾（John Stuart Mill）就論述了一種批判。彌爾最初也是邊沁的忠實擁護者，但後來對效益主義產生了懷疑（最具說服力的批評，往往來自那些曾經信奉某種世界觀的人）。彌爾認為，直接追求效益存在著龐大的風險。如果我們一生都在問，這件事或那件事是否增加了人類福祉的總和，我們將會因為關注細節而忽略了全局。例如，愛情並不特別適合用效益主義的問題來衡量。如果你正在思考是否要與另一個人交往，可能最好不要用效益主義的問題意識來匡限這個問題：和這個人交往會增加人類福祉的總和嗎？當然，交往之後你可能會變成更好的人，也因此更可能增加人類幸福的總和。但你之所以選擇與人交往，往往只是因為你依循了自己的心意。有些人認為，如果我們真的要實現淨效益的結果，那麼我們最好不要讓人們不斷追求它，至少追求的路徑必須是無意的。我們必須迂迴前進，讓幸福悄然出現。

對邊沁式效益主義的批評還有進一步的延伸。顯然，大多數人在日常生活中，都不應該是教條式的效益主義者，因為這會妨礙愛、藝術、詩歌或美。不要看著一幅畫，問自己這幅畫是否增加了人類福祉的總和。我們該做的應該是問自己，這幅畫的美是否打動了我？但仍然有人認為，社會的結構中，應該有**一些人**負責關注人類福祉的總和。必須要有人負責這件事情，才得以確保人類走在正軌上。這進而可以轉變為所謂的「治理式效益主義」（Government House utilitarianism），其基本思路為，大多數人不應該是效益主義者，也不會是效益主義者，但那些治理社會的人應該要是（並且往往是）效益主義者。這造成的結果是，制定規則的人與那些必須遵守規則的人之間形成了鴻溝，而這包含了那些制定規則的人對規則背後意圖的理解，與遵守規則的人有所不同。這產生了一個與人們相距甚遠的、技術官僚主導的的效益主義菁英階層。他們戴著另一副面具，為了我們的利益做出決策，但卻不願意用他們理解的語言向我們傳達他們所做決策的理由，因為他們擔心我們會感到困惑，從而開始為自己追求效益。

「治理式效益主義」最嚴重的例子，通常與殖民政權的殖民地改善計畫有關。也就是說，那些自認為文明更加開化的統治者，來自那些自認為文明更加開化的社會，為居住在殖民地上那些被認為無法自主做出判斷的人做決定。由此，人們很快就能推演出對邊沁的批評，認為他不僅是全景監獄的設計師，更是全面監控式社會的始作俑者，認為他是那位最終相信整個社會都應該有監督者的人，而這些監督者會在暗中觀察我們，確保我們的行為符合「最大多數人的最大利益」的原則，卻不告訴我們該怎麼做，甚至不告訴我們為什麼該這樣做。我們被監視著，但我們不知道我們從何時開始被監視，因為我們被不斷地微調、調整、推動朝著人類改善的方向發展，但這樣的改善是以我們的自由，甚至是我們的自我認知作為代價。這是在今天，最常引起人們共鳴的批評之一。而這並非巧合，揭露美國國家安全局（NSA）機密的維基解密告密者愛德華．史諾登（Edward Snowden）就將美國國安局稱為「全景監獄」：美國的安全機構，將美國化成了一個人們在不知情的情況下被監控的監獄。

緊接而來的，是數位監控社會的私人領域問題，或者是今天所稱的「監控資本主義」（surveillance capitalism）的問題。在這個私有化版本的全景監獄中，我們不僅待續受監視，還被口袋裡的機器推動著，它們通過發出鈴聲和提示音，設計出各種小小的觸發點來帶給我們多巴胺的快感，讓我們無休止地與他人比較，懷疑自己是否錯過了什麼、誘使我們購買新的商品，並以這種方式不斷受到刺激，以至於我們像被當作巨大的「彈球」體系中的一部分一樣被對待。最終，這樣的社會確實會讓我們得到一個，乍看之下彷彿是對邊沁效益主義的戲仿的結局。

那麼，從邊沁的角度出發，要如何回應這些批評呢？這有許多種回應方式，但我將限縮在三個簡短的回應。首先，這是關於情境和風險平衡的問題。對於那些認為如果我們只以效益主義來追求效益，就會錯過生活中的重要事物的論點（如果我們過度忙於擔心什麼是有用的，就會錯過什麼是美麗的），這種論點可能是那些自認為已經解決了基本人類福祉問題的社會所享有的奢侈。相信這些問題已經真正解決了，本身就是一種危險的想法。當然，經濟計算也存在風險，我們可能會錯過那些難以量化的事物。過度量化可能會讓我們忘記人類經驗之間的質性差異。有時候也確實如此，有時候我們會過度專注於計算而忽略了本質。但這並不是邊沁所生活的社會中最重要的事情。在當時，人們會因自願的合意性行為被處死。在那種情況下，風險的平衡是相對之下沒那麼要緊的事。在當時，如果效益主義不被落實，反而會對人類的處境更加危險，因為這會讓我們無法看到真相。而真相就是有許許多多的人，正因某些荒謬的教條和論點而遭受不必要的極大痛苦。在那樣的社會中（而我認為我們必須自己判斷，我們是否仍生活在那樣的社會裡），我會更偏向於賦予效益主義者話語權，讓他們發揮作用。為當時的社會倒入酸劑來檢驗看看會發生什麼事情。是的，這樣做會有風險，效益主義的檢驗可能會燃燒掉一些真正有價值的事物。但當許多人正遭受不必要的痛苦時，最重要的是燒掉任何使這些痛苦得以維繫的事物。

第二個回應，是關於全景監獄這個理念。邊沁花了許多年的時間，苦惱不堪地試圖說服英國國會資助全景監獄計畫，以建造更好的監獄。當時的監獄是極其恐怖的場所。我們應該要記住的是，我們不應該拿邊沁當時的全景監獄構想，來與二十一世紀斯堪地那維亞國家的現代監獄相比，而是應該拿它與當時地獄般的新門監獄[3]相比。下議會似乎曾經答應邊沁會建造他所提倡的監獄，但卻一再地跳票令他失望不已。邊沁對議會沒有履行承諾感到無比沮喪，並覺得自己被政客的狡詐所背叛。他的回應並不是去尋找某個私人贊助者來建造他的監獄，而是試圖改革政治本身。真正的問題在於議會。議會也變成了一個戴著面具的機構，對普通人來說不可接近，且沉浸於自身的儀式和特權中，並根據沒人願意質疑的習俗為其行為辯護。議會政治既不透明又充斥腐敗的氣息，其解決方法也是顯而易見的：讓議會制度變得更加透明公開。人們必須要能夠看到在議會裡究竟發生了什麼事情。

因此，邊沁變成了一位激進的民主派人士，而隨著年齡增長，他變得愈來愈激進。這裡的激進，並不僅僅是以當時的標準來說。邊沁的許多民主理念，在某種程度上，就算按照我們今天的標準來看，也一樣激進。他指出，他所生活的英國根本算不上是一個民主國家。當時的選舉只是一場鬧劇，往往是民主政治的荒謬版本，充滿著腐敗的選區，選民的法律資格極為限縮，幾乎所有人都被排除在選民資格之外。邊沁因此提出了三項基本改革：第一是祕密投票原則，讓人們可以在私人場合表達意願，避免受到威脅；第二是大幅擴增選民資格，讓工人階級的男性也能投票（當時女性選舉權仍被認為太過激進，但毫無疑問，邊沁最終認為沒有理由排除任何人）；以及第三，年度議會和年度選舉，這樣當選的代表就沒有時間將議員身分變成一個私密俱樂部的會員。我們應該要讓當選的議員必須每年為自己辯護，不應該讓任何政治人物認為他們的權力是穩固不變的。

從邊沁的角度看現今社會

我們最終實現了邊沁三項改革主張中的兩項：我們有了祕密投票原則，我們有了非常廣泛的選民資格（儘管兒童仍被排除在外），但我們沒有年度議會。現今成熟民主國家的制度裡，最接近這一點的是美國眾議院，所有議員每兩年必須重新參選。但這一參選過程以另一種方式給篡改

3 新門監獄（Newgate Prison）：或譯「紐蓋特監獄」。位於英國倫敦，建於十二世紀，於一一八八年作為監獄啟用，期間曾關押民事案件債務人及刑事罪犯，到一九〇二年停用，並在一九〇四年拆除。

了。藉由大範圍的不公正選區劃分[4]，選區已然被黨派利益所把持，一些政治人物只要讓最為活躍的黨派基礎滿意，就能將選區視為自己的長期壟斷的職務。邊沁肯定會想用他的效益主義酸劑來摧毀這一切。

邊沁對全景監獄計畫的失望幫助他轉向了民主，他並沒有成為「治理式效益主義者」。恰恰相反，他逐漸認識到，民主的最大優勢在於，民主賦予人民機會，能夠反擊那些自認為最懂事理，但實際上只是為了自己的狹隘私利服務的人。讓政治人物脫離他們封閉的世界並戳破他們的泡泡，是效益主義能為我們大眾福祉做出的重要貢獻之一。這讓政治人物不得不傾聽他們本來寧願忽視的聲音，從而拓寬他們的視野。

最後，邊沁會如何看待我們這個數位化、受監控、充斥各種提示音的世界呢？他會怎麼看待在這個世界中，不斷被推動和觸發去追求廉價快樂的我們呢？我想，他會對此感到震驚。邊沁的著作中並沒有任何跡象表明，他希望我們過這樣的生活。他無疑會為這種現象感到驚訝，因為這在技術上與十八世紀的生活相去甚遠，但他也會辨識出其中一些相近的情況。我們正在被狹隘的私利所操控，而這正是他一生所反對的。他會提出最基本的問題，也就是效益主義的問題：這讓我們快樂嗎？我們口袋裡的這些機器是否讓我們感到滿足？我們在網路上不斷尋求自滿，但這是否增加了人類福祉的總和？毫無疑問地，在一個充滿多巴胺刺激和不斷被剝奪的經濟世界中，這些機器確實觸發了某些快樂（小小的快樂，也伴隨著小小的痛苦）。然而，這一切真的讓我們的生活變得更好嗎？如果我們懷疑它並沒有（而我確實強烈懷疑它並沒有），那麼我們必須問出那個不可避免的後續問題：為什麼我們要這樣做？

這當然不是自然的現象，這是人類所創造的世界。那麼，為什麼我們允許它從我們人性中最脆弱的面向上著手剝奪並主導我們的生活？為什麼我們這麼快就陷入這樣的困境，使得這項原本充滿潛力的技術，如今被龐大、冷酷無情的企業利益所控制，而這些企業用「連接」和「賦予權力」這些空洞的語言，來為自己的行為辯護？邊沁會說，只有一個工具可以幫助我們回答這些問題：效益主義。如果你提出效益主義思維的問題，我們所預期要得到的回答，就不應該只是「這就是技術發展的方式，我們別無選擇，只能隨波逐流」，也不應該只是一些人常說的：「這就是自由市場的運作方式，自由是神聖的，我們必須非常小心避免干涉個人選擇的神聖性。」當任何關注這些問題的人都能看出，我們的選擇正受到我們無法控制的力量操縱時，這種說法是極度缺乏說服力的。指出我們正在被操縱和欺騙，並不表示你是陰謀論者，而是意味著你是一位效益主義者。將效益主義的酸性檢驗應用於我們的數位世界，然後問問自己，我們真的沒有其他事能做了嗎？真的沒有其他能讓我們更快樂的事了嗎？

我們的監控社會既不是邊沁式效益主義的延伸，也不是對它的戲仿。恰恰相反，我們的社會結構，正是效益主義旨在幫助我們擺脫的那種社會類型。因為效益主義讓我們看到，這一切並非不可避免。我們需要重新關注人類福祉、快樂和自我滿足這個課題，而這種快樂和滿足的概

4　不公正選區劃分（gerrymandering）：透過操縱選區劃分削弱對手政黨，使特定政黨獲得不正當的優勢。

念應該是廣義的（當然不能像許多大型科技公司那樣用狹隘的方式來理解它們）。邊沁在《道德與立法原則導論》中，提出了一個非常廣泛的模型，來界定什麼可以被定義為快樂。人們可以從各種事物中獲取快樂。他們當然可以從自我犧牲中獲取快樂，他們可以僅僅透過關心他人來獲得快樂，他們甚至可以從痛苦中獲取快樂。我們有無數種方法可以找到自我滿足。邊沁並不是一位化約派的政治哲學家。如果這項曾經充滿可能的技術在如今變得過度簡化我們對幸福與快樂的理解，我們不應該將責任歸咎於邊沁的思維方式。邊沁絕對不是二十一世紀故事中的反派。相反地，傑瑞米．邊沁，這個有些怪僻，但也正如他的許多朋友所堅稱的、深受他們喜愛的人物，才是我們這個時代的英雄。

傑瑞米·邊沁

（Jeremy Bentham, 1748-1832）

傑瑞米·邊沁於一七四八年二月十五日出生於倫敦的一個富裕家庭，他從童年開始就展現出非凡的天賦，十二歲時就被錄取並到牛津大學就讀。身為一名著名的法學理論家、社會改革家，最終甚至成為激進派，邊沁創立了現代效益主義，一種視落實「最大多數人的最大利益」作為最高良善原則的倫理體系。邊沁試圖藉由具體的社會改革來實踐這些原則。他最著名的提議或許是全景監獄，他認為這是一個可以用來取代當時英國骯髒監獄的設計。邊沁的計畫，要求人們建造一個環形排列的牢房，在監獄正中央設立一座觀視塔。守衛可以從觀視塔中觀察每個牢房，但沒有人能從牢房裡窺探到塔內的事物。邊沁認為，因為這樣的設計讓人們隨時可能受到監視，因此人們會自我約束，從而促進囚犯的自我改進，並減少既有監獄體系的道德和財政成本。邊沁的終極目標是根據效益主義原則建立一套完整的法典。他曾向美國總統詹姆士·麥迪遜（James Madison），以及當時美國每一州的州長提供個人法律諮詢服務，雖然他們對邊沁的服務不感興趣。但就算如此，還是有些邊沁的計畫得以實現。他的反貪腐活動促成了泰晤士河警備隊的設立，而這是英國第一個以預防犯罪為目標的警察部隊。他還深刻影響了一整個世代的效益主義思想家，其中最著名的是他的學生約翰·斯圖爾特·彌爾。邊沁是一位無神論者，也是早期女性權利、同性權利與動物權的倡議者，他是一位政治激進派。他也以古怪的性格著稱。儘管他是一位偏執於寫作的作家，但他很少完成或出版任何著作。他養了一隻老貓，並為其取名為尊敬的約翰·朗博恩爵士。他與女性的交往並不順利。邊沁一直工作到一八三二年去世，享壽八十四歲。在遺囑中，他交代人們，他的遺體應該在一群朋友面前進行解剖，以推廣屍體研究的價值，在解剖之後，他的遺體將要被保存為「主體」(auto-icon)。在一八五〇年，倫敦大學學院收購了他的遺體。如今，它仍然展示在大學的學生活動中心裡，哪怕他的真實頭顱被分開來獨立保存（因為頭顱在防腐過程中未能妥善保存）。

第三章

道格拉斯論奴隸制的罪惡

《我的奴隸生涯與我的自由》

(*MY BONDAGE AND MY FREEDOM*, 1855)

- 道格拉斯對生而為奴的責問
- 抵抗與逃離奴隸制
- 揭露奴隸制的真相
- 抗爭所必要的暴力
- 解放奴隸必需的政治

道格拉斯對生而為奴的責問

盧梭提出了最具代表性的「why 問題」：為什麼富人擁有這麼多資源，而窮人擁有的卻這麼稀少？或者，用更重要問法來說：既然富人的數量這麼稀少，為什麼他們能夠成為那些制定規則的人？但在某些方面，最極端的「why 問題」——而這往往同時也是一個「how 問題」（追問事情「為什麼」會發生，往往意味著叩問事情是「如何」發生的），是由美國作家弗雷德里克．道格拉斯在盧梭寫作的一百年後所提出的。這出自他的三部自傳中的第二部，他為這部自傳定名為《我的奴隸生涯與我的自由》。該書於一八五五年出版，當時道格拉斯大約三十七或三十八歲，正值他人生的中點。在書裡，他重新回顧了一個他一生都在提出，但從未能完全回答的問題。某種程度上，這是因為這個問題永遠無法被詳實有理地回答。為什麼我生來就是奴隸？

我們實際上並不知道弗雷德里克．道格拉斯的確切出生日期，因為他出生時是奴隸。他認為自己可能出生於一八一八年的二月，但即便到了他生命的盡頭，他仍在試圖尋找自己確切的出生日期；因為像他這樣的人，在出生時，並沒有人會將他們的出生日期登錄在政府檔案或私人日記裡。他於一八九五年去世，因此他的一生橫跨了大部分的十九世紀。他可能的出生年份，是安德魯．傑克遜[1]入侵佛羅里達，將佛羅里達從西班牙殖民者手中奪走的那一年。而在他去世的那一年，美國註冊了第一個汽車專利。道格拉斯見證了十九世紀美國的開展。他見證了奴隸制的終結，見證了所謂的「美國重建時期」[2]，也見證了「美國重建時期」的終結，以及美國南部種族主義秩序的重生。他見證了新的不平等時代——「鍍金時代」[3]——的到來。但他在《我的奴隸生涯與我的自由》中提出的問題，都早於所有這些種種。他第一次提出這個問題的時候，是在他生命相對早期的時刻，在他約莫七八歲的時候開始，他問道：為什麼我是奴隸？這個世界上，是否曾經有過一段時間，在那裡，我不會是奴隸？這種有些人出生就注定是奴隸的世界是如何開始的？**為什麼**會開始？世界是**如何**變成了現在這個樣子？

即使在孩童時期（雖然這是三十年後，道德拉斯三十七、八歲時的回憶），道格拉斯也得出了這項結論。他無法接受任何關於那個問題的答案，因為在他的處境裡，沒有任何可能的正當理由得以解釋，為什麼他會是奴隸。早在當初，在他出生的馬里蘭州，他就明白，他身邊有一些黑人不是奴隸，而有一些白人也不是奴隸主。因此，即使在孩童時期，他就知道答案不可能是膚色的問題，這與黑人與白人之間的差異無關。這種等級制度沒有任何合理的自然解釋，而如果沒有合理的自然解釋，那唯一可能的答案就是他所說的：「並非膚色，而是罪行。」這是一種竊盜。奴隸制無法被以任何形式辯護；它只能被解釋為，有一群人竊走了另一群人的自由。

1　安德魯．傑克遜（Andrew Jackson, 1767-1845）：美國的第七任總統，他統領美軍在第一次塞米諾爾戰爭（一八一七至一八一八年）取得勝利，西班牙因而割讓西屬佛羅里達（今佛羅里達州）。

2　美國重建時期（Reconstruction）：美國在一八六五到一八七七年這段時期，針對南北戰爭中南方各州回歸聯邦、奴隸的國家公民身分、黑人男性投票權利等議題提出修正法案，重建內戰後嚴重分裂的情況。

3　鍍金時代（the Gilded Age）：伴隨移民潮與工業高度發展，美國在一八七〇到一九〇〇年代之間財富突飛猛進的時期。

這是道格拉斯在孩童時期得出的結論，而他一生的反思從未偏離過這個結論。這個結論其中的一個涵義是，反對奴隸制的辯論是沒有必要的。因為進行這種辯論，意味著人們有可能去構思，反對反奴隸制論述的邏輯是有可能存在的。道格拉斯非常清楚，在這個問題上，沒有任何相反意見來回陳述辯論的空間。奴隸制是永遠無法以奴隸能夠接受的理由來解釋的。而對道格拉斯來說，不可能由任何人、在任何時候解釋清楚，為什麼有些人生來就是奴隸？他從來沒有接受過這一點。因此，從這個意義上來說，反對奴隸制這件事，根本沒有討論的餘地。

在《第二論文》中，盧梭指出，企圖為強者對弱者的統治進行辯護，無一例外地都是試圖解釋為什麼人類會落入這種狀況的徵狀。換句話說，這些論點只有在你已經接受了提出這些論點的人，有權力決定辯論的條件時才有意義。奴隸之所以必須為其主人的權威辯護，是因為他們是奴隸，因為他們除了為主人辯護以外別無選擇。但這並不是奴隸制的正當性，而只是奴隸制的一種表現。

這正是道格拉斯在成長過程中，親眼見到他的奴隸同胞所經歷的，而這讓他感到絕望。他聽到奴隸之間討論他們的主人是好是壞，以及擁有好或壞的主人，對他們來說是幸運還是不幸，哪怕其實根本不可能有意義地區分這些標準。顯然，不同的奴隸主或不同的奴隸工作場域的監工對奴隸所施加的殘酷程度可以有所不同，但在區分好或壞，甚至是區分幸運或不幸時，根本沒有任何依據，因為在奴隸制面前，這些區別已經完全崩潰。對於一個作為他人所有物的人來說，將這種關係中的任何方面描述成「好的」，都無法體現任何實質內容。唯一能證明的，是這個人是不自由的，因為沒有任何一個自由的人，會說：「我如果被一個『好的』奴隸主統治是一件『幸運』的事情。」

正如奴隸無法說出任何能合理解釋奴隸制的話語一樣，奴隸主也無法做到。道格拉斯並不是效益主義者，但他的論點與邊沁有著相似之處，這尤其是在他們如何揭露那些慣常隱藏在普遍原則背後的個人偏見的方式，尤其當這些原則以「自然」的語言作為表述方式時。效益主義的酸性檢驗有一個重要之處在於，它會詢問任何論點是否可以在超越提出論點的當事人其個人利益的層面之外得到辯護。道格拉斯也明確表示，他從未聽過任何支持奴隸制的論點能禁得起這一種挑戰，因為任何為奴隸制的辯護只有在你是奴隸主的情況下才有意義，而不是在當你是奴隸的情況下。一個人在這條界線的某一側可能會比另一側要過得更好，但從個人的利益推導出一條普遍的社會通則卻是不可能的。奴隸制除了奴隸主的個人偏好（因此也是他們的偏見）之外，沒有任何可取之處。唯一在所有情況下都適用、無論個人情況如何都適用的普遍真理就是：奴隸制是一種罪行。

抵抗與逃離奴隸制

那麼，如果奴隸制是無法辯論的，我們還有什麼可以去說或做的呢？你無法與奴隸制講道理。唯一能做的，就是透過任何可能的手段試圖擺脫它。所有手段都是正當的。弗雷德里克·道格拉斯，這個生而為奴的孩子，最初的反應就是嘗試找到任何一種可以逃脫的方式逃離奴隸制。他採取的第一步是學習閱讀。他被送離自己出生的種植園，去到巴爾的摩的一個家庭，那家人是他原本奴隸主的親戚。那個新主人的妻子對年幼的道格拉斯產生了好感，決定應該讓道德拉斯接受教育，於是她教他識字。值得強調的是，在道格拉斯對自己所受教育的描述中，他並不認為自己需要學會閱讀才能理解奴隸制的錯誤。閱讀不是解放，也不是啟蒙。他在學會閱讀之前就已經完全理解了自己的處境。他在開始學習閱讀的三、四年前就問過「為什麼我是奴隸？」這個問題，並且提出回答。或者，更準確地說，他發現這個問題沒有任何值得一聽的答案。他並不需要藉由識字來理解這一點。相反地，學會閱讀是一種抵抗的形式，僅僅因為奴隸是被禁止閱讀識字的。

當那位教會他識字的女人的丈夫發現，自己的妻子正在教奴隸閱讀之後，他立即以「奴隸受教育是違反既有社會秩序」為由試圖禁止妻子繼續這樣的行徑。而最終，他也成功說服了妻子，讓她相信這種說法蘊含了「真理」，於是她停止教道格拉斯識字，並在發現他嘗試閱讀報紙時懲罰他。但當然，這無法說服道格拉斯。從此以後，他只能完全自學。他找到了一本叫《哥倫比亞演說家》（*The Colombian Orator*）的書，這是十九世紀初美國標準的、教導人們如何進行演說的指南，而道格拉斯就是從這本書中學習閱讀與講演。這段經歷教會了他兩件事。首先，如果奴隸受教育是禁忌，那麼奴隸制本身就是一種罪惡，因為任何禁止教育的制度本身就是一種罪行。其次，它證實了奴隸制的一切都是不自然的，因為那位教他識字的女人所做的，是一件再自然不過的、善良的事，而這也是盧梭會認同的。她教導道格拉斯，是出於一種憐憫而採取的行動。她的行為本來是自然的，直到她的丈夫用一個完全荒謬且虛構的論點欺騙了她，讓她相信阻止這個男孩閱讀符合她的利益。奴隸制沒有任何自然之處，因為在這個制度裡，連人們本來擁有的自然良善也必須被屏除殆盡。

學會閱讀是抵抗的第一步，因為這是他對抗主人非人道對待、宣示自己基本人性的一種方式。道格拉斯的下一個抵抗行徑則是反擊。作為一個識字的年輕人，他得到了「難搞」的名聲。人們說，他是一個「自視甚高」的奴隸，於是他被不斷轉移到不同的勞動場，直到最終被送至一個有著可怕外號的奴隸主手中：「奴隸破壞者」科維。科維的工作，是徹底粉碎那些不清楚自己的處境為何的年輕男性奴隸的反抗意志。於是，他開始試圖打擊道格拉斯。在他的自傳中，道格拉斯描述了這個過程，而這段經歷讀來也確實令讀者痛苦不堪，因為科維確實擊垮了他。正如道格拉斯所言，他被一種混雜了生理與心理的折磨給擊潰。在那之前，道格拉斯已經見識過許多作為奴隸時親眼目睹的可怕事蹟，見識過許多的折磨和殺戮，但當這種系統性的折磨降臨到他自己身上時，他也無法承受。這摧毀了他。

然而，他所說的「擊潰」並不是指他停止了反抗，而是指他決定要開始以完全不計後果的方式反抗，因為他意識到，自己已經沒有什麼可以失去了。他來到了這麼一個境地：如果他繼續反抗（這時的他已經長成一名高大、體格健壯的少年），他很可能會付出生命的代價，但他不在乎。在此我必須要強調，當道格拉斯敘述這段親身經歷時，他並不是在說這種不計後果的態度，是隱藏在奴隸身上的力量。他不是在說，奴隸相對於奴隸主的優勢在於，他們已經沒有什麼能失去的了，甚至連死亡也可能是一種解脫。道格拉斯非常明確地表達了他並不想死，並且指出陷入這種「沒有什麼可以失去」的情境是極其可怕的，因為這種情境連失去生命都不再是令人畏懼的事情。這不是奴隸的力量，而是身為奴隸的恐怖之處。

有一天，當科維再次用拳頭攻擊他，而道格拉斯再也無法忍受時，年輕的道格拉斯反擊了。最終，他壓倒了他的攻擊者。接下來發生的事情，讓他們兩個人都感到驚訝。當科維意識到自己正被一個不計後果的對手打敗時，他試圖呼救，但旁觀者並沒有來幫助他，而是任由這場打鬥進行下去。最終，科維被這次打鬥的經歷擊垮了。道格拉斯描述這是他一生中最重要的時刻之一，因為他意識到自己可以反抗，並且奇蹟般倖存下來。但儘管他反擊並擊敗了這位「奴隸破壞者」，他仍然是一個奴隸。在這方面，一切都沒有改變。他對一個奴隸主的反抗並沒有真正解放他。它只是在某種程度上，使他從持續面對折磨和未知恐懼的痛苦中解放出來，但並沒有使他擺脫奴隸的身分：他仍然完全屬於其他人。於是，他最終的抵抗階段，就是真正逃離奴隸制的重壓。

道格拉斯的自傳中有一段著名且令人痛心的描述，在其中，他講述了他與一小群年輕男性奴隸歷時數月，策畫一個向北方逃亡的方案。他在敘述中提道，這段經歷的恐懼感，就像生活在一個變異的全景監獄之中。生活在奴隸制下，意味著你永遠被無法看見的人監視。你無法確定有誰在看著你，因為你隨時處於那些可能對你做出武斷行動之人的掌控，無論是因為你做了某件事，還是因為你什麼都沒做。在那種情況下祕密策畫是極其恐怖的。邊沁設計的全景監獄，就是為了防止囚犯串通謀畫。我並不是要藉此將邊沁與奴隸制連結起來，事實遠非如此。但在奴隸的世界中，存在著一種扭曲的監控邏輯：如果你永遠不知道何時被監視，你就永遠不知道何時會被抓到你在做什麼，又或者單純什麼也沒做。

這種情緒，在道格拉斯的敘述中，創造了張力強大的緊張感。你該何時採取行動？你怎麼知道監視者不是正在等待你暴露自己逃難的意圖？你不知道。最終，在經歷了長時間的痛苦猶豫，道格拉斯和他那群計畫逃難的同伴決定孤注一擲：明天將會是行動的日子。但他們早就被出賣了，在他們還沒開始採取行動時，一切就已經變得明朗，有人將他們的計畫告訴奴隸主。他們很快就被圍捕，這一切都結束了。無論是道格拉斯還是他的反抗意圖，似乎都告一段落。

從這絕望的處境中拯救道格拉斯的，單純是簡單而無法解釋的運氣。這沒有邏輯，就像奴隸制本身沒有邏輯一樣。作為一個失敗的逃亡者被抓住，可能意味著任何事情（甚至可能意味著死亡）；但事實上，在經歷了膽戰心驚的一週後，道格拉斯發現他不會受到懲罰。相反地，他被送去體驗一種新的奴隸生活。他被送到巴爾的摩，成為一名勞動者，在那座他學會閱讀的城市工作。在那麼一個奴隸與非奴隸之間的界線有些模糊的社區裡，他與自由的黑人和工人階級的白人一同工作。從外界的視角看來，在巴爾的摩當奴隸的生活，似乎與道格拉斯身邊那些非奴隸的生活有些許相似。那裡有一定的行動和交往自由，監視也少了一些。然而，他的身分仍然是個奴隸。

道格拉斯很快就下定決心，不管這種環境的變化如何改善了他的處境，他仍然必須逃跑。為什麼呢？因為他仍舊處於那些，可能隨時決定將他從巴爾的摩帶走、並送回南方恐怖地獄的人們的掌控之下。同時，這是他一生中第一次因為自己的勞動而獲得報酬，就像那些與他一起工作的男人一樣。而這讓現在的他無法忍受。他現在是一名領取工資的勞動者，但他卻無法保留自己賺到的錢。他用自己的勞動賺來的錢都歸他的主人所有，而他只能得到奴隸主決定施捨給他的一小部分。在巴爾的摩，他不再像以前那樣隨時可能遭受奴隸主的專橫暴力，但他仍然處於他們隨意施予的「仁慈」之下，這對道格拉斯來說是無法忍受的。

有時候，道格拉斯被視為一種典型的美國精神象徵，因為貫穿了他對自己生活經驗的各種敘述的，是一種堅毅的自助精神。他深信勤奮工作，深信人們應該藉由自己的努力謀生。因此，他無法忍受自己努力工作卻沒辦法保留自己的收入，這驅使他逃跑。在《我的奴隸生涯與我的自由》一書裡，道格拉斯沒有描述他逃跑的細節，因為他仍需要保護那些幫助他逃脫的人，這些人包含了他的第一任妻子安娜（Anna Murray）。安娜是一位廢奴主義者，也是「地下鐵路」網絡的成員，而這是一個由反奴隸制支持者所設立的逃亡路線和安全屋網絡。藉由這個網絡，這一次，道格拉斯成功逃到北方。但這並不意味著他獲得了自由，因為在當時的美國法律規範下，他的身分不外是一個逃亡成功的奴隸，他隨時可能被合法逮捕並送回南方。逃到北方並不意味著安全，它僅僅意味著成功逃離了南方。

揭露奴隸制的真相

那麼，接下來該怎麼做呢？當他意識到，面對「why 問題」沒有任何一個能讓你接受的答案時，他的回應是逃脫。他的第二個回應，則是揭露他所逃離的事物的一切種種，也就是揭露奴隸制的真相。這不是要對奴隸制展開辯論，而僅只是展示奴隸制的本質。這時的道格拉斯大約二十歲，很快地，他開始以演講家和作家的身分謀生，講述和轉寫關於奴隸制的一切。他並不認為自己的新工作，是到全國各地向奴隸主或那些代表奴隸主利益的廣泛奴隸制支持者辯論。他相信自己的工作，只是講述自己的生活故事。他是奴隸制的見證者，他的目的是讓人們看到他所經歷的一切。親眼見到奴隸制的真相，就是在理解奴隸制的殘酷，因為即便是個孩子也能理解這種殘忍。酷刑、殺戮、恣意的懲罰、殘暴，甚至拒絕人們學習閱讀的權利，還有任意拆散家庭、將孩子與母親分離，正如他自己被與母親分離一樣：你不需要與這些辯論，你只需要揭示它們的殘酷真相。

然而，要揭露奴隸制，可以有兩種方式。道格拉斯一生中經歷了兩種不同版本的奴隸制。第一種是他早年在美國南方隱密的種植園上所經驗的。他經歷的種植園位於馬里蘭州的鄉村，那是一個自成體系的世界，一個外界很難窺見的恐怖之地，因為它被精心設計成不受外人干涉的園地。作為一個孩子，他所知道的世界就只有那個莊園。但如果從未體會過莊園的恐怖，就無法真正了解它。他明白，南方鄉村奴隸制的面具必須被徹底撕毀，遮蔽種植園的面紗必須揭開，才能讓人們看到其中的真相。然而，另一個必須被正確看待的是巴爾的摩的奴隸世界。在那裡，奴隸與勞工的界線似乎變得模糊，奴隸的生活看起來就和那些與奴隸一起工作的自由人沒有太大區別。這一點也必須被揭露，儘管它沒有被刻意隱藏起來。那個看似模糊的界線必須重新明確地劃分出來。即使你們從事的是相同的勞動，身為奴隸與自由人仍然完全不同。兩者之間的區別在於，奴隸完全缺乏自主決定權。

道格拉斯是一位充滿魅力的人。他相貌英俊，聲音悅耳，是一位口條極其流利的演說家，而他在廢奴運動的巡迴演講中成為轟動當時的人物。他是講述奴隸制這個恐怖故事的最佳人選，因為這是他的故事，而他講得非常精采。這是一本充滿恐怖的故事集，但道格拉斯也懂得幽默。聽過道格拉斯演講的人，經常提到他喜歡逗觀眾發笑，而他自己有時也說，如果不能讓聽眾發笑，會讓他感到極度不自在。這種笑聲是為了讓受害者感到不安，是為了嘲笑奴隸主。這種嘲弄不是一種辯論技巧，而是單純揭露奴隸制的荒誕。

在一八四五年，道格拉斯寫下了他的第一部生平故事。這部早期自傳的全名是《弗雷德里克．道格拉斯的生平敘事：一個美國奴隸，由奴隸本人所寫》（*Narrative of the Life of Frederick Douglass, an American Slave, Written by Himself*）。然而，道格拉斯身兼演說家和作家身分使得他面臨了一個難題。他的工作，是揭露他所來自的那個奴隸世界的恐怖之處，這一點他做得非常出色，但也因為他做得如此出色，以至於觀眾有時候會懷疑他所說所寫的內容太過戲劇性而不夠真實。因此，有一些帶著他參加巡迴演講的白人廢奴主義者試圖說服他，希望他稍微緩和一些語氣。他們擔心聽眾會認為：如果奴隸制真的像他說的那麼糟糕，那他又是怎麼能在那樣的惡劣環境裡，成長為如此優秀的人？這麼一個恐怖的制度，怎麼可能造就出這麼一個卓越的個人？他的支持者希望他聽起來多一些「種植園口音」，多幾分奴隸的色彩，而少幾分像他們這樣的、受教育的自由人之特質。

更糟的是，人們知道道格拉斯是混血兒，他的聽眾可能會認為他的口才來自他的白人血統。道格拉斯不知道自己的父親是誰，只知道他是個白人（而且很可能強暴了他的母親）。他深知，白人聽眾很容易將他的天賦歸因於他身上的白人血統，而不是黑人血統。他一生都在抗拒這種推論。在自傳中，他特意指出他的母親會閱讀，儘管她是奴隸。他不知道她是如何學會閱讀，只知道她做到了。他一生中只見過母親幾次，她在他年幼時去世，他被迫與母親分離，他對她的了解少之又少，而這讓他痛苦萬分。但當他見到母親時，道格拉斯發現，她在他認識的奴隸中是非常罕見的，因為她也會閱讀。他希望他的受眾知道，他所繼承的所有一切（包括他的毅力和天賦）都是從母親那裡繼承而來。同時，他在第一本自傳中也明確指出，這是他的故事，由他本人所寫，因為他知道人們會懷疑這本書是由代筆者撰寫，因為這個故事的文筆是如此美妙動人。這是經常針對那些出身不明，或像道格拉斯這樣比不明還要糟糕的背景的天才作家所提出的指控：他們的故事不可能是真的。

這種指控有一個典型版本，而這是關於莎士比亞的辯論，即「莎士比亞不可能是莎士比亞戲劇的真實作者」，因為這些作品太好了，太超凡卓越，以至於不可能出自英格蘭中部某個沒沒無聞的男孩的腦袋。斯特拉特福鎮不是一個能誕生像莎士比亞這樣的文人的地方；莎士比亞肯定是某位伯爵或王子的化名。針對這一論點的最佳反駁方式，是想想看如果我們無法確知狄更斯就是狄更斯，儘管有足夠的證據證明狄更斯確實是他所說的自己，那會怎麼樣？狄更斯是個幾乎沒有接受過基礎教育的男孩，他的父親欠債累累，他在成長過程中有一段時間在鞋油工廠工作，他經歷了悲慘的童年和許多挫折，然後，在二十歲左右，在那個與道格拉斯相仿的年紀，他突然崛起，成為一名奇蹟般的作家。作為作家的他似乎無所不知、無所不見，他能夠表達一切，能夠理解一切。如果我們不知道狄更斯的故事是真實的，懷疑論者會說：「狄更斯的小說不可能是查爾斯．狄更斯所撰寫的，不可能；這一定是某個出身更好的人才有能力寫出的故事。」但這是狄更斯的真實故事，這也是道格拉斯的真實故事，同樣地，這也是莎士比亞的真實故事。這種不可能的事情就是會發生。

道格拉斯非常欽佩狄更斯，而狄更斯也聽聞過道格拉斯。狄更斯於一八四二年訪問美國，親眼目睹並立即認識到奴隸制的極端虛偽之處，並在隨後的小說《馬丁．朱述爾維特》（*Martin Chuzzlewit*，於一八四三到一八四四年連載）中著手揭露這一點。道格拉斯在《馬丁．朱述爾維特》一出版就閱讀了這本小說，當道格拉斯的自傳在一年後出版時，狄更斯回報了他的敬意，很快便入手了道格拉斯的自傳。他們兩人在某些方面有著極為相似之處，彼此的人生也有交集。他們都是表演者，不僅是偉大的作家，也是出色的演說家，而且兩人都成為了雜誌主編（狄更斯是《家常話報》的主編，道格拉斯則是《北極星報》的主編）。在十九世紀中葉，成為雜誌主編意味著擁有廣泛的影響力，因為報紙和雜誌是公共輿論的主要來源。道格拉斯和狄更斯都深知這一點。

在一八四五年到一八四六年的冬天，道格拉斯展開一場長期的巡迴書展，前往愛爾蘭和英格蘭推廣他的自傳。巡迴結束時，人們在倫敦為他舉辦了一場告別晚宴，狄更斯本來應該要出席的，但最終卻沒有出現，不過仍致上了他的歉意。狄更斯是一個非常好勝的人，他可能知道自己無法與道格拉斯競爭。他一定意識到道格拉斯有更好的故事。從奴隸制逃脫與從鞋油工廠脫身，是兩種完全不同的境遇。此外，就像他那個時代幾乎所有的白人一樣，儘管狄更斯支持廢除奴隸制，但狄更斯對種族平等的理念並不完全認同。狄更斯的經驗世界雖然廣泛，但仍然是一個白人中心的世界。

這趟前往不列顛群島的旅行，從許多面向上改變了道格拉斯的生活。他正在推廣的書成為了暢銷書，當他跨越大西洋時，他已經是一位小有名氣的國際名人。二〇一三年時，愛爾蘭作家卡倫姆·麥坎（Colum McCann）出版了一本名為《飛越大西洋》（*TransAtlantic*）的精采小說，講述過去兩百年中，美國與愛爾蘭之間多次的跨洋故事，而其核心正是一八四五年弗雷德里克·道格拉斯的旅程。這個故事的核心是某種殘酷的諷刺。道格拉斯抵達了一個正開始要經歷人類歷史上最嚴重饑荒的國家：我們今日稱之為「愛爾蘭大饑荒」[4]。道格拉斯來到了一個數百萬人即將

4 「愛爾蘭大饑荒」（the Irish Potato Famine）：又稱「愛爾蘭馬鈴薯饑荒」，發生在一八四五到一八五二年。馬鈴薯在當時是愛爾蘭主要的糧食作物，而當致病疫霉在一八四五年席捲歐洲各地，愛爾蘭便深受其害，彼時政府因奉行自由放任的經濟政策並未干涉農產品持續外銷。結果導致愛爾蘭當地總死亡人數高達一百萬人，另有超過一百萬人被迫移民。

餓死或被迫移民的地方，這讓他在目睹這一創傷時，提出了一個尖銳的問題。當他看到愛爾蘭農民的生活條件是如此極端的貧困和對單一作物（馬鈴薯）的全然依賴，以至於當作物歉收時，他們和他們的孩子只能餓死之後，他的問題隨之而來：這不是和奴隸制一樣糟糕嗎？甚至，難道這沒有比奴隸制更糟嗎？

畢竟，在美國南方並沒有那種饑荒。奴隸有食物可以吃。道格拉斯從未見過像愛爾蘭農民所處的那種最惡劣的生活條件那般可怕情景。然而，他堅決認為這不能與奴隸制的罪行混為一談。儘管美國南方的奴隸不會挨餓，但食物可以作為折磨他們的工具。食物可以被任意剝奪，飢餓可以被用來作為控制奴隸的手段。在這個時期，英格蘭殖民統治者對愛爾蘭農民的管理極其疏忽，有時甚至到了殘酷的地步。但他們不是奴隸主。他們無法因為自己可以殺人就濫殺愛爾蘭人；相反地，英格蘭殖民者之所以讓愛爾蘭人踏上死亡之途，是因為他們對這些人的命運漠不關心。疏忽是可怕的，但奴隸制更為糟糕。因此，道格拉斯堅持認為，奴隸制必須作為人類經驗中的一個獨特的類別來看待。身為奴隸與身為一個在饑荒中可能會餓死的人不同：這是不同層次的罪行。整體而言，英格蘭人並不打算讓愛爾蘭人餓死，儘管這是他們最終導致的結果。而奴隸主無一例外地，都確實有意擁有他們的奴隸。

當道格拉斯來到英格蘭時，他使用了同樣的論點。那是一八四六年，正值激進的工人階級運動「憲章運動」（Chartism）的初期。憲章派經常提出，英格蘭工人的生活，尤其是在英格蘭北部的工廠裡的工人，是一種奴隸形式，這有時被稱為「工資奴隸制」（wage slavery）。他們的工作條件極其惡劣，資產階級對他們的剝削也極為嚴酷，工廠主（那些經營和擁有工廠的人）的權力如此絕對，以至於工人的境遇可以與奴隸相提並論。道格拉斯拒絕接受這種說法。他指出，這不是奴隸制。這些工人的處境在許多方面確實極其可怕，但這不是奴隸制，因為奴隸制在本質上是不同的。奴隸制是純粹的暴力；它不是一個經濟系統，儘管它支撐了美國南方的經濟，並使許多人的生活溫飽高度仰賴奴隸制的存續。但無論多麼嚴酷的經濟系統都有其邏輯，而奴隸制中所存有的，僅只是殘酷而已。

抗爭所必要的暴力

道格拉斯的這趟旅行中，經歷了三種改變。首先，在君主制和貴族制的英格蘭，他並沒有遭遇到如同在美國（包括北方諸州）那樣的種族歧視。美國的社會階層雖然比英國少（英國的社會由階級統治），但種族歧視卻遠比英國嚴重。道格拉斯注意到，例如在愛爾蘭，他在愛爾蘭當地面臨的種族歧視，遠不及他在美國承受來自愛爾蘭移民的種族歧視。他得出的結論是，在美國，除了奴隸制之外，還有另一個更深層的問題埋藏在社會結構裡。他將其稱為「種姓」（caste），美國社會存在著一種種族階級，它不僅構成了南方的社會結構，也影響了北方的社會經驗。在當時與現今相同，「種姓」這個詞彙常常與印度的社會結構連結起來，用來指涉從婆羅門到賤民各個階級。道格拉斯認為，無論美國在表面上是多麼沒有階級之分，它實際上也是一個立基於種姓階級的社會。因此，即使奴隸制因為無法延續而不可避免地被廢除，他還有另一項任務在身，而這是更深層的挑戰，即解構這種致命的種姓階級制度，這將是需要歷時數代人才能完成的計畫。

道格拉斯所經歷的第二個改變是，他在英格蘭和蘇格蘭仰慕者為他買下了自由。根據美國法律，在道格拉斯渡海巡迴的時候，他的身分仍然是個奴隸，他仍然是其他人的財產。他原本可以留在英格蘭，在那裡他將會是絕對安全的，不會有人突然捉住他，然後依法將他送回南方奴隸主的手上。但道格拉斯想回到自己的出生地，而為了幫助他達成願望，英格蘭與蘇格蘭的支持者從握有道格拉斯自由權的奴隸主身上，買回道格拉斯的自由人身分。這激怒了許多他在美國的擁護者，他們認為，藉由購買道格拉斯的自由，在實質上無非等同與奴隸制妥協，和這個他曾聲稱絕不讓步的制度妥協。他們認為，買下自由這種作法，是在迎合奴隸制的經濟邏輯，彷彿暗示奴隸制有某種邏輯似的。道格拉斯決定不去在乎這些批評者的看法。他希望能獲得自由，以便安全返回美國，不再時時憂慮他可能會被捕，並在美國繼續與奴隸制抗爭。個人的虛偽——如果買下自由就是虛偽的話——是無關緊要的（就像偶爾搭乘飛機環遊世界，以宣傳應對氣候變遷之人的個人虛偽，在與人們忽視氣候危機的抗爭是無關緊要的一樣）。比起個人聲名，有更重要的事情需要完成。

因此，在結束了跨越大西洋的巡迴回國後，道格拉斯發現自己與許多早年同盟的廢奴運動人士產生了分歧。最終，他與他們徹底決裂，走上了自己的道路。他們主要的分歧來自一個名為「加里森派」（Garrisonians）的團體，這個團體以他們的領袖威廉．加里森（William Garrison）為名。道格拉斯在其公眾生涯的早期，曾被加里森派所接納，而他個人也對加里森非常欽佩。然而，隨著時間的推移，他逐漸認為加里森派的作法是錯誤的。加里森及其追隨者將廢奴主義視為一項道德事業，他們的方式既帶有宗教色彩，也帶有某種復興精神。他們認為奴隸制是美國的原罪，因此美國需要被淨化。這意味著不僅不能與美國南方妥協，實際上也不能與美利堅合眾國妥協。美國從內部、從建國初始就已經被腐化了，這種原罪被深深埋寫在其憲法之中。

加里森派認為，美國所需要的是一個嶄新的起點，藉由啟示和道德模範，以達到煥然一新的目的。這就是為什麼加里森派如此熱愛道格拉斯，因為他是他們理念中那個具有啟示性的、作為見證者的前奴隸典範。他們的目標是要盡可能的純潔至善，與他們所想要掃除的事物是全然的污穢不堪作為對比。這也意味著加里森派信奉著非暴力的教條。他們不希望被暴力腐化，但更根本的是，他們不希望被政治腐化。加里森主張分離，主張解散這個帶有原罪的美利堅合眾國，讓一切重新開始。這一立場包括不鼓勵自由的美國黑人參與既有的政治系統，儘管他們有權利參政。投票被視為對腐敗的體制讓步。

這曾是道格拉斯年輕時所認同的信條，但他後來改變了想法。他在一八五五年撰寫第二本自傳的部分原因，就是為了表明這一思想轉變。他認為有兩件事情是實現解放所必需的，因此他不得不與加里森派決裂。第一個必需的元素是暴力。奴隸制無法藉由辯論來得到解決，必須藉由戰鬥來對抗它，如果你要與奴隸制戰鬥，你不能同時希望藉由保持自身純潔來對抗它。你必得用盡你所擁有的一切去攻擊它、摧毀它。他回顧了自己年輕時與奴隸破壞者科維的戰鬥，領悟到了這一點。他逐漸認為，奴隸制最終只能被暴力擊潰，也因此，他的第二本自傳中有更多對暴力的描寫，甚至對暴力的讚頌比第一本要多上許多。在某個時刻，他表示，如果有必要，就讓霍亂來奪走南方的奴隸主的生命；無論是用什麼方法殺死這些人，這些人都必須被清除掉。

必要的暴力可以有許多不同的形式。道格拉斯成為了約翰．布朗（John Brown）的朋友，後者在一八五九年發動了著名的哈普斯渡口突襲戰，其目的在於煽動美國南方的奴隸起義，這成為了即將到來的美國內戰這場更大規模暴力衝突的導火線。道格拉斯差點被捲入這場突襲，而他不得不逃往加拿大，以躲避可能致命的後果。他的批評者從兩個面向指責他，既批評他的逃跑是懦弱的表現，又指責他是一名潛在的恐怖分子，因為他逃避的正是他自己所策畫的事情。此時的道格拉斯已經堅定地認為，形勢迫切，最重要的是要終結奴隸制。他在《我的奴隸生涯與我的自由》中寫道，奴隸可以對主人做任何事，因為主人也可以對奴隸為所欲為。當這個制度本身就是一場罪惡時，任何反抗行為都不能被視為犯罪。

解放奴隸必需的政治

另一個必須接受的事情是政治。道格拉斯得出結論，美利堅合眾國的憲法並不是一個本質上腐敗和腐朽的文件，哪怕加里森派再怎麼堅持它與奴隸制度緊密相連。道格拉斯仔細閱讀了憲法，並意識到憲法為廢除奴隸制提供了法理基礎，因為奴隸制與憲法的核心原則相悖。任何建立在這些原則之上的國家，如果要繼續將某些人類視為他人財產，就無法有效地延續下去。但這並不意味著這個國家必須被解散，它只需要忠實於自己立國的原則。

在道格拉斯出版《我的奴隸生涯與我的自由》的前一年，美國成立了一個新政黨，一個全國性政黨（或準全國性政黨），名為「共和黨」，這成為了道格拉斯決定參與政治後所屬的政黨。他此後餘生一直是共和黨人。最終，打贏內戰並廢除美國奴隸制的正是這個道格拉斯所寄望的共和黨。道格拉斯對亞伯拉罕·林肯（Abraham Lincoln），那位在他總統任期內贏得了內戰並解放奴隸的人，有一些懷疑。他知道林肯身上有很多基於種姓和種族主義的思維，他意識到林肯的種族主義可能與狄更斯的種族主義，是相當程度的根深柢固在兩人的人格裡。道格拉斯對林肯的一些想法也抱持懷疑的態度。林肯曾多次考慮將美國解放的奴隸送回非洲。這種「遣返」思想令道格拉斯感到厭惡。對道格拉斯來說，解放的終極目的就是要讓美國奴隸能夠進入美國社會以及參與美國政治，而不是再一次地遭到排斥而驅逐。然而，道格拉斯也知道，共和黨在林肯身上意外地找到了他一生中最重要的政治家，一個能夠做到他人所做不到的事情的人。而在他看來，行動比想法更重要。道格拉斯曾說，他一生中最偉大的一天，就是林肯將《解放奴隸宣言》（Emancipation Proclamation）簽署成為法律的那天。

在內戰結束後，道格拉斯仍有三分之一的人生要走，而這是整整一個世代的人的時間。他成為了某種意義上的建制派人物，他曾為美國政府工作，並在某個時期擔任駐海地大使。他為教育奔走，為貧困抗爭，為女性選舉權而奮鬥。他認為，要兌現美國立國原則的許諾，所需要的遠遠不只是廢除奴隸制而已。即使是奴隸制的廢除，也不只是藉由立法來瓦解它作為制度上的存在。

真正的解放，需要的是社會和政治上的重建，而這種可能性隨著「美國重建時期」的結束而破滅，因為道格拉斯所信仰的政治未能兌現其承諾。在他的一生中，道格拉斯看到了希望，也看到了這些希望的破滅，但隨後他再次覓得新的希望。

道格拉斯是一位真正超凡的人物。在某種程度上，他與林肯一樣，都是那個時代最傑出的美國人。他是一位非常有天賦的人，他天賦異稟，然而有時後他被期許能夠代表整個族群。他必須成為他種族的象徵，同時又要保持獨立的個體身分。這是他與林肯共享的命運，某種程度上這也是任何民主領袖的命運：他們必須同時是卓越與平凡二者的象徵。道格拉斯對這一負擔深感不滿。畢竟，他並未尋求政治領導地位，也從未競選公職。但當其他人成為其族群的象徵，取代了他的地位時，他也對此感到厭惡。

他是一個性格執拗的人。他常常敏感易怒，而他自己也知道這一點（就像盧梭了解自己一樣，儘管這種自知並沒有阻止他們做出不當的行為）。道格拉斯有時脾氣暴躁，有時不太寬容，也有些自負，儘管他確實有足夠的理由能感到自負。《我的奴隸生涯與我的自由》收錄了詹姆斯．麥肯．史密斯（James McCune Smith）的導言，史密斯是當時另一位著名的非裔美國人，他曾在蘇格蘭受過教育，因為其身為醫生、出版人和作家的身分而廣為人知，是一位極為出色的文學人物。他成為了道格拉斯的擁護者，在序言中，他談到道格拉斯非凡的個人旅程，不僅是他從奴隸制中逃脫，還有他從高尚的加里森主義走向實際參與結束奴隸制的政治挑戰。麥肯．史密斯表示，弗雷德里克．道格拉斯是「美國的代表人物」。事實確實如此，道格拉斯總是不得不代表某些東西。他的人生經歷，在某種程度上是翻轉了盧梭在《第二論文》中所做的論述。盧梭試圖講述人類的故事，彷彿那是某個單一個人的故事：一個人的一生，一個單一的敘述。而道格拉斯不得不講述自己的故事、講述他的人生，卻又彷彿那是代表整個族裔的敘述。這無疑是件極其艱難的工作，也對他造成了沉重的負擔。

但即便是「代表性」的另一個意涵，道格拉斯也符合其定義，是一名代表性人物。當他問出他的「why問題」（「為什麼我是奴隸？」）時，他就知道，接下來他該做些什麼。他本來大可以把這個問題視為一項個人問題——「為什麼在所有人之中，會是我那麼不幸地成為奴隸？」——但他沒有。他把這項個人的問題轉化成一個普遍性問題。接下來的三件事就是如此轉化的結果。首先，他必須從奴隸制中逃脫。然後，他必須揭露它。接著，他必須幫助終結奴隸制。逃脫、揭露、廢除。三個步驟都完成了，那接下來呢？這段旅程的第四階段是什麼？與盧梭不同，道格拉斯相信政治代表制。他相信政治教育，相信進步，他在許多方面都是一個傳統的共和黨人，相信努力工作和自我實現。他並不像狄更斯那樣無所不知。當道格拉斯在愛爾蘭時，他也表達了他自己的偏見；他認為愛爾蘭人遭受可怕饑荒的部分原因，在於他們根深柢固的習慣。他們酗酒而且篤信天主教，而這兩者都是他徹底不贊同的。他蔑視他人的懶惰。但他之所以是「代表人物」的原因，是因為他相信代表制的代議政治。他理解，一旦美國生活中那種罪惡的、不可容忍的、無法持續的分裂被克服，真正的工作才會展開。對於弗雷德里克·道格拉斯來說，在廢除了奴隸制後，接下來真正的事情，就是政治。

弗雷德里克·道格拉斯

（Frederick Douglass, 1818-1895）

道格拉斯於一八一八年的冬天，出生在馬里蘭州霍爾姆山農場，身為奴隸的他終其一生無從得知自己確切的出生日期為何。他自幼與母親分離，父親很可能是種植園的主人。與大多數奴隸不同，道格拉斯學會了讀書寫字。最初，他是在奴隸主的妻子鼓勵下學習識字，儘管她後來試圖阻止他閱讀。在人們發現，道格拉斯暗地裡教導其他奴隸識字後，他的奴隸主將他送往一位臭名昭著的「奴隸破壞者」愛德華·科維手上。在十六歲時，道格拉斯反抗了科維的殘酷鞭打，並在爭執中壓倒了他。儘管他最初逃離南方的嘗試失敗了，但在一八三七年，他遇到了一位名叫安娜·穆雷的黑人女性。穆雷是位自由人，並為道格拉斯提供協助。次年，他偽裝成水手，登上了開往北方的火車，最終抵達紐約市，隨後安娜與他會合。十一天後，他們結婚了。這對夫婦定居於麻薩諸塞州，在那裡，道格拉斯遇到了著名的廢奴主義者，如威廉·洛伊德·加里森。道格拉斯卓越的演講能力和引人注目的人生經歷，讓他很快地在反奴隸制的巡迴演講中贏得了一席之地。一八四五年，他出版了第一部自傳，這本書立即成為暢銷書。為了避開前主人的關注，他展開了為期兩年的愛爾蘭和不列顛之旅。在他旅居英國期間，他在英國的擁戴者集資為他正式購回了自由。在美國內戰期間，道格拉斯呼籲黑人男性加入聯邦軍隊，包括他自己的兒子也從軍了。亞伯拉罕·林肯總統曾經徵求他的意見，儘管道格拉斯對林肯相對溫和的態度抱持批判態度。在戰爭結束後，這位國內最著名的黑人活動家迎來了新的際遇。道格拉斯被任命為自由人儲蓄信託公司的總裁（該銀行的使命是保障前奴隸的終身儲蓄），並被任命為哥倫比亞特區的美國元帥。他還接受了在海地的外交使命。道格拉斯一生都是一名活動家。在戰爭之前，他和安娜幫助了超過四百名奴隸藉由地下鐵路網逃離南方。他是唯一一位參加塞內加瀑布會議的非裔美國人，而那是場倡議女性權利的會議。道格拉斯以作家和演說家的身分存在於人們的記憶裡，但他也是最早認識到攝影的政治力量的人之一。事實上，他是十九世紀留下最多照片的人之一。道格拉斯與安娜育有五個孩子。安娜於一八八二年去世之後，他與比自己小二十歲的白人女權主義者海倫·皮茨（Helen Pitts）結婚。道格拉斯於一八九五年因心臟病發作去世。

第四章

巴特勒對極端與成規的省思

《埃魯洪》

(*EREWHON*, 1872)

- 紐西蘭與達爾文
- 熟悉又陌生的理想鄉
- 鏡子裡的翻轉社會
- 對極端事物的警醒
- 審慎面對偶然的成規

紐西蘭與達爾文

十九世紀歐洲思想史有許多重大課題，而在其中，存在著這麼一個奇特的子題，即紐西蘭在英國政治想像中，扮演了什麼樣的角色？紐西蘭是距離不列顛最遙遠的殖民地，它所象徵的不僅僅是地球的另一端，還是一個提供鏡像投射、供人反思的地方。藉由將目光投向地球彼端的另一座孤島，十九世紀的英國人很可能可以從中見到世界倒轉過來的模樣。紐西蘭之所以獲得這種象徵性的地位，有一部分的原因是歷史學家湯瑪斯．麥考萊（Thomas Macaulay）在一八四〇年所寫的一篇文章中，留下了一段著名的文句。他在文中推想了一個可能未來。在麥考萊推想的當下，大英帝國尚未攀爬至其威勢的頂點，但麥考萊已經開始想像帝國傾頹後的模樣。麥考萊設想，也許會有這麼一天，當來自紐西蘭的旅行者在一片寂靜的荒野中，孤身站立在倫敦橋某個斷裂的拱門遺跡上，試圖描繪出已成廢墟的聖保羅大教堂殘餘的斷壁。「紐西蘭人」成為了一個代名詞，它代表了那些，來自一個相對未受歷史衰敗影響的世界、來訪且目睹曾經偉大的文明遺跡的人們。

紐西蘭還扮演了一個角色。它是一個讓人能夠遠離現代工業文明核心的地方，它讓人們得以想像，尤其是想像那些身處文明核心周遭的我們往往難以任想像力企及的種種。某種程度上，紐西蘭的這個角色延續迄今。對於二十一世紀的許多人來說，紐西蘭因為是電影《魔戒三部曲》的真實拍攝場景而最為人熟知。它有著美麗、令人熟悉但又略顯陌生歧異的景致。紐西蘭依然是一些最有趣的科幻小說（無論是烏托邦小說還是反烏托邦小說）的誕生地。據說，某些矽谷科技億萬富翁也在紐西蘭購買了隱居避難的居所，隨時準備逃離那場他們可能得為此負責的末日災厄。紐西蘭是一個既讓人熟悉卻又陌生的地方，它刺激了人們的想像力，也是一個供人們逃避文明核心之地。紐西蘭在山謬．巴特勒的人生中也扮演了這樣的角色。巴特勒踏上了這趟前往世界另一端的旅程，並在那裡看到了截然不同的世界。

巴特勒於一八三五年出生，他生在英格蘭中部的一個傳統聖公會家庭裡。他的父親是一名牧師，祖父則是公立學校的校長。巴特勒接受了維多利亞時期中葉的傳統教育。他進入劍橋大學，原本被期望得以從此繼承父親的職業，成為一名牧師。但他很快便違背了這樣的期許。他無法接受牧師的生活，尤其是因為他發覺，自己無法將一生都奉獻給一件他認為本質上是空洞不實的事務。這不僅僅是因為巴特勒失去了宗教信仰，也因為他看透了他所認為的、維多利亞時期的宗教偽善無情。因此，他放棄了這一切，在二十三歲時乘船遠走，前往紐西蘭，成為一名牧羊人。他在一八五九年踏上了這趟旅程。這一年不僅對巴特勒本人是重要的年份，對全世界來說，那也是極其重要的一年。因為就是在一八五九年，人類見證著也許是十九世紀最重要的書籍出版問世：查爾斯．達爾文（Charles Darwin）的《物種起源》（*On the Origin of Species*）。這本書出版不久，巴特勒就閱讀了它，並深深受其影響。

對巴特勒而言，達爾文所造成的影響，與達爾文對其他許多讀者帶來的影響有所不同。在當時，有許多人對演化論所帶來的衝擊感到震驚，因為這種演化論的敘述將上帝及其意旨與對世界的安排徹底排除在外，從而直接挑戰了維多利亞時代中葉的人們日常生活習以為常的宗教基礎。然而，這並未動搖巴特勒的信仰，因為他的信仰早就已經被動搖了。他不需要達爾文來告訴他宗教權威是虛構的，因為他從小在父親教養的過程裡就已經清楚意識到這一點。對巴特勒而言，達爾文的影響在於，演化論的敘述使他開始思考，達爾文視巧合與隨機為所有生命發展核心的觀點。這讓巴特勒開始思考，也許我們很難劃清不同生命形式之間的界線，甚至很難確定生命是由什麼所構成。他不僅思考了植物與動物、動物與人類之間的邊界有多麼模糊，他還把推論往前更進了一步。巴特勒或許是第一個認真思考，達爾文的思想應該如何應用於探討人類與機器之間的界線差異的人。假設達爾文的故事涵蓋了不只是生命，而是所有事物呢？如果這所有的事物，包含了無生命體和生命體、包含了機械的和有機的存有呢？

當巴特勒在紐西蘭展開他成功的農夫生涯時，他寫了一篇短文，短文被作為一封讀者來函，刊登在基督城當地的報紙上。這篇文章於一八六三年匿名發表，雖然不久後人們就意識到文章的作者，是這位年輕的移民。這篇文章的標題是〈達爾文與機器〉（Darwin Among the Machines），篇幅短小，只有四到五頁的長度，但它是那個時代最超凡脫俗的作品之一。在文章中，巴特勒探討了如果將機器看作像物種一樣能夠演化的存有，會存在著什麼意涵；而且他進一步指出，機器的演化速度將會遠比有機體的物種快上許多，以一種人為的、轉眼即變的速度演化發展。巴特勒如此構思，是因為他認為這種情況在一八六三年、在他寫作的當下已然發生。機器演化的速度，顯然比有機生命還要快。巴特勒所指的機器是維多利亞時期中葉的人們耳熟能詳的機器：蒸汽動力引擎、巨大的製造設備，與繁忙的工廠。這些都是正在改變世界的工業革命的最新發明成果。巴特勒認為，建造這些機器的人類正逐漸成為它們的僕人。在他看來，人們不斷地為機器提供能量，讓它們得以成長。在一個人的一生中，人們已經見證了機械非凡的演化效率，一台機器的發明會不斷刺激、催生出新機器的生產，而新的機器將又再次催生出更新的機器。

巴特勒猜想，如果當一台蒸汽機開始與其他蒸汽機繁殖時，會產生什麼後果。他半開玩笑又半帶認真地思考了這麼一個想像的世界，在那個世界裡，機器會與機器結婚，生下小的機器幼兒並教育它們，最終成為一個由數量不斷增加的機器所統治的世界。他認為，承認所有事物（包含機器）都會演化，意味著承認人類這個種族終將不可避免地成為跟不上時代的物種。機器終將取代我們，差別只在於取代的時間早晚，而這是因為它們將以我們無法控制的方式演化。它們終會超越我們，終將學會我們以為只有人類能實踐的許多行為（諸如思考與創造），而這個過程可能很快就會發生；問題在於，當它開始發生時，機器的演化將以我們無法理解的方式進行。基本上，巴特勒在距今一百七十年前，就表達了現今的人們在面對所謂人工智慧革命的初期時，普遍存在的憂慮。

在這篇短文的結尾，巴特勒說，他的憂慮或許是認真的，但又或許帶了幾分虛構。但無論如何，只有一種方法可以阻止人類面對那可能即將發生的、跟不上時代以至於被演化的進程所拋下的結局。而那個方法就是廢除機器。他說，人們必須向所有的機器宣戰，並且絕不留情。機器必須被擊敗，否則它們終將取代我們。〈達爾文與機器〉——尤其是該文的結論——為巴特勒從紐西蘭回到英國後所撰寫的著作提供了靈感。當巴特勒回到倫敦後，他開始過著相對更為傳統的生活，成了一名作家與金融投資客。哪怕他在這兩份工作的起步，都不如他在紐西蘭當牧羊人時那麼成功。但這一切都在一八七二年發生了改變。那一年，他出版了一部名為《埃魯洪》的小說。在最初，這本小說是以匿名的形式出版，但很快地，人們就發現了作者是山謬．巴特勒。這也讓他聲名大噪。這本書經常被認為是一本烏托邦（也可能是反烏托邦）的奇幻小說。讀者很快就會發現，這本書那不尋常的標題「埃魯洪」（Erewhon）幾乎就是「無一處」（nowhere）的反向拼寫。這是一種反向的烏托邦，因為「烏托邦」（Utopia）挪用了古希臘文的兩個詞彙[1]，其字面上的意涵就是「沒有這個地方」。《埃魯洪》一書中，包含了一個章節，它基本上是〈達爾文與機器〉一文的擴寫，但在書與文章之間還是存在著顯著差異，因為書的主題遠不止於機器。

熟悉又陌生的理想鄉

與文章相仿，這本書的靈感來自巴特勒最初在閱讀達爾文時的感想。《埃魯洪》似乎是利用了演化的觀念及其對演化過程中的巧合（演化的隨機特質），來探索微小的轉折和突變，將會如何隨著時間的推移產生深遠的影響。或者更直白地說，這本小說將隨機突變的觀念應用在像維多利亞時期的英國這樣的社會上，而這樣的應用，又是從世界另一端的視角觀察與書寫。《埃魯洪》的開頭，是一段對景色的描寫，而那顯然是出自巴特勒記憶中紐西蘭的景致。它既美麗又奇異，對英國人來說既熟悉又陌生。書中試圖描繪一個對維多利亞時期中葉的英國人來說，同樣既熟悉但又極度陌生的社會，它是由各種，在難以追訴的過往中所發生的細微轉折和突變所形成的社會，也顛覆了我們習以為常地認為人類所唯一能夠生活的形式。

《埃魯洪》是一個翻轉的世界。但這並不是一個以革命來翻轉秩序的世界，不是如在百老匯音樂劇《漢彌爾頓》（*Hamilton*）中的革命者所歌頌的飲酒歌那樣的陳述。在《漢彌爾頓》這齣音樂劇裡，主角們在約克鎮戰役後歡唱了一首名為〈翻轉世界吧！〉（The World Turned Upside Down）的樂曲，因為約克鎮戰役體現了被壓迫者是如何翻轉局勢，戰勝了壓迫者。但巴特勒並不是這種意義上的革命者。他所想像的，是要翻轉那看似理所當然的秩序，以展示這樣的秩序是如何由各種機緣巧合所構成，而不是要展示這樣的秩序所蘊含的不正義之處。他的目標並不是要將我們的現實處境與某種理論上看來更合理的樣態做對照，而是試圖暗示我們，有許多我們認為理所當然的事物，其實是由一種沒有任何人有能力操控的力量所生成的。《埃魯洪》是一種對人類社會習俗與結構背後的隨機特質的探索。它指出，有許多我們認為是最為根深柢固的信念，其實都是巧合的產物，而理解到這一點，將可以讓我們更了解自己。它沒有告訴我們，人類應該怎麼做才能改善或翻轉這一點，而這或許也暗示了在隨機特性面前，我們是如此地無能為力。但它提醒，至少我們應該要更加謹慎，不要以為我們真的了解並能控制自己。這就是巴特勒的論點。

1 「烏托邦」（Utopia）：源自古希臘文「οὐ」（意指不、不是），以及「τόπος」（指地方）。

與《埃魯洪》在這一點上最為相似的著作，是僅僅早《埃魯洪》一年出版的《愛麗絲鏡中奇遇》。在一八七一年，作為《愛麗絲夢遊仙境》續作的《愛麗絲鏡中奇遇》問世，而《埃魯洪》也與這本書相仿，它也是從鏡子的另一端回看維多利亞社會的鏡像。然而，它所呈現的鏡中世界，遠比路易斯．卡洛爾（Lewis Carroll）所構思的任何事物都更為激進。

《埃魯洪》的故事，始於講述一名旅行者的故事。他是位敘述者，是一名類似山謬．巴特勒的角色，而他來到了一個與紐西蘭極其相似的地方，並展開了探索這片土地的一段旅程，因為他聽說，在群山的另一邊，有一個與山的這一側極為不同的土地。即便在紐西蘭，山的彼端也有另一個世界。他與一位當地的導遊同行，但很快就被導遊拋下。於是他開始獨自上路，最終爬上了一座陡峭的山脊，發現了一個令人難忘的景象。這裡是「雕像之地」：是一個荒涼的地方，風聲呼嘯，彷彿殘破的巨型雕像斷斷續續地吹著口哨。這些雕像似乎是某種失落文明的遺跡。它們是人造的，但顯然已經被人們所遺棄。環顧四周，沒有任何直接證據顯示是現今還呼吸著的生命創造了它們。

這個場景引發了各種聯想。其中之一是詩人雪萊（Percy Bysshe Shelley）的著名詩篇〈奧西曼迪亞斯〉（Ozymandias）裡，講述古代君王的破碎雕像躺在荒蕪的沙漠中的描述──「環繞盡是衰微／巨大的破敗，無邊無際的空虛／沒有人煙與遙遠延伸的沙層」──這是時間如何處置文明的傲慢最好的證據。它讓人聯想到麥考萊筆下，造訪倫敦並為聖保羅大教堂的廢墟素描的紐西蘭人。它也讓人聯想到復活節島上的巨型雕像，這些雕像象徵著當一個社會陷入建築狂熱而失去控制時，會有什麼樣的後果。復活節島經常被視為社會為了滿足人類的虛榮，而無止境地消耗自然資源並最終自我毀滅的象徵。然而，巴特勒在《埃魯洪》中所呈現的這個畫面，並不是在暗示這些雕像是因為人類社會的傲慢超越了自身界限，終致殘餘遺跡的後果。相反地，它們所做的是要指向一個已然回溯自身歷程的社會的入口。那是個關於社會開始踏上了翻轉其自身歷程的旅程的故事。《埃魯洪》的旅行者來到了一個已經開始走到盡頭、再也無法延續下去的地方，但在那個地方，那個旅行者即將到訪的社會，在一切眼看就要無可挽回的那個剎那，做出了巴特勒在〈達爾文與機器〉中所提出的抉擇：它廢除了機器。旅行者穿越了群山，走過了破碎雕像之地，進入了一個顯然沒有自我毀滅的社會，這個社會不僅運作良好，似乎還蓬勃發展，並且具備了許多讓旅行者看來頗為親切的特色。然而，這個社會裡也存在著不少讓人感到奇異的地方。第一個讓人熟悉卻有帶有陌生感的體驗是，旅行者身上帶著一只手表，然而正因為他擁有了手表，使得他在走入這個社會時，引起了人們深切的狐疑。他很清楚地被社會裡的人們告知，光是擁有手表這件事就足以被視為某種非法行為。他的手表被沒收了，並且被視為恐怖的物品。無須多言，這個社會顯然有些古怪。

旅行者並沒有馬上就發現，這是因為在這個社會裡，機器曾經經歷了被廢止的命運。就如同那些最好看的懸疑小說，唯有在故事的尾聲才會揭露真相。旅行者只是一步步地發覺，埃魯洪這個社會裡還有許多古怪的特色，而這些特色，不論是對維多利亞時期的讀者還是現今的我們來說，都是一種翻轉。他很快地就發現，在埃魯洪，生病被視為一種罪行。如果你生病了，你會被處以刑罰。然而，有許多旅行者認為是犯罪行為的事情，卻被埃魯洪人視為單純意外。做錯事反而會得到社會的同情。例如，在埃魯洪，如果你被懷疑感染了肺結核，你會被指控犯罪，並且必須走過一個與傳統刑事訴訟相似的審判程序，而如果你被判有罪，你將身受刑罰。對於重病的最終懲罰是死刑。這對我們來說是極其荒謬的，但對埃魯洪人來說，將快要病死的人處死是理所當然的。與此相反，如果你做了某些旅行者認為明顯是犯罪的事情，例如書中提到了有人挪用公款，那麼你將有充分的機會得以接受治療。旅行者遇到了一名「飽受侵占之苦」的人。在這個案例中，那個侵占他人財產的人才是受害者，而不是那些財產被侵占的人，侵占者有時間從這場不幸的災厄中接受治療並康復。在埃魯洪，犯下侵占行為後你可以得到治療，但萬一感染了結核病你卻必須接受審判。

《埃魯洪》書中最為古怪的場景之一，是一場描述得淋漓盡致的肺結核審判。這場審判的場景，有點像《愛麗絲夢遊仙境》中的一幕，因為它呈現了一個讀者可以輕易辨識，並且在某種程度上算是熟悉的法律程序。審判裡有法官、陪審團和旁聽席。然而，這也是極其瘋狂的場景。在這個案件中，法官在總結時對患者表現出同理之情，他提到他能理解染上結核病對被告來說是一場悲劇，因為報告是一名正值壯年的年輕人，卻因為病情嚴重而不得不因為染上疫病的罪行而被處決。但不幸的是，在庭上沒有任何理據、也沒有任何辯詞能夠免除病患受刑的結果。儘管這位年輕人可能試圖宣稱，他的家族有豐富的病史，宣稱他之所以染病有遺傳性的因素，但法官也深表遺憾地指出，一旦社會接受了這樣的理由，那麼社會將無法存續下去。感染肺結核就是必須接受懲罰，因為它對社會太危險了，不能置之不理。與此同時，侵占他人財產的人則有機會被送到安養院接受治療。

旅行者還在埃魯洪遇到了一位酒精成癮的人。或者更精確地說，他遇到了一位自稱自己是酒鬼的女人。但實際上，旅人發現女人其實滴酒不沾，她只是體弱多病，但她非常害怕被其他人發現她很容易生病的真相，因為這麼一來她就必須接受刑法審判。所以她不得不假裝自己的體弱多病，是由於她的道德軟弱所造成的。她選擇將生病的罪行歸咎於深受「酒精惡魔」困擾，因為這麼一來她將會得到社會的同情。酗酒在這個社會裡被視為意外，而自然疾病則被視為罪行。這位女人假裝自己酗酒，但她真正恐懼的並不是她被其他人發現她嗜酒如命，而是被其他人發現她其實**沒有**喝酒，發現她的病情與嗜酒毫無關係，發現她只是假裝喝酒以逃避罪刑。因為一旦這個真相被發現了，一旦她的病情與她的道德選擇無關，她就應該接受審判。

藉由這種翻轉讀者的預期，巴特勒想要傳遞什麼訊息呢？這是一種諷刺嗎？想當然耳，這其中確實包含一些諷刺的元素。埃魯洪社會中有一群人被巴特勒稱為「改革者」，他們認為他們的制度存在不正義，認為因為染病就懲罰患者過於殘酷。這可以看作是對邊沁主義的諷刺，因為邊沁主義認為，在十九世紀早期的英國，對某些罪行處以死刑是荒謬且不符合比例原則的。在埃魯洪，這些改革者認為，不能因為有人得了肺結核就處決他們（這太荒謬了！），但就像邊沁主義者一樣，他們也接受染病還是必須接受一定程度的懲罰，只是刑罰必須比死刑輕緩許多。畢竟，邊沁並沒有主張廢除懲罰，只是倡導更為適度的懲罰。埃魯洪的改革者（一如維多利亞時期的改革者），主張法律與刑罰都要更為仁慈，更有同情心，更合乎比例原則，要找到與犯罪相匹配的懲罰。但他們並不認為生病不是犯罪。他們接受病患應當遠離公眾視野，如果他們染上傳染病，他們就應當被隔離以防其他人也被感染，所以對改革者來說，的確，病患可能需要被關在監獄裡。但他們的問題是，監獄的環境有需要那麼骯髒和嚴酷嗎？懲罰真的必須要那麼殘忍嗎？

也許，巴特勒試圖藉由這種翻轉，來顛覆我們視為理所當然的秩序。我們習慣性地懲罰人們道德上的過失，而對人們身體上的缺陷表示同情。他所想表達的是，這種觀點與埃魯洪人的觀點，雖然看似截然相反，卻將在某些議題上交會。畢竟，我們確實會因為疫病而將人隔離。事實上，我們最近在新冠疫情期間的生命經驗，不就是活在這麼一個極端的世界裡嗎？封城是一種懲罰嗎？還是它是一種醫療保健的政策（封城的確伴隨著制裁的威脅）？又或者，它可能是兩者的結合？在現代的自由社會中，我們有時也將犯罪行為看成是需要接受治療而不是接受刑罰的行為。犯罪者需要的是從缺陷中康復，而不是彌補他們所造成的後果。尤其是當犯罪行為本身具備了潛在的、可接受治療的原因時尤其如此。染上毒癮，以及與之相關的犯罪活動，究竟是吸毒者道德上的過失，還是身體上的疾病呢？

鏡子裡的翻轉社會

這般描繪著界線模糊的課題，不僅出現在《埃魯洪》中，也貫穿了巴特勒的其他著作。如果說他有想要反對什麼，那麼他所想要反對的，是任何的極端立場。對巴特勒來說，人們最荒謬的習性，是習慣於某種非此即彼的思維：不是活在一個極其嚴厲懲罰道德過失的社會，就是活在一個極其嚴厲懲罰身體缺陷的社會。這兩個看似截然相反的社會，其實不過是彼此的鏡像投射。當你開始靠近這面鏡子，你會發現懲罰人們的道德過失與懲罰人們的身體缺陷之間，似乎並不存在著太大的區別。如果我們觀察我們的社會，我們會發現這兩者確實非常相似，刑罰改革的一部分理由是將犯罪行為視為一種疾病，而某些醫學言論則將疾病幾乎視為個人的過失。我們真的有辦法確定，自己身處在鏡子的哪一側嗎？

《埃魯洪》也讓人聯想到盧梭的《第二論文》，因為盧梭也提出過類似的論點。盧梭指出，自然狀態下，唯一真正的壞事就是生病。除此之外，沒有任何其他規則能夠讓人區分出好壞，人們所有的只有健康與生病之間的絕對差異。兩人的不同之處在於，盧梭認為這種自然狀態的世界必然會被社會的建構所消滅，社會引入了各種區別好壞（以及區別「我的」和「你的」）的概念，並依賴法律、習俗和某種虛構的道德來維繫這種區別。我認為，盧梭和巴特勒都會同意道德是虛構的。巴特勒借用了盧梭對於自然狀態的可能性的觀點，並設想了一個以此為基礎的社會。巴特勒知道這會讓我們覺得瘋狂，因為我們認為社會必須要是我們所熟悉的這個樣貌。但巴特勒希望我們藉此反思的是，社會其實可以具備任何不同的形態。我們其實無法控制，我們所擁有的社會具備什麼樣的樣貌。我們所身處的社會是隨機演化的路徑上，無數個微小步伐機緣巧合生成的結果，而我們至少應該能夠想像我們的社會可能會與現狀有所不同。但最重要的是，他希望我們承認，無論我們身處何種社會，都不應將其視為理所當然的自然秩序。我們不應該假設我們認為是好的標準**就是**正確的。我們應該盡量靠近那面鏡子去反思我們習以為常的一切。

《埃魯洪》書中還有其他類似翻轉世界的例子，其中有些在經歷時間的考驗後依舊適用於現今的讀者，而有些則不再適用。但它們都具備某種魅力，因為撇除其他因素不談，這本書本身就充滿了古怪和奇特的風格，而這正是它的魅力所在。在《埃魯洪》中，巴特勒描述了他所稱的「音樂銀行」，旅行者發現埃魯洪人經常會去這些銀行存取音樂。這是一種毫無價值的貨幣，大家都知道你無法用音樂購買或出售任何物品。但埃魯洪社會裡的每個人都必須這麼做。哪怕沒有人真的相信在音樂銀行開戶有任何好處，但人們還是會在音樂銀行開戶，也會定期光顧銀行檢查戶頭。音樂銀行顯然是在影射教會。這是對維多利亞時期中晚期宗教的嘲諷，哪怕這樣的嘲諷稍微有些生硬。巴特勒想要強調的是英格蘭國教會的虛偽。如他所言，就算是音樂銀行的職員（也就是教士），也不會表現得像是他們真的相信音樂有其價值。埃魯洪社會的人不會發現，那些在音樂銀行工作的員工會真的視存放在其中的貨幣具有真實的價值。他們和社會中的其他人一樣都只是在依循習慣而做戲，但這些員工比其他人更需要維持這種表象。巴特勒在此所指的，是他所認識的聖公會教士，而這包含了他自己的父親。

儘管《埃魯洪》對教會的諷刺手法有些笨拙，但它的文風同時也帶有一種溫和的風格。巴特勒從不說教。當旅行者指出，人們愈來愈少使用音樂銀行（就像現實中教會的出席率開始下降一樣），巴特勒讓那些為音樂銀行辯護的角色表示，這僅僅證明了他們的價值已經融入了社會的結構裡，人們不需要去使用銀行才能理解它們的價值。巴特勒總是偏愛較為溫和的基督信仰，而不是教條生硬的強勢宗教。在《埃魯洪》中也存在著大學，這些大學顯然是以巴特勒所熟悉的英格蘭大學為原型，尤其是他的母校劍橋大學。這同樣是一種溫和而略顯笨拙地嘲諷著牛津和劍橋大學的師生與校友，尤其是他們對母校所懷抱自豪情感。埃魯洪的大學教授是一群略顯可笑的角色，他們總是確信自己對一切事物的理解都是正確的，並且會為任何問題爭論不休，哪怕沒有人關心他們辯論的結果是什麼。但在埃魯洪這個翻轉的世界裡，大學是人們學習謊言和不理性的地方。學生們選修的是如何犯錯的課程，因為即使是那些自負的、過於自信的學者也意識到，這個世界上有很多東西都是虛構的、未知的和不確定的，所以我們應該研究它。在考試中，我們應該要因為犯錯而獲得更高的分數，我們的表現愈差意味著我們的學習效果愈好。這既是對世界的荒誕翻轉，也同樣呈現了一個反覆在《埃魯洪》中出現的主題：任何事情都不應該走向極端。一個更溫和的教育，應該把對真理與對虛構知識的學習更加緊密地串連起來。此外，學術研究也不應該假設自己總是站在真理的這一側。巴特勒痛恨他所認識的學者們，但這並不是因為他們的研究內容或他們對學術研究的信念，而是因為他們對自己的研究必然正確的自滿。換句話說，巴特勒認為，這些學者走向了某種極端，但最好的位置應該是站在鏡子的邊緣，意識到極端及其反面其實沒有那麼大的不同。

在《埃魯洪》中，巴特勒不斷思考一切事物的演化方式。演化總是隨機、偶然的。而這包含了藝術的演化。對巴特勒來說，藝術也是一種有機體，其中不僅包含了藝術作品，也包含了藝術風格與藝術流派，它們誕生、興盛然後消亡。在《埃魯洪》中，有一些委員會負責清理那些消逝的藝術，防止它們被隨處擺設。埃魯洪人認同藉由為逝者豎立雕像來紀念他們，但埃魯洪人也接受這麼一個事實，即那些雕像的風格也會如同它們所紀念的人一樣消亡。問題是，逝去的藝術會堆積在街道上，所以必須要設立一個清理委員會，負責清理那些確定已經消亡，但不會像有機物那樣自然消散的藝術。我可以相當肯定地說，巴特勒在寫下這段文字時，有考量到他那個時代的一些藝術作品與藝術風格。而他很樂意看到其中有許多被某個委員會終結，免於繼續痛苦地苟延殘喘。

對極端事物的警醒

《埃魯洪》不僅僅是一本迷人、古怪、令人困惑又充滿趣味的書。到了故事的結尾，它還成了一部帶有預言性質的天才之作。《埃魯洪》的結局又被稱為「機器之書」。在這裡，巴特勒不僅延續了〈達爾文與機器〉的論點，還頗具顛覆效果地翻轉了那篇文章的論述。我們還沒有解釋，埃魯洪社會是如何擺脫機器，又為什麼要擺脫機器。而會有這樣的發展，是因為在許多世紀以前，埃魯洪出現了一位先知。先知告訴埃魯洪人機器生命的未來走向——也就是巴特勒在一八六三年提出的論點——這位先知說服了人們，必須與機器宣戰，否則人類這個物種將會隨著機器的演化變得無足輕重。這位先知提出了一些非凡的見解。他說，許多人誤以為機器演化的最終結果，是機器會變得像人類一樣思考，甚至像人類一樣生活。也因此，這些人以為最讓人擔心的事情，是萬一機器開始獲得類似人類的智能時，人類該怎麼應對。但這位先知說，如果我們被這樣的誤解誤導，那將意味著我們的思維模式變得與植物無異。他邀請人們想像在演化故事的初期，作為一株植物意味著什麼。他說，植物開始看到動物生命的起點。植物可能認為，那些非常原始的動物（如軟體動物和變形蟲）正在演化，而植物開始擔心，也許最終有一天，這些原始動物可能會演化成植物，因為植物誤以為成為植物就是演化的終點。先知說，對於機器來說，我們的誤解，就如同植物看待動物一樣。

埃魯洪的先知警告，如果我們認為機器的演化，正在朝著具備人類意識的方向發展，那就表示我們錯得離譜。機器的演化進程，將與其他一切事物的演化相似，而這個過程是沒有任何人得以控制或預見的。況且，機器演化的終點將不會是發展出類似人類的生命形態，而是會遠遠超越人類。就像動物的生命形態超越了植物，甚至人類的生命形態超越了動物一樣，最終，機器的生命形態也將超越人類。因此，這位先知說，如果我們不想成為植物之於動物一樣的存在，我們就必須要在機器進一步演化之前廢除機器。而這位先知堅持認為，機器接管人類曾經主導的世界，將不會在一夕之間發生。這不會是一場革命，而將會是一個漸進的過程，以至於我們可能都不會注意到它已經在我們身邊發生了。明確的時間斷點，在這個過程中是模糊的。這位先知談論的，是埃魯洪社會在許多世紀以前的情境，但巴特勒寫作這段故事時，顯然是在參照一八七〇年代的維多利亞社會。他說，人們已經來到了這麼一個階段，我們正逐漸地將自身生為人類的一些特質轉交給機器。他說了一句今日聽來尤其切要的話：人們正在把他們的記憶，留給他們口袋裡的小冊子。人們把他們的思考，從自己的大腦中抽取出來，收進口袋裡的小冊子裡，因為這些小冊子記載了一切人們無法自行記憶的事物。這與我們現今在二〇二〇年代的處境全然相同。我們口袋裡的手機正在替我們進行許多思考，而如果我們不至少加以留意，我們可能很快就會失去自主思考的能力。早在一八七二年，巴特勒就已經表達了這個觀點。

因此，埃魯洪的先知說機器必須被廢除，而在埃魯洪，與英國（或紐西蘭）不同，先知的呼籲得到了回應。廢除機器的過程伴隨了一場可怕的戰爭，因為廢除機器永遠不會是一件容易的事。機器的擁護者與機器的批判者展開了內戰，但最終，視機器為敵的一方取得了勝利，埃魯洪也成為一個擁有手表是個罪行的社會。

然而，巴特勒也翻轉了這個觀點，因為旅行者還發現了另一位埃魯洪的先知，這名先知曾經試圖提出反駁，認為對機器發動戰爭既毫無意義，最終也不會有所收穫。因為如果機器最終會成為另一種有別於人類的生命形態，並且取代人類，這也正是事物演化的方式。因此，當人們對機器宣戰，與其說是人們挺身對抗機器，不如說是人們在對抗自然演化本身。這位先知堅持認為，作為人類，我們應該接受植物、動物、人類和機器之間的界線總是模糊的，而且在許多層面上看來，人們已經開始變得像是機器了。人類無法對抗演化。另一名先知的這個觀點，也許更接近巴特勒十年後移居紐西蘭所生成的思想。然而，巴特勒並不是在說，人類應該單純地接受，我們只是生命演化成更高形態的存在的階段上的一塊墊腳石。巴特勒是一名更加令人驚喜且更具神祕思想的思想家。他反其道而行。他希望我們思考，演化進程的初期，與我們現在所處的狀態，其實並沒有存在太多差異。他並不想把人類貶低到植物的層次。相反地，他希望將植物，甚至是無生命的物體（例如石頭和口袋書），提升到與人類相同的層次。從石頭到會思考的機器，從洋蔥到人類，所有事物都是同一個演化進程的一部分。我們都是這個故事的一部分，而試圖為這樣的故事強加一個人造的等級制度是錯誤的。

第一位先知贏得了埃魯洪的歷史論戰，但第二位先知則是《埃魯洪》的故事畫下結局時，擁有最後發言權的人。他的觀點更接近巴特勒的立場，因為他暗示了我們最需要警惕的，是將任何論點推向極端。廢除機器、拯救人類免於演化的論據，永遠都有可能被推得太過激進，因為這個論點過於絕對。它賦予了某些事物過高的優先權，而這些事物之所以出現，其實是肆意巧合的結果。這裡的「肆意」指的究竟是什麼呢？它指的是我們當前對人類本質的理解。我們當前對人性的理解，只是我們剛好在現在這個時刻擁有的一種理解而已，它並不比其他任何一種理解更為自然，甚至不比當人類與機器融合後，對人性機械化的理解更為自然。到了那個時候，身而為人的意義將會與現今有所不同。而如果從我們的角度看來，這樣的結果看來太過於任由某種隨機與偶然肆意安排，那麼這種任意，其實並無異於我們之於過往不同的生命形態如何看待我們所可能懷抱的態度。我們可能會抱怨我們只是流於偶然與隨機的掌控，但這將無異於馬鈴薯可能怎麼看待我們成為主導如今世界的生命形態。

在《埃魯洪》的結尾，還有一個我認為是其核心主題的最終詮釋，亦即它反對我們將這種偶然的任意視為必然的思維。這是一種譏嘲素食主義和純素主義的變形。當埃魯洪社會中的人們開始反思演化的真正本質，以及人類與動物、動物與植物之間的界線其實很模糊時，有許多論述也隨之浮現。其中一個論述是關於食物的。為什麼有些人或事物會吃掉其他生命形態？為什麼事態會發展成這個結果？一群激進的素食主義者開始要求埃魯洪人停止吃肉，因為人類和動物之間的界線不夠明確，而他們無法允許這種行為。這個立場開始獲得支持。看來在埃魯洪，只要有先知出現，人們就傾向於相信新的先知，並將先知的預言轉化成法律。因此，肉食被法律禁止了。但社會總會有另一位先知出現，而這位先知的洞見將會超越前一位先知。於是素食主義先知被一位純素主義先知取代，後者提出，既然我們不再吃動物，那麼我們也不應該吃來自動物的任何東西。接著這個論點更進一步：我們真的不應該吃大多數的植物，因為植物是整個生命演化故事的起點，我們應該對此表示尊重。我們不能從樹上摘取果實，而應該讓它自然落地。我們必須尊重植物的感受。如果我們要吃植物，我們必須以道德的方式進行。我們必須成為最極端、最徹底的純素主義者，以保持道德一致。

在任何社會裡，當一個論述走向成為法律的極端時，論述的訴求就會變得難以維繫。即使埃魯洪將素食主義寫入法律，社會中仍然有些人會偷偷吃肉，因為他們無法過著純素主義的生活。隨著法律變得更加激進和極端，虛偽也變得益發嚴重，最終虛偽擊敗了對純粹的追求。埃魯洪人放棄了純素主義，回到了肉食的生活中。對於巴特勒來說，這種循環是一種自然規律。任何事物一旦變得太過極端（不論是道德還是健康），最終都會自我崩壞。維多利亞時期有一個流行的片語，叫「健壯的基督信仰」[2]。這個片語激怒了巴特勒。任何將事物推到極端的人（無論是先知還是信奉教條的人），都在玩一場危險的遊戲，因為這種極端是無法持續的。任何事物之所以會有其現有的樣貌，無論它再怎麼健壯，都依舊是任意造就的，而這會引發不支持該事物的人採取虛偽的言行，最終也會讓其支持者中採行虛偽的舉止。即便你可能實現了自己對事物的期待，讓你偏好的體系在社會中被採納了，但當其他人無法依照你的偏好而生活時，該怎麼辦呢？你要如何堅守這條界線？在任何社會裡，某種程度的虛偽是無可避免的。但有些形式的虛偽將無法維繫。維多利亞時期的虛偽最終是無法維繫的，除非這些虛偽不再極端，而走向中庸與溫和的步調。任何極端的事物，都需要在鏡子中看到自己翻轉後的模樣。

審慎面對偶然的成規

巴特勒在一九〇二年去世。在他過世之後，他的名聲隨著在一九〇三年（巴特勒身故一年後）出版的、對他成長過程的自傳體批判小說《眾生之路》（*The Way of All Flesh*）的名聲一同高漲。在維吉尼亞·吳爾芙（Virginia Woolf）和喬治·蕭伯納等同時代的著名文人眼中，巴特勒被

2　「健壯的基督信仰」（muscular Christianity）：或作「健碩基督教」。這是一套提倡參與體育活動以體現基督教的道德價值與男子氣概的意識形態，發源於十九世紀中期的英國。

視為維多利亞社會最重要的真相揭露者之一，他揭露了維多利亞社會中許多虛偽的面向。他的作品在二十世紀初頭幾十年間甚為流行，但隨後他的名聲與著作的熱潮稍微消退。他的名聲並沒有持續太久。這其中也有些偶然的肆意成分，而我懷疑巴特勒自己對此也會坦然接受。他會看到這其中的諷刺意味，即他死後的名聲本身也只是一個短暫的停留，就像埃魯洪社會中不同藝術風格的雕像終將被移除。《埃魯洪》仍然有一些讀者，雖然它通常被歸類為那些略帶古怪風格的烏托邦小說。但我認為它不僅僅是自成風格的烏托邦小說。這當然是一本獨特的書。除了警告人們要小心將偶然構成的事物誤以為理所當然之外，我不確定它所提出的論點與寓意是什麼。但這本書絕對不是虛無主義的著作。它並不是要說，因為一切都是偶然與巧合所導致的，所以無論眼前發生了什麼事情，人們都應該要可以坦然接受。它是試圖在讓人們面對這種偶然與隨機時，為人們提供慰藉。他試圖安慰的是那些，理解到我們僅僅是無數代隨機演化的產物的人們。

然而，巴特勒在面對達爾文主義時，還有一個他畢生都掙扎著要如何面對的問題。他試圖在基因科學出現之前，理解演化的真諦是什麼。但也因此，巴特勒並無法理解到演化進程的肆意與絕對背後真正的原因是什麼。巴特勒自己難以理解這一點，並且在另一個脈絡下，成為了所謂的拉馬克主義者[3]，因為他開始相信，有某些特徵是可以遺傳的。這甚至包括了認為人們一生經歷中，所習得的習慣是能夠透過遺傳傳遞給後代的。在不久的將來，拉馬克主義被證明是錯誤的。我們所能傳遞的，只有我們的基因，而且我們沒有辦法改變基因序列（當然這在晚近有所不同）。然而，也許巴特勒的想法，在論及機器的時候並沒有太多錯誤。也許機器在它們的生命歷程中所獲得的特性，確實會被傳下去。當機器演化並超越人類時，達爾文主義也將被超越。在這個意義上，一切都是演化的絕對表現。巴特勒希望我們理解的是，如果一切都是演化的肆意與絕對，那麼我們對這種肆意的理解本身也可能是肆意的。我們應該非常謹慎，不要成為任何觀念與意識形態的狂熱擁護者，無論是達爾文主義、無神論、健壯的基督信仰，還是邊沁式的法律改革。這並不表示，我們應該視一切皆為偶然，但我們應該時時思考，如果我們將我們所深信的事物與價值帶到鏡子前，它所呈現的翻轉形態，會是什麼樣貌？

3　拉馬克主義（Lamarckian）：這是由法國生物學家拉馬克（Chevalier de Lamarck, 1744-1829）提出的演化理論，其中兩大基礎分別是，「用進廢退說」（生物個體經常使用的構造會愈發發達，反之則退化），以及「獲得性遺傳」（生物因應環境而發展的構造將遺傳至後代）。

山謬・巴特勒

（Samuel Butler, 1835-1902）

巴特勒於一八三五年十二月四日出生。他的父親是一位英國國教牧師，而他的祖父也一樣名叫山謬・巴特勒，曾經出任士魯斯柏利學校校長，當時年輕的查爾斯・達爾文仍然在學校裡就讀。巴特勒從劍橋大學畢業後，對奇蹟和洗禮的合法性日益感到懷疑，而這使他放棄了父親為他所安排的神職生涯。很可能是出於避免兒子放棄神職、選擇進入藝術學校就讀的尷尬（巴特勒早年確實有成為藝術家的志向），巴特勒的父親同意讓他移民到紐西蘭。他於一八五九年離開，當時的他二十三歲，並在五年後才回到英國。在紐西蘭管理羊場的期間，巴特勒開始寫作，一開始主要是以輕鬆的書信形式投稿到當地報紙。這些充滿著顛覆演化論和顛覆宗教教條的短篇文章，成為了他第一本小說《埃魯洪》（出版於一八七二年）的基礎，這本書是在他回到倫敦後才出版的。儘管《埃魯洪》是巴特勒在世時最著名的作品，但他個人最寄予厚望的，是希望他業餘的生物學理論能在死後留下影響，而不是他的小說。從一八七八年的《生命與習性》（*Life and Habit*）開始，巴特勒發表了一系列的著作，主張演化應被理解為代間積累的記憶。最初，這些想法被認為是達爾文《物種起源》（出版於一八五九年）的延伸，但最終，這些觀點使巴特勒在寫作中採取了反對達爾文的立場。在個人層面上，巴特勒與達爾文的友誼，在他指責達爾文的想法竊取自早期科學家，並且存在對巴特勒著作的不當引用之後徹底惡化。巴特勒在人生的最後幾十年裡成為了科學界的局外人，因為他偏執於對達爾文之於當時科學界的影響感到怨懟。巴特勒晚年的著作放棄了生物學，轉而大多以怪奇的文學偵探工作為主要寫作模式，例如：在《奧德賽的女作者》（*The Authoress of the Odyssey*）一書中，他主張荷馬其實是一名女性，在《重新審視莎士比亞的十四行詩》（*Shakespeare's Sonnets Reconsidered*）中，他聲稱莎士比亞的繆斯是一位名叫威利．休斯的年輕海船廚師。除了作家身分外，巴特勒還是一位畫家、攝影師和熱中於旅行的人，他對義大利北部特別感興趣。他終身未婚，但與其他男性形塑了深厚的情誼，尤其是亨利．費斯汀．瓊斯（Henry Festing Jones）和查爾斯．保利（Charles Pauli），巴特勒還在經濟上資助了他們。在巴特勒於一九〇二年去世後，他的作品重新受到評價。人們出版了他的自傳式諷刺小說《眾生之路》，並得到諸如喬治．蕭伯納等著名作家的熱烈支持。維吉尼亞．吳爾芙曾寫道：「大約在一九一〇年十二月，人類的性格發生了重大變化」，而「這一變化最早的跡象可以在山謬．巴特勒的書中見到端倪」。

第五章

尼采談道德信仰的過去未來

《道德系譜學》

(*ON THE GENEALOGY OF MORALITY*, 1887)

- 「上帝已死」與「權力意志」
- 尼采論道德的系譜
- 侵蝕社會的三個P
- 與一切的偶然和解
- 尼采哲學在當今政治的意涵

「上帝已死」與「權力意志」

有些政治哲學家被與一些為人耳熟能詳的片語連結再一起，這些片語往往比這些哲學家本人更廣為人知。例如霍布斯的「惡劣、殘暴且短暫」，托克維爾[1]的「多數人的暴政」，還有漢娜·鄂蘭[2]的「平庸之惡」等等。

弗里德里希·尼采有兩句同樣著名的名言，而這就算在哲學家之間也是相當罕見的。這些名言幾乎成為人們會在T恤上看到的片語。你可以在休閒服飾、海報和馬克杯上看到這些名言，名言旁邊還常常印著尼采那張獨特、充滿痛苦的臉龐，以及他那更加引人注目的茂密鬍鬚。尼采成了二十一世紀流行文化最常見的標誌人物之一。他的兩句名言分別是「上帝已死」和「權力意志」，這兩句話也簡要概括了尼采的天才之處。但僅憑這兩句話，並不足以完整概括他的天才。如果把這兩句話拆開來單獨分析，它們自身既無特別深奧之處，也並非尼采所原創。「上帝已死」這句話的基本思維在於，宗教——尤其是基督信仰——已經被揭露為一種人為建構的產物。宗教並不是來自於任何外在於人類經驗的事物，更不必說來自於天啟。宗教的源頭是來自於我們內心：是我們創造了宗教，宗教是我們所表述出來的。基督信仰是一種虛構的觀點，並非尼采原創的論點。在十九世紀下半葉，也有許多人提出類似的想法。這種想法是在許多人閱讀達爾文之後開始生成。尼采並不喜歡達爾文——整體而言，他其實不太喜歡科學，因為他認為科學也是一種建構，而我們應該也要能看穿科學的真面目。然而，達爾文刺激了許多人去思考，也許我們其實可以藉由科學，來為我們所宣稱的宗教找到更好的解釋。與此同時，在尼采所處的時代，人們第一次對歷史上的耶穌這個人做了深入的研究，這種研究認為，聖經也可以被當作一種歷史文獻來閱讀分析。這讓聖經不再被視為神啟的產物，而是人類想像的結果，甚至在極端情況下，聖經被認為是一種宗教宣傳的工具。尼采不是唯一一個開始對基督信仰產生深刻懷疑的人。

權力意志同樣也是一種常見的概念。它的意涵是，在人類生活的核心，存在著一種支配人類行動與思維的驅力，那是一種向他人宣揚或自我宣示的衝動。這種驅力可以是極具創造力的，也可以是挾帶破壞力的，但無論如何，我們都是有著依循自己的本能，而將自己的意志施加於他人之上的生物。尼采不是唯一一個提出這個構想的人，有許多人在他之前（以及在他之後），都認為人類具有這種支配精神。有時候，這種觀點成為國際政治場域中，一個國家支配其他國家的正當性論述，成為某種種族階級論述，或成為舉證某些人天生就應該統治其他人的依據。人們經常把這些論調和尼采串連在一起，但這往往是不公平的，因為他的思想經常被那些不曾真正想要了解其原創性，而且別有所圖的人所挪用。而這就是當哲學論述被化約成T恤口號會衍生的問題。

「上帝已死」與「權力意志」這兩種思維都不是尼采的原創。但他的天才之處在於，他將這

1 阿勒克西・德・托克維爾（Alexis de Tocqueville, 1805-1859）：法國政治家、歷史學家、哲學家。其代表作為《民主在美國》（*De la démocratie en Amérique*）、《舊制度與大革命》（*L'Ancien Régime et la Révolution*）。

2 漢娜・鄂蘭（Hannah Arendt, 1906-1975）：二十世紀首屈一指的政治哲學家之一，以《極權主義的起源》（*The Origins of Totalitarianism*）奠定其政治哲學家地位。

兩個想法結合在一起。更準確的說法是，他聰穎過人的地方就在於，他用了一個想法來解釋另一個想法。尼采用權力意志來解釋上帝的死亡，而他這麼做的結果，使他得以提出「無權力者的權力意志」這個想法。這才是他真正的原創思想。對尼采而言，「無權力者的權力意志」就是基督信仰曾經是、迄今也是的真相：它是無權者的權力意志的表述。一旦你看透了這一點，你就看穿了基督信仰的真面貌，而一旦你看穿了基督信仰的真貌，那麼從某種意義上說來，你就已經「殺死」了這個信仰。尼采說，讓我們來檢驗基督信仰的口號，例如：「溫柔的人有福了，因為他們必將承受地土。」[3]是什麼樣的人會提出這樣的想法呢？尼采有一個非常明確的答案：是溫柔的人會提出這樣的想法，而這意味著，他們其實並不那麼溫柔。但他們為什麼會提出這樣的想法？原因也很簡單，因為想要能夠承受地土。這聽起來是如此顯而易見。但尼采解釋這一點的方式，對許多人來說既是徹頭徹尾的啟示，也讓更多人感到震懾。

我們可以用一種更有尼采風格的方式來提出同樣的論點。尼采曾說過，人類寧願有「虛無的意志」也不願意沒有意志。我們所有人，哪怕是只享有極少數資源甚至是一無所有的人（包括幾乎沒有權力的人），都不會放棄我們身為人類的意志。因此，為了表達這種意志，我們會意志無力、意志虛無，並將這種虛無的意志作為一種自我表述的形式。我們寧願**擁有**虛無的意志，也不願意**成為**虛無。那些什麼都沒有的人，將會需要一個載體來承載他們的權力意志，而這將是他們的虛無表述。這在尼采看來，就是基督信仰的本質，它是無權力者的權力。在這一洞見的基礎上，尼采構思了整個人類世界的歷史與哲學，或者，用他自己的話來說，他構思了「一部道德的系譜學」。在他的一生中，他寫過許許多多不同的課題，他所關切的哲學課題絕不僅限於與道德系譜學相關。尼采的作品並不全然是關於上帝之死或權力意志，但他的不同書寫之間是有關聯的，這兩個概念正是關聯的重要節點。

尼采論道德的系譜

尼采的著作豐富，但他並不像邊沁那樣多產。他不是一個絕世的列表製作者或系統化的學者。他的文學創作更像是一種意識流的寫作，這多數發生在一八八〇年代，尤其是一八八〇年代的後期。在那段時間裡，文字似乎源源不絕地自他內心湧出。他的人生軌跡非比尋常，某種程度上也染上了悲劇色彩。他是個智識天才，曾經是德國大學體系中最年輕的教授之一，而這個體系是如此高度階級化且為身分地位所驅動。年紀輕輕躋身這麼封閉的學術窄門，使得尼采成為一名小有名氣的學術明星。他的專業是語言學，但他把這一學科拓展得遠不止於語言研究。最終，他幾乎寫盡了所有的學術課題。但他是一個性格上難相處的人，他與同事們的關係不睦，也與朋友決裂。最著名的例子是，他與作曲家理查德．華格納（Richard Wagner）的決裂。隨著時間的推移，他逐漸遠離了那群曾經栽培他、保護他的學術體系。在他人生的旅途中，他變得愈來愈像一

3 出自《馬太福音》第五章第五節。

個局外人和流浪者，遊走於歐洲各地。他愈是流浪，就愈是陷入深思，反之亦然。但也讓他愈發接近徹底的瘋狂。在一八八九年，他經歷了一次徹底的精神崩潰，並在接下來的十年裡住進精神病院。一八八〇年代中期到後期的這段時間，隨著尼采逐漸走向瘋狂，這個時代的人們也見證了尼采智識天才最後一次的爆發。在一八九〇年之後，他停止了出版，也可以說停止了寫作。但即使如此，文字依然源源不絕地自他內心湧出，這些文字變成了無數封瘋狂的信件，他寄信的對象從華格納至教宗等，各式各樣。

《道德系譜學》寫於尼采最後一波創作的高峰期。它於一八八七年出版，那是在尼采精神崩潰走向瘋狂之前。但那個時節的尼采，已經與瘋狂相距不遠，也正因此，這本書帶有一些不穩定的特色，正如尼采的許多作品一樣。尼采的寫作極具自我參照的特色，到了這個階段，他的不同著作之間的界線已經變得模糊，他不太清楚哪本書即將結束，而下一本書即將開始。他是一名經常自我引用的人，他自我引用的次數甚至遠高過他引用其他任何人的次數。儘管如此，《道德系譜學》仍舊獨樹一格。它也許是尼采的代表作，至少，它是最清晰地表達基督信仰與權力意志的關係的著作。

這是一部扎實的系譜學，因為尼采試圖講述道德的故事，它既追溯過往，也展望未來，正如一個家族的譜系可以向過往建構（從現在活著的人追溯到所有可能的祖先），也可以向未來延展（從已故的人延伸到所有的後代）。在這方面，它與盧梭的《第二論文》有相似之處。盧梭同樣讓人類故事同時朝向過去與未來開展。盧梭想要解釋的是，有一些對我們而言是如此核心的事物，其實源自於各種偶然的情況和不經意的交集。但他也想要告訴我們，若我們回到最初，會看到一個簡單的故事如何開展成為一個驚人且可怕的複雜體——這就是所謂現代性的複雜面向——而這是因為人類曾經簡單直白的生活開始變得無限複雜。

尼采在他的系譜學中也做了類似的事情。他一方面想要展現，我們視為傳統的道德原則，其實是由數個不同的偶然原因所構成。另一方面，他也想要探討如果我們能從一個更早期——或許更單純——的人類生命經驗開始追溯，會有什麼樣的成果。而他指出，這將會展現道德如何可能可以開展成多種可能的樣貌。這樣的哲學分析就像閱讀族譜一樣，一切取決於你從哪裡開始，以及你想要達到的目的為何。尼采既回溯論述，也論述未來，而這與盧梭一致。

尼采的系譜學與盧梭的著作還有其他相似之處。尼采回溯人類經驗的起源以尋求道德最初最為清晰的樣貌，因為他相信人類在過往曾經比現代更不依賴彼此。他的起源故事所試圖尋找的，是那種獨立和無自我意識的要素，而這些要素在現代已然佚失。對於尼采和盧梭而言，這種無自我意識曾經存在於最初的時刻，因此對他們兩人來說，追問這種無自我意識的去向，乃至追問它是否全然消失了，都是合乎邏輯的探詢。然而，儘管存在這些相似之處，尼采和盧梭之間還是存在著顯著的差異。其中一個明顯的區別是，尼采的系譜學是關乎道德的，他所感興趣的，最主要是原初的道德狀態到現代的道德狀態之間的轉變，而盧梭主要關注的，則是原初社會狀態到現代社會狀態的變化。對盧梭來說，最重要的問題是社會從何而來，而他的答案最終導向了對我們視為理所當然的道德傳統的來源提出解釋。尼采則更加關注我們現代視為理所當然的道德傳統從何而來，並由此推導出我們為何會擁有當今這樣的社會。也許可以換句話說，尼采想要理解的核心差異是善與惡之間的區別，正如他所說的，我們如何從「好與不好」的區別，轉變為「善與惡」的界線。盧梭想要理解的，則是我們是如何進入了一個區別「我的」與「你的」，並且使兩者之間存在明顯斷裂的世界。對於他們倆來說，這些事物——道德、社會、財產、禮節——都是相互串連的。然而，在他們看來，這些事物之間的優先順序還是存在極大的不同。

尼采與盧梭之間的另一個重大差異是，盧梭的分析從憐憫開始。憐憫是盧梭對人類起源描述中的一個基本元素。對尼采來說，憐憫卻是一個需要被解釋的現象，因為它是人類發展後期才被附加上人類本質的。尼采認為憐憫是隨著道德的出現而來，而他也確實認為憐憫是道德的產物。他將憐憫視為一種疾病或瘟疫：憐憫這場可怕的瘟疫隨著基督信仰的到來席捲了世界。在尼采看來，這無疑是場災難。他希望能夠回溯到憐憫出現之前，探尋其背後的根源。而盧梭則將憐憫置於起點。

或許，還有一個更大的差異。他們之間最大的差異，也許在於他們對「why 問題」與「how 問題」的核心為何，有著不同的理解。對盧梭來說，問題是為什麼是少數特權來支配多數人，以及少數特權是如何得以支配多數人的？而對尼采來說，情況正好相反。他最感到困惑之處就在於，為什麼多數人能夠支配少數人？因為在尼采看來，多數人是弱者，而少數人才是強者。沒有權力的多數人是如何扭轉局勢，擊敗菁英的？對盧梭來說，特權菁英是弱者；他將他們比作愚鈍之人與孩童。對尼采來說，現代生活的難解之謎在於，為什麼多數——那個由平庸、不具辨別度的大眾所構成的多數——最終戰勝了他們真正的主人、戰勝了少數的菁英？

尼采的故事是從哪裡開始的呢？這並不是一個從自然狀態出發的故事。它始於一個高度階級化且極其不平等的人類歷史經驗，在這個歷史經驗中，一種社會階層分化已然出現。有一些人，僅僅是少數人，一個極為有限的群體，能夠與其他人保持距離、超越他們，並以俯瞰的姿態來看待其他多數人，因為多數人的能耐遠遠低於這群少數菁英。權力意志在這個菁英群體中表現得淋漓盡致。他們是主導者，也是創造者。對尼采而言，這是人性核心的表現：權力意志也是創造的意志，這是一種想要留下屬於菁英印記的意志。這種生活方式是階級制的，但並不是一種明文化的階級制度。這種分層並不是透過法律或任何成文形式的明確規範來表述，當然也不會是透過某種憲法來確立。這種階級制度僅僅體現在強者的行為中，體現在菁英的所作所為；菁英的行為，足以表現出他們為什麼是菁英。而尼采說，在這個世界裡，好壞之間的區別，僅僅是強者會做什麼與不會做什麼之間的區別。他們會去做的事情就是好的與良善的事情，而不好的與壞的事情之所以是不好的與壞的，就在於菁英們拒絕採取那樣的行為。這個好壞之間的標準，並不取決於事物是否符合某種外在的理想或行為準則。

這是一種非常直觀的、對於善的表現方式。當你看到善的事物時，你能夠輕易辨識出它為什麼是善。因為一旦善的事物被菁英實踐了，你就能清楚意識到這是良善的。同樣地，在這個世界裡，壞的事物並不帶有邪惡或犯罪的涵義。所謂的「壞」，僅僅意味著平庸、意味著是強者不屑採取的作為或不屑一顧的事物，它們是強者的力量與行為的受害者。菁英不會藉由與「壞」的事物對比來自我定義，他們甚至不會定義什麼是「善」。他們只是依循其本能，做了菁英會做的事情而已，而他們所做的事物自然而然就是善的事物。對尼采來說，這種不受外在理由所限制的、人類生活的表現，最接近我們真正的創造潛能。至少對那些少數菁英、對那些極少數能夠過上這種生活的人來說是如此。至於其他人呢？對這個目的來說，其他人並沒有那麼重要。他們的存在只是為了被菁英利用。而如果這讓他們成為奴隸——字面意義上的奴隸——那也是無可奈何之事。對尼采來說，創造性與奴隸制是一體兩面的事物。

侵蝕社會的三個P

那麼，這個故事中的「害蟲」是從哪裡開始出現的呢？是什麼能夠瓦解這個強者就是強者，弱者就是弱者，無須再對好壞善惡做出更多解釋的世界？在尼采看來（雖然這其實不是尼采所使用的表達方式），有三個可以被縮寫成三個「P」的現象，消蝕了這樣的原初社會。它們分別是：祭司制度（priestcraft）、哲學（philosophy）和財產（property，最後這個「P」將尼采的故事與盧梭的故事連接起來）。祭司制度之所以出現，是因為弱者仍然會尋找能表達其權力意志的方式，其中一種表達方式，就是創造一種讓人們必須自我克制的準則：讓人們成為苦行修道者。這有幾個步驟。首先，弱者要故意壓抑自己，然後將其轉化為一種無私與超脫的倫理。也就是說，利用你的禁欲苦修來使自己成為一個與他人不同的特殊階層。對尼采而言，這正是早期祭司階級所做的事情。他們試圖藉由清除許多人類最本能的特質來淨化人類的生命經驗，這包括了隨一己之能對待他人的衝動，而這正是強者的行動準則。否認這種衝動，成為了一種自我表現的方式，這也使得苦行者變得與眾不同。最初，這種祭司式的禁欲苦修是一種隱居生活，它可能意味著弱者會選擇像隱士般孤獨地生活，因此這是一種有些自我挫敗的權力意志的表達方式。如果你隱居獨處、不與其他人打交道，你的意志能夠主宰誰呢？但它也有可能成為一種社會現象，使得隱居與禁欲不再只是一種超然脫俗的象徵，而是開始象徵一種獨特的價值。它讓人們開始驚嘆：看看這些隱士和苦行者，他們的自律是多麼讓人欽佩呀！而這也讓人們看到了他們為自己創造的價值。

對尼采來說，一旦祭司的淨化過程開始，原本僅只是強者對弱者的輕視就會開始轉變為某種厭惡。在人類原初的生命經驗裡，強者對弱者嗤之以鼻，健康的人會蔑視生病的人。尼采認為，健康的人沒有理由要照顧病患，也沒有必要將自己拉低到病患的水準。為什麼健康的人要彎下身軀來關心及照顧病患呢？然而，祭司式的自我淨化為這樣的心態引入了一種潛在的不安，這種不安與人體運作的機能有關，包括最基本的身體機能。這種不安從人們對健康的焦慮延伸到對髒污的厭惡、對體液的忌諱，也產生了試圖想將淨化的身體與身體所排出的物質（如今被視為污穢的排泄物）保持特定距離的念頭。當這種厭惡感開始萌芽，從厭惡感轉化成羞恥感的距離極小。而一旦人類開始進入羞恥感主導的世界——祭司試圖說服其他人，讓人們對許多再自然不過的事物感到羞恥——那麼，我們就已經離創造出一種壓抑自我的道德體系不遠了。這種道德體系同樣壓抑了祭司，因為厭惡很快也會轉變為自我厭惡。

《道德系譜學》並不能算是一本有趣的書籍。我認為裡面沒有任何笑話。但有時候，我們很難不因為尼采突如其來的想像力與突然轉變的表達方式露出會心一笑。他可以在非常抽象的層面上探討道德的起源，然後突然話鋒一轉，在下一段開始探討為什麼這些祭司階級那麼痴迷於他們的排便到底正常與否的討論。最終，他暗示道，祭司其實是被他們肚子裡的結節所支配。他們的道德其實就只是他們消化不良的產物。這是「害蟲」如何開始侵蝕原初社會的一種形式。

哲學的出現與祭司階級的出現有類似之處，但又有所不同。哲學的本意並不是關於淨化（除非我們要說的是智識上的淨化），而是那些沒有其他能耐輸出自我創造力的人唯一所能想到的、表達自我好奇心的方式。然而，這並不是藉由行動所表現出來的好奇心——踏入一般人未知的領域，那是菁英與強者會做的事情，他們會以行動展現好奇——而是藉由提出一連串的普遍問題來表述的。這是一種從「因為我採取了這樣的行動，所以這樣的行動必然是好的」之菁英標準，轉變為自我質疑「我所採取的行動真的是好的行動嗎？」的過程。他們希望藉由某些外在於行為本身的標準來判斷行為，而這些標準可能會藉由理性、邏輯或純粹的論辯強度來獲得更廣泛的認同。這種思維方式是軟弱的象徵，因為它有利於弱者。它質疑行動本身是否合理，而不敢採取行動。或者換句話說，這是一種向「what 問題」的轉變。什麼是正義？什麼是真理？什麼是被允許的？

正如對大多數試圖講述西方哲學史的人而言，對尼采來說，哲學真正的起點始於古希臘。尼采對古希臘的感情非常矛盾。他既深深仰慕並渴望他們的文化和生活方式中展現菁英意志的面向，但也認為那是人類衰敗的開始：古希臘哲學是人類邁向腐敗的起點之一。他區分了古希臘生活和社會中，哲學出現以前的時期（或者也可以稱為「前蘇格拉底」的時期），與哲學出現之後的時期。自從蘇格拉底帶著他那無止境的提問——他不斷地提出「什麼」、『為什麼」，與「為什麼不」的質問，並堅持不懈地追問答案、尋求真理——出現之後，一切都改變了。在此之前，希臘人只是單純地生活著，他們的行動沒有被哲學所束縛，他們中的一些人過著英雄式的生活。尼采將荷馬時代的希臘文化（如阿基里斯與阿伽曼農），和蘇格拉底出現後的時期做了對比，這個時期隨後還有柏拉圖和亞里斯多德的出現，並演變成了所謂的「經院派」哲學的時代（其名稱起源於雅典的學院，哲學家在雅典學院裡進行他們的哲學思辨）。在英雄時代，人們採取行動；而在學院時代，人們只會提問。只會提問的問題在於，它為人類行動覆蓋上一個上位結構，限制人類行動的諸多可能。人們會被期望以真理或正義的名義去採取行動，而不是藉由行動來發現什麼是真實的。好壞與善惡的區別不再體現在行動中，而是成為行動的前提條件。一旦走上這條不歸路，你的社會就會開始自我翻轉。強者會開始覺得在行動之前，他們必須參考某些外在於自身的準則。或者說，如果他們信從了哲學家的話術，他們便會如此自我束縛。

最後的稻草是財產，而這對尼采來說是一個嚴峻的問題，因為它引入了所有權的思維，進而創造了義務的概念。唯有在其他人承認你的確擁有你所宣稱擁有的東西時，財產才有意義。但更糟的是，財產衍生了債務的概念——你必須要為你所取之物還債。在尼采的解釋中，債務與罪責的概念密切相關。事實上，這兩個概念在語言學上是直接有所關聯的，在德文中，同一個詞

「Schuld」可以表示債務或罪責。尼采的語言學家身分始終不曾遠離他的哲學。

也因此，從所有權到義務，從義務到欠債，從欠債到債務，從債務到罪責，從罪責很快地就可以與羞恥、祭司與哲學家結成盟友。突然之間，這些毀壞人類原初社會的事物開始相互聯繫：罪責與羞恥伴隨著的是對什麼是正義和什麼是真理的憂慮。然而，儘管如此種種，我們依舊身處於基督信仰出現之前的世界。我們還未到達尼采所認為的道德世界。古代世界有它的祭司，有它的哲學家，當然也有富人。他們無一例外地都是奴隸主：他們的財富不僅僅是財富，也是一種絕對權力。這些人都是封閉的菁英群體。祭司是菁英，哲學家是菁英，富人（而且都是男人）也是菁英。這一切都不是由普通人來安排或由普通人所設計的，甚至在坐擁奴隸制的雅典民主社會中也不是如此。絕大多數人依然是無權無勢、被菁英剝削的人。然而，從羞恥、罪責、自我克制和債務中，出現了讓多數人與他們的爪牙得以伸向少數菁英的契機。這些概念創造了尼采系譜學中最為關鍵的一步，他以一個令人難忘的短語稱之為「道德的奴隸起義」。這是他對基督信仰革命所定下的名稱。那是一場顛覆世界的運動，在那一刻，多數人利用這幾組概念與其他思維展開了他們對少數菁英的制約。

他們是如何做到的呢？尼采提供了許多例子，但在此我只會枚舉幾個。讓我們看看另一個基督教的口號：「愛人如己」。這是一個不錯的想法。但它意味著什麼呢？對尼采來說，它不僅引入了鄰里關係的觀念，還引入了社群的概念，即人們共同積欠他人某種義務，不論這些他人是誰。鄰居是誰並不重要，你都應該要愛那個人。這個概念以愛為名，消除了少數菁英和多數凡人之間的區隔，將他們整併成一個群體並共同受到約束。尼采認為，基督信仰的教條所創造出來的個體與社群的關係，猶如債務人與債權人之間的關係。突然之間，你欠了你的同胞一些事物，而一旦你有所欠債，你就不再是原初那個自由的、有創造力的、掌控自我的人類；你被困住了。這種困住人的方式又是服務於誰呢？它服務於那些本來就已經被困住的人，尤其是奴隸。在這裡，奴隸指的既是實際上的奴隸，也隱喻了那些被菁英壓迫的凡人。我們可以稱他們為「溫柔的人」。基督信仰允許這些溫柔的人對他們的主宰者進行反擊，而反擊的方式不僅藉由強加規範、法律和憲法，也還包含道德本身，即一個外在於行為的善惡觀念。對尼采來說，這整套分類限制了個體發揮自我的能力。所有這些都是為了那些沒有什麼可失去的人而設計的。這就是為什麼尼采認為基督信仰只是一種建構。這場巨型翻轉並不是什麼受到神啟的行為，也不是超自然力量介入人類歷史的結果。這是人類自己對自己所做的事情，是多數人對少數人所做的惡行。

在尼采的敘述中，這並不是一個帶有善意的故事。《道德系譜學》中的某些部分確實讓人讀來感到恐懼。尼采將基督信仰的慈悲觀念與人類殘酷的現實進行對照，儘管這並不表示尼采讚頌殘酷，但尼采確實擁抱了殘酷。這是因為他認為，試圖壓制或否認殘酷在人類生命經驗中的存在是致命的錯誤。他還認為，在人類歷史中殘酷無所不在，甚至當無權力者開始占據上風時，殘酷表現得尤其明顯。他說，所有宗教的基礎都是殘酷的，無論它們教導了什麼道德信念。權力意志僅僅是一些人對他人施加影響，且毫不在乎這些影響會有什麼後果的表現。菁英是如此，基督徒也不例外。在書中最恐怖的段落，他描述了一些基督徒對彼此所做的事情。根據基督信仰的標準

——但那不是尼采的標準——基督徒對彼此所做的行為，是人類所能做出的最糟糕的事情。最殘酷的酷刑、最可怕的暴行、最恐怖的行為都發生在基督信仰的圈子裡。他特別指向了中世紀德國基督信仰的社群，詳細列舉了在那裡發生的酷刑與恐怖事件。是誰會將其他人活活丟進油鍋裡烹煮？是基督信仰世界的君王。試圖顛覆殘酷並以憐憫取而代之的努力背後，實際上存在著真正的殘酷。尼采認為，如果你仔細觀察，你總能看到那深藏在憐憫背後的殘酷。而有時候，你幾乎不需要仔細看也能看見殘酷外顯。

與一切的偶然和解

但尼采除了回溯故事之外，也講述這個故事將會如何向未來開展。他不僅揭示了基督信仰的基礎，還描述了後來覆蓋在其上的現象。這些是更近代的產物：福利、社會正義、民主。這些事物是社群理念於現代性的終極表述，而其基本思維如下：我們對每個人也對每個普通人（在尼采看來，這曾是壞的定義）都有所虧欠。因此，為了彌補我們對病患虧欠，我們創造了福利國家來治癒他們；為了彌補我們對被壓迫者和弱勢群體的虧欠，我們建立了民主制度以賦予他們發聲的權利。這些都是道德奴隸起義的延伸，因此也是基督信仰倫理的延伸。所有這些十九世紀晚期歐洲文明**進步思想**的重要內容（進步、權利、法治、自由民主、關愛他人等觀念），都可以被理解為奴隸起義的延伸。它們都是無權力者的權力意志的表述，這些人寧可擁抱他們的虛無也不願意沒有意志。多數人寧可擁抱民主也不願失去發言權，儘管在尼采看來，自由民主是對人類生命價值的否定。因為尼采認為，這個制度的設計是為了壓抑人類的獨特與偉大。他說，所有形式的合法性都是對人類經驗的限制。這是一種令人震懾卻又令人振奮的哲學。

最重要的是，我認為尼采希望他的讀者（不論是誰）從他所講述的故事中，得到一個理念。這個故事的核心是翻轉：那些曾經被認為是善的，如今翻轉成為了邪惡；曾經被認為是惡的，如今被翻轉認定為善。這裡有幾分巴特勒的回音，也有盧梭的影響。我不知道尼采是否曾經讀過巴特勒的作品；他有可能讀過。他確實對許多英國的政治和科學著作感到好奇，但也極度蔑視它們（尤其是他對他所認為的，粗鄙的英國效益主義哲學有著強烈的批判）。巴特勒可能讀過尼采，儘管他寫《埃魯洪》的時候應該還沒有讀過它。然而，《埃魯洪》中提出的那種翻轉世界的概念，那種我們認為是壞的事情其實被視為是良善的，而我們認為是良善的事情被視為是有害的世界，確實帶有尼采的色彩。然而，尼采的版本不是冒險家的烏托邦幻想，也不是反烏托邦的敘事。尼采的翻轉代表了他對人類情境的真實歷史的看法。這不是關於地球另一端的虛構人物，而是關於**我們**自身。

我們認為有許多事物是好的、也是良善的。例如：社群的概念，人們必須彼此分享、相互照顧的概念，轉過臉頰不做反擊的概念，愛人如己的概念，認為普通人應該擁有與他人同等發言權的概念；此外，我們還認為最糟糕的事物就是殘忍。然而，尼采指出，這些都曾經是不好的事物，因為強者與菁英不會採取這樣的行為。曾幾何時，殘忍就是人性，蔑視社群就是人性，甚至這也包含了婚姻。在十九世紀末，婚姻被視為道德生活的基石，它表現了忠於一個人、忠誠與奉獻。但尼采說，這並不總是良善的（這裡再次有些許盧梭的回音，儘管尼采是基於非常不同的理由反對婚姻）。婚姻曾經也是不好的事物，因為當你將一個女人據為己有時（尼采幾乎只能用這種方式來理解婚姻），你是在壓抑某些人類隨心所欲的能力。而如果你順從自己隨心所欲的能力，並採取行動落實它，那麼這將會是良善的，因為你確實這麼做了，你採取了行動。婚姻是留給失敗者的，它限制了隨心所欲的行為。這的確是一種令人震驚的哲學。

這樣的系譜學會走向何方呢？這是關於尼采哲學中，最難回答的問題，因為系譜學可以走向許多不同的結局，而這取決於你從哪裡開始以及你推論的方向。毫無疑問地，在這個故事的某些段落，存在著對那個早期的獨立狀態的渴望，對前蘇格拉底世界那種英雄式的冷漠渴望。那並不是一個全然自給自足的時代，因為這個故事並非關乎純粹的個人主義。英雄與菁英仍然彼此需要。對尼采而言，真正的核心價值是文化，而文化不會只是個體的行為。文化總有某種集體的性質，即便在荷馬時代也是如此。然而，對尼采來說，被現代社群觀念過濾後的文化，恰好是文化的對立面，而民主文化幾乎是一個自相矛盾的概念。

這種獨立狀態有別於盧梭的自然狀態。盧梭懷念的是，我們失去了將自己隱藏起來、消失在森林中、遇到困境時能夠簡單走開的能力。而尼采懷念的則是，有些人在遇到困境時，能夠不僅僅是遠走他方，而是徹底跨過那些困難；不僅能夠走過去，還要能超克它；不僅不逃避消失，還要能超然於困境之上。尼采經常用「距離」這個詞彙來表達這個想法。在盧梭的想像中，人類可以逃離的地方是森林或樹林，自然會包容你。而在尼采的寫作中，他所幻想的場景是沙漠或山頂，那裡的空氣純淨乾燥，可以看得很遠。這不是祭司式的淨化，而是一種超越群體的方式；這不是禁欲主義，而是一種超脫俗人、掙脫那束縛人們的枷鎖的表現。

當我們閱讀一個像尼采這樣的系譜學——甚或讀任何族譜——時，我們可能會發現，所有這些力量都共同塑造了你，讓你成為今天的自己，並因此令你感到自己被限縮了。我們會發現，自己只是各種我們無法控制的力量偶然交會所構成的產物。這種感覺正是許多人在十九世紀下半葉開始，發現人類發展的演化論解釋時所會有的感受。那是一種空虛感，一種近乎虛無主義的感覺。這一切都是隨機的，人類的生命其實沒有什麼特殊意義，一切都是虛無的。也許我們應該從這個系譜學中學到的，並不是我們應該去追求虛無，而是我們應該與這一切的偶然和解。尼采非常明確地表示，他並不支持虛無主義。他不希望人們讀完這個系譜學後得出的結論是，認為我們對現況的種種無能為力。他認為，當你看到這一切的偶然時，你應該因此感到解脫。但他也認為，你可以從這個故事中理解到，現代文明的陷阱即其壓抑之處。現代文明正是由它自身所壓抑的事物所創造的。這是最終的翻轉：權力意志所構成的壓迫，正是由無力者的權力意志所創造的。因此，這不是一個告訴我們權力意志已經消亡的故事。絕非如此。這個故事告訴我們，即使是無力者，只要有足夠的創造力，只要足夠堅定，也許甚至足夠冷酷，他們也能找到表述自己權力意志的出口。看看那些可怕的中世紀基督徒，或者看看這些可怕的當代民主政客，他們所展現的殘酷證明了，即使在文明的歐洲社會，權力意志依然生機勃勃。

尼采哲學在當今政治的意涵

尼采希望這是一個解放的敘事，而不是虛無主義的敘事。這個敘事將他帶向何方呢？它將他導向了瘋狂，而這種瘋狂的跡象，早已體現在《道德系譜學》中他那宏偉的、狂野的想像力中。三年後，尼采崩潰了。在那之後，這個故事也導致了現代哲學史上最不尋常的死後生命。在一八八〇年代末，當尼采將這些論述源源不斷地傾倒書寫出來時——他在一年內寫了四本書——幾乎沒有人在閱讀它們。這些書在出版當年只賣出了幾百本。他的文字看起來過於瘋狂，而且內容過於繁雜。此外，書中帶有幾分說教的語氣，也讓當時的讀者難以接受。於是，人們不再閱讀尼采，他基本上被遺忘了。隨後他被送進精神病院，人們不再聽到有關他的消息。然而，當他陷入最終且永久的沉默後，人們突然開始傾聽尼采。當那些書不再像洪水般無法阻擋地湧現時，歐洲各地的人們很快地開始閱讀它們，並從中獲得啟發。從他發瘋的一八九〇年到一九一四年間，他從幾乎沒人知曉、一個被遺忘的、曾經小有名氣的學術名人，迅速地變成西方世界最為人廣泛閱讀的作家之一。他的影響無處不在。美國總統西奧多．羅斯福讀過他的書。喬治．蕭伯納（那位也同樣喜愛山謬．巴特勒的劇作家）受到了尼采的啟發。尼采影響了現代主義文學鼻祖法蘭茲．卡夫卡（Franz Kafka）、音樂家古斯塔夫．馬勒（Gustav Mahler）、社會學家馬克斯．韋伯（Max Weber）、德國文豪托馬斯．曼（Thomas Mann）、精神分析學家西格蒙德．佛洛伊德（Sigmund Freud）和精神醫學家卡爾．榮格（Carl Jung），還有美國二十世紀現實主義作家傑克．倫敦

（Jack London）和愛爾蘭文藝復興運動領袖威廉．巴特勒．葉慈（W. B. Yeats）。他被改革者和反動者所接納，既受到更多民主的支持者的歡迎，也被那些想要擺脫民主的人所擁抱。他無處不在，且勢不可擋。

隨著第一次世界大戰的爆發，尼采的名譽也有所翻轉，因為那些與他的著作有所連結的事物也發生了變化。他不再是那位狂野、追求解放的哲學家，而成為了一名德國的哲學家。在那些與德國交戰的國家中——包括英國、法國，最終還有美國——他被視為一個提倡權力意志、支配、階級與殘酷的德國哲學家，這些思想被與德國的無情和殘忍聯繫在一起。尼采成為二十世紀上半葉政治與軍事宣傳戰的一部分，這是在他去世多年後的事。這一過程因為尼采與納粹政權的關聯而有了飛躍的進展，但這不是他的錯，而是他妹妹伊麗莎白．福斯特-尼采（Elizabeth Forster-Nietzsche）的錯。伊麗莎白是名納粹支持者和反猶主義者，她負責管理尼采的檔案館。但主要的，還是納粹自身的錯誤。尼采思想中的某些元素——如雅利安主義[4]、對「金髮獸性」的讚美、某些看似反猶的觀點，以及表面上強制武力的欣賞——讓他被法西斯主義的追隨者斷章取義。尼采似乎成為了希特勒政權的御用哲學家。當第三帝國崩潰時，尼采的聲譽也隨之崩塌。他被「取消」了。二戰後，人們認為他的思想是有毒的，因為它們被視為是那些恐怖事件的思想根源。

4　雅利安主義（Aryanism）：此為雅利安人種至上的意識形態。納粹德國將「雅利安」用於指稱「血統純正的德國人」，並認為優等民族有權統治其他人類，而對其他族裔實行歧視、滅絕等種族清洗政策。

直到一九六〇年代和一九七〇年代，尼采才重獲發聲的機會。他被那些不想將他用於政治目的，而是用於所謂的「批判理論」，現今通常被稱為後現代主義的人們重新發掘。他對偶然性的銳利分析——認為大多數事物，也許所有事物，包括道德，都是人類建構的也因此可以被重構——被挪用於藝術和文化理論、文學批評，與哲學思辨。然而，尼采思想中的政治，仍舊是被視為過於可怕和尷尬而不願被人們提及的部分，它只是被擱置在一旁。當時的觀點是，也許只要忘掉那些令人不快的東西，尼采的某些思想，經過謹慎篩選並剔除其毒性後，仍然可以派上用場。然而，這種立場是無法維繫的。尼采不僅僅是有用的，他還是一位體系完整的哲學家，他的哲學中關於政治的反思必然會再次回歸。讀者將再次叩問那些一八九〇年代後的尼采讀者，對這一套非凡但讓人不安的哲學所提出的問題：這樣的哲學，對我們的政治有什麼意涵？

事實上，尼采的哲學中並沒有大量的政治論述。但它確實有一些分析，也可能比後現代主義的詮釋所暗示的更為豐富。尼采哲學中的政治絕對不是純粹的政治，也不是粗淺的民族主義或種族主義的政治。尼采的政治思想是複雜的，它與他對現代政治世界的理解，以及在他故事開端提及的前蘇格拉底時代裡，哪種形態的政治會成為可能的反思，有很大的關聯。可以說，尼采其實是一位平等主義的政治哲學家，只是平等的是那些位於頂端的人，而不是大眾。是奴隸主，而非奴隸。對尼采來說，奴隸的平等——也就是民主的平等——是一場災難。但是，荷馬時期的英雄之間的平等，彼此作為真正的平等者和競爭者相互對待，這很可能是人類最優秀的文化的基礎。然而，這種願景在十九世紀末有什麼用處呢？更不用說在二十一世紀初的現今，它有什麼涵義？

當英雄早已不復存在的當下，這樣的觀點能帶來什麼？對於像我們這樣的人來說，尼采的論點對政治的可能，有三種不同的走向。這取決於你如何解讀他。

第一種可能性是，這是一個試圖引領我們超越現代政治的論點。他指出，我們所謂的政治其實只是現代世界的偽裝的一部分。政治——就像上帝一樣——其實已經死亡了，因為現代的民主政治基本上基督信仰道德的附加品。一旦我們看透了這一點，也許我們就能看穿一切。我們現在所認為政治裡的好的種種事物，例如民主、正義、福利與法治，一旦當我們開始追溯它們的來源時，我們便會看到其背後潛藏的殘酷。而當我們看到其背後權力意志的翻轉時，我們會意識到這些都只是一個空殼。當我們看到它們只是空殼，就像基督信仰只是一個空殼時，我們就會理解到，擺脫它們及擺脫基督信仰的必要性。也許民主政治應該與上帝一起化為枯木。

尼采最令人難忘的形象之一，出現在他的另一部出版於一八八二年的作品《快樂的知識》（*The Gay Science*）裡。他在書裡說，在這一刻，人類終於擺脫了基督信仰的枯朽之手，我們就像水手一樣，開始航行於開闊的海洋，準備迎接命運的挑戰。「終於，地平線再次敞開了，儘管它並不明亮；我們的船終於可以迎著所有危險出海；每一次的風險，將再次對那些能夠識別航道的人開放。」我們可以用一種方式來解讀這個場景。當我們出海時，我們也將政治拋諸身後。但另一種解讀則認為，我們正在尋找一種新的政治，一種真實符合我們的本質的政治，藉由這種政治，我們可以真正做回自己。有些民主派和改革者用這種方式詮釋尼采。他們認為，也許我們應該邁向一種新的平等，一種讓我們所有人都被嚴肅對待的平等，不再是作為奴隸，而是作為真正自我表述和創造的個體。從一百年前到今天，都有人試圖從尼采的論點中建構一種對民主的全新理解，一種超越虛假和空頭承諾、試圖嚴肅對待人類作為自由表述、自我創造的個體的理解。第一種解讀將政治置於歷史的灰燼裡；而第二種解讀則重新拾起政治，並試圖改造政治。

最後，總會有人從尼采的思想中找到一種他們所認為的，對政治是什麼的純粹表述。政治是簡潔、無情、無幻想的。他們認為尼采發現了，在現代社會的所有政治空談背後，存在著一些更基本的、更殘酷的、更具支配力的也更階級化的事物，而我們必須要正視它們。因為除非我們理解到，在我們的政治中，存在著一些我們這些現代的、自由主義的、民主的基督徒（如果我們仍然是基督徒）會覺得難以接受的事物，否則我們就不會有真正的人類自主性。但我們不應該覺得這些事物難以接受，因為這也是我們的一部分。有時這種對尼采的解讀被稱為「現實主義」（realism），而現實主義的政治與權力政治有關。政治現實主義有很多種類型，並不是所有的現實主義都讚美權力的行使，也不是所有現實主義都為權力所帶來的不道德行為辯護。但確實有一些尼采的讀者希望這樣做，這在二十世紀上半葉尤其如是。也正是這些人破壞了尼采的名聲。

那些人不是尼采。尼采亦不是他的追隨者。尼采是那位認為我們即將踏上漫長時間以來第一次航行、走向開闊海洋的哲學家。我認為尼采並不受限於第三種解讀。我認為尼采屬於第一種或第二種解讀。尼采不是那位想讓我們撕下面紗，看到政治真實樣貌的哲學家。尼采是那位想讓我們撕下面紗，然後看看我們能對政治做些什麼的哲學家。而他說，我們可以做到任何我們想做的事情。

弗里德里希·尼采

(Friedrich Nietzsche, 1844-1900)

尼采於一八四四年十月十五日出生在萊比錫附近的村莊羅肯。一八四九年，在他的父親去世後，尼采在一個周遭滿是女性的環境中長大，他與母親、祖母、兩位姑姑以及妹妹伊麗莎白一同生活。在他年少時期，尼采計畫追隨父親的腳步進入教會。他獲得了在著名的舒爾普福爾塔學校的獎學金，並在神學和古典學方面表現優異（他的數學成績則沒有那麼突出）。他繼續在大學深造，但因為個人的信仰危機放棄修習神學。在那之後，年僅二十四歲、尚未完成博士學位的他，被任命為巴塞爾大學有史以來最年輕的古典語言學教授。搬到瑞士後，他放棄了普魯士國籍，並在剩餘的人生中保持著無國籍的身分。尼采一生飽受嘔吐、偏頭痛和慢性疼痛的折磨。到他二十多歲時，他的視力已經開始衰退。為了保護眼睛免受陽光的傷害，他戴著有色眼鏡。在瑞士，尼采與作曲家理查·華格納成為密友。尼采認為華格納是菁英文化的典範，而當時歐洲正見證著社會主義和無產階級運動的興起，它們威脅著要摧毀這種文化。他的第一部重要作品《悲劇的誕生》（*The Birth of Tragedy*），有極大部分是在華格納家中寫成的。然而，這段友誼以糟糕的結局告終。其中一個原因是華格納認為，尼采的健康問題源於他長期手淫的習慣。最終，健康狀況迫使尼采辭去教授職務，成為全職作家。有一段時間，尼采與哲學家保羅·瑞（Paul Rée）和才華橫溢的俄羅斯心理學家露·安德烈亞斯－莎樂美（Lou Andreas-Salomé）一起在一個智識分子的社群裡活動。這段三角關係在莎樂美多次拒絕尼采的求婚後破裂，莎樂美與瑞一同前往柏林定居，獨留尼采。到了一八八〇年代，尼采幾乎沒有朋友，而且對鴉片類藥物上癮。然而，這個十年對他來說是創作力豐富的時期。在《快樂的知識》、《查拉圖斯特拉如是說》（*Thus Spoke Zarathustra*）、《善惡的彼岸》（*Beyond Good and Evil*），和《道德系譜學》等書中，尼采猛烈抨擊了傳統的虔誠信仰，包括從基督信仰承襲而來的「奴隸心態」。他那逼人的修辭與充滿格言色彩的寫作風格，對許多來讀者說太過刺激。他不得不自費出版《善惡的彼岸》。在一八八九年，尼采在義大利的都靈街頭精神崩潰。他最終停止訴說，但寫了許多精神錯亂的信件，並署名「被釘上十字架的人」。尼采最後的幾年是在他反猶的妹妹伊麗莎白照料下度過，她將尼采的一些作品重新包裝成納粹思想的早期哲學。尼采於一九〇〇年死於中風。

第六章

盧森堡談民主的社會主義革命

《俄羅斯革命》

(*THE RUSSIAN REVOLUTION*, 1918)

- 反戰是真正的革命
- 從資本主義到帝國主義
- 馬克思主義的僵化與妥協
- 列寧的中央集權主義
- 盧森堡對列寧的批評
- 盧森堡革命旅程的終點

反戰是真正的革命

從各種意義上來說，羅莎．盧森堡的一生充斥著各式各樣的革命。她的生命歷程充滿危險。她花了相當長的時間在監獄裡，並且經常處於人身危險的威脅之中。無論就個人生命歷程或政治生涯而言，充斥革命的經驗總是動盪難安。而盧森堡也曾公開表示，她的私人關係也經歷著同樣的動盪。她有著局外人的一生。她是一個身處在男人主導的世界中的女人。她是一名活在一個以反猶情結著稱時代裡的猶太人。她是波蘭人，但她成年人生的多數時間都身處在德國人的社會裡。

儘管羅莎．盧森堡的一生充滿了戲劇張力與動盪，但我們仍然可以很清楚地指出她一生中最糟糕的一天。或者更準確地說，在她生命的最後一天到來前，她所經歷的最糟糕的一天。在一九一九年一月十五日，盧森堡被人謀殺了，享年四十七歲。但在這個可怕的日子到來之前，盧森堡經歷最糟糕的事情，發生於一九一四年八月四日。那是第一次世界大戰爆發的日子。但更具體地說，對盧森堡而言，最糟糕的是那天在德國議會裡所發生的事。

在一九一四年時，德國已經有了一個由民主選舉所產生的國家議會，但當時的議會仍然是虛假的政府機關。它無法與英國西敏寺的議會相比，因為它沒有西敏寺議會所享有的政治權威。德國依然是一個由皇帝威廉二世（Kaiser Wilhelm II）統治的專制政權，皇帝得以任命自己的部長，而國家議會無權阻止他。議會也無法對失職的部長提請不信任案並要求官員辭職，而這正是英國議會最重要的政治權力。然而，德國議會當時的選民基礎，遠比西敏寺要來得寬廣許多——德國議會選舉賦予了近乎所有成年男性投票權。所有工人階級的男性都可以在德國投票。在一九一四年，德國議會中最大的政治集團是由社會主義者所組成的——他們大多數是社會民主黨（Social Democratic Party，簡稱SPD）的成員——這些人完全信奉馬克思主義原則。至少在他們自己的心中，他們仍舊是革命者，哪怕他們已經不再試圖掀起顛覆性的政治革命。

德國議會所擁有的、唯一的重要政治權力，是批准或否決政府的預算，這包含了對政府發起公債和其他財務政策的否決權。而在一九一四年八月四日，由多數社會主義民選代表所構成的議會，被要求是否批准當時人所謂的「戰爭公債」。「戰爭公債」是當時德國政府所發起的公債計畫，其目的是用來資助德國，使其有充分的財務得以參與即將到來的戰爭。對於坐在旁聽席上的盧森堡來說，這項議案的答案是顯而易見的。她也是一名社會主義者，她非常了解社會民主黨是個派系眾多的政黨，內部又細分為各種不同的集團。其中有正統的馬克思主義者和修正主義者，有國際主義者和民族主義者，有務實派也有理想派。盧森堡對這些立場都有明確的看法，但她認為在這樣的時刻裡，他們應該至少要有一點共識，即反對戰爭。戰爭與他們所有人所堅持的理念背道而馳。這些人以各自的方式，堅信工人階級該如何團結。他們以各自的方式相信，社會主義的工作是用以團結工人階級對抗統治階級的思想。儘管立場與理由各異，但他們都相信美好的日子將會到來。他們的工作不是為統治階級提供權力基礎，從而導致工人們自相殘殺。他們的工作不是投票支持戰爭公債，讓德國工人得以去殺害法國工人、比利時工人、英國工人，以及平民。

對羅莎．盧森堡來說，這個答案是如此地顯而易見，以至於她根本無法理解當天所發生的事情，並為此感到極度震驚。當天發生的事情是，她所在的政黨（德國的革命社會主義政黨）全體一致投票支持戰爭公債，從而准許了第一次世界大戰。就連她的同事、激進的社會主義者卡爾．李卜克內西（Karl Liebknecht，他將在一九一九年一月，與盧森堡一同遭人謀殺），也為了維繫黨內團結而投票支持了戰爭公債。對盧森堡來說，這無疑是背叛。

當她親眼目睹了自己所信仰的政黨，做出了與她的立場全然相反的決定時，她一度萌生了自殺的念頭。她認為，也許在那一刻，她的生命已然結束，因為驅使她的一切都變得毫無意義。然而，這種絕望的感受並沒有持續太久。她很快地就意識到，自己必須做些什麼。對於一個真正的革命者來說，在發生了這樣的事情之後，剩下所能做的事只有一件，那就是停止戰爭。如果戰爭是革命社會主義的對立面，那麼從那一天開始，作為一名支持革命的社會主義者所要做的，就是竭盡全力終結戰爭。結束戰爭，將成為**真正的**革命行動。在形塑出這個想法的過程裡，盧森堡的思維變得與同時代裡的另一個人愈發相似。那個人同樣也是革命者，但在最終卻成為了盧森堡的宿敵。他的名字是弗拉迪米爾．列寧（Vladimir Lenin）。

從資本主義到帝國主義

羅莎．盧森堡對第一次世界大戰爆發的反應，有三個層面與列寧的反應極其相似。首先，他們對戰爭成因的理解相仿。對他們來說，是帝國主義導致了這場衝突，這樣的解釋符合了對馬克思（Karl Marx）的正統詮釋。正如馬克思所理解的，帝國主義是資本主義的最終階段。當資本主義無法以其他方式處理其內部矛盾時，就會採取帝國擴張的方式來化消其社會內部的衝突。根據經典的馬克思主義思想，資本主義最終無法自我延續，因為資本主義的生產數終將遠超社會所能夠消費承擔的，而這又是導因於資本主義的剝削性質。資本主義藉由剝削工人來實現利潤，而這種剝削意味著工人得到的報酬遠低於他們勞動的價值，從而使資本家能夠從工人生產的商品中獲得利潤。但如果工人已然因為這樣的機制深陷貧困，又有誰來購買這些生產的獲利商品呢？這正是為什麼資本主義深受生產過剩的危機所困擾，也是為什麼資本主義企業會倒閉。因此，當你有過多的商品無法銷售，也沒有人有能力購買，那麼你該怎麼辦呢？這個思路指出，你會開始建立一個帝國，把剩餘的商品轉移到海外。帝國主義是資本主義生產過剩的延伸，因為帝國主義是資本家為了找到新市場所採取的征服手段。而這裡的征服，就是字面意思上的武力征服。

然而，帝國主義並無法根本地改變資本主義的內在邏輯，而這種邏輯仍然是資本主義的致命缺陷。藉由帝國擴張來拓展市場，只是推遲了資本主義社會最終崩潰的到來，而且這種推遲最終只會引發更大規模的、國際層面上的崩潰，因為各個帝國之間會為了保護各自的附屬市場而產生衝突。對於盧森堡和列寧來說，這就是第一次世界大戰的本質。第一次世界大戰是帝國之間，為了避免各自經濟系統最終不可避免的崩潰而展開的戰爭。所有主要的參戰國都是帝國主義列強，而這絕非巧合：大英帝國、法蘭西帝國、比利時帝國、俄羅斯帝國、德意志帝國、奧匈帝國、奧圖曼帝國，以及一九一七年後的美利堅帝國。這場戰爭是一場資本帝國主義的災難。羅莎．盧森堡和列寧都明白，在這個脈絡下，最具影響力的革命行動就是結束這場戰爭。他們作為革命者的職責，就是竭盡所能地結束這場戰爭，而這尤其是因為戰爭的終結，很可能也意味著資本主義的終結。盧森堡深信這一點，列寧也如此堅信。最終，列寧也確實終結了俄羅斯的戰爭與資本主義。

他們最後一個共同的想法是，俄羅斯可能是推翻資本主義世界的起點。兩人之間的差別在於，對列寧來說，這是他自始至終根深柢固的信念，而對盧森堡而言，她是後來才開始擁抱這樣的想法。對他們兩人來說，在衝突已然拓展至全球的情境下，革命可以在任何地方爆發。這並不一定意味著革命首先會發生在像德國這樣的先進工業社會，哪怕盧森堡成年後的多數時間，都在德國進行革命行動。根據正統的馬克思主義理論（尤其在盧森堡所身處的德國智識界），推倒資本主義的革命可能先在俄羅斯爆發，這是不尋常的想法。許多德國馬克思主義者對俄羅斯持有一種居高臨下的想法，認為俄羅斯是一個落後的農民社會，也是一個神權政治主導社會。俄羅斯帝國當然是一個帝國，但這個帝國的社會在某種程度上更像是中世紀社會，而非現代資本主義社會。沙皇政權是封建時代的遺留。俄羅斯的農民直到幾代之前都還是農奴。也因此，這裡不太可能是無產階級革命爆發的地方，因為俄羅斯的無產階級規模過小，與農民的數量相比也仍舊太微不足道。俄羅斯的工業落後，社會也非常古老。德國又或是英國、美國，也可能是法國，甚至是比利時，這些國家才擁有成熟的資本主義社會，也才為工人革命提供了成熟的環境。俄羅斯在這條路上遠遠落後。

這種典型馬克思主義的思維，在後來被證明是錯誤的。但在人們意識到這樣的思維有誤之前，它已經導致了夠多的荒謬，馬克思主義思想也經歷過太多讓人深感痛苦的曲解。對羅莎・盧森堡而言，一九一四年八月四日就見證了這種思維最荒誕的表述方式。當時社會主義者試圖辯解，他們為什麼又是如何可能去投票支持一場與他們的信念背道而馳的戰爭。其中一個辯解的論點是，在德國與俄羅斯的戰爭中，先進的德意志工業國家勢必將會戰勝落後的俄羅斯。這將加速俄羅斯社會的進程，使得俄羅斯社會開始迎頭趕上德國的社會，進而使得俄羅斯能更快擁有與德國相仿的、讓革命有可能發生的社會情境。盧森堡認為，這是全然荒誕的胡言亂語。人們不應該用戰爭得以轉化俄羅斯，將它從封建社會轉化為資本主義社會，從而賦予俄羅斯社會主義革命的前置條件，並以此名義來為這場戰爭辯護。她和列寧都看穿了這種智識偽善。戰爭不是一種重整社會情境的手段，它單純是血腥的屠殺與契機。

盧森堡漸漸認為，俄羅斯可能成為社會主義革命的發源地。這個想法，有一部分來自於她出生與成長於波蘭的個人經歷。她一生都在見證波蘭的社會主義者和革命者之間，對革命何時以及會如何被實踐所展開的激烈辯論。在這個議題上，我們又再次見到某種傳統論點，而這種論點同樣源自德國。它認為，在當時還不是獨立國家的波蘭，需要來自外界的幫助才能為即將到來的革命做好準備。波蘭是一個被兩個強大國家瓜分的民族。波蘭的西邊是德國，東邊則是俄羅斯。根據正統的馬克思主義理論（儘管盧森堡認為這是一個不那麼充分的理論），波蘭境內更靠近德國的區塊會更加發達，因為德國是一個比俄羅斯更先進的社會。西波蘭發生改革的可能性，一定會比境內那些仍然被俄羅斯文化傳統與制度，以及俄羅斯農民習俗所束縛的區域更高，因為它也比東部更加「進步」。按照這樣的詮釋，封建的東部將落後於工業化的西部。對此，盧森堡的回應是：這也許在理論上是有可能的，但你們這些正在理論化波蘭發展將在什麼地方發生的德國人，有沒有實際去過波蘭？因為波蘭真正的發展，並沒有發生在西部，而是在東部。那些依賴著俄羅斯的波蘭地域遠比依賴德國的地區更加發達，也更加工業化。

馬克思主義的僵化與妥協

那麼，要如何在理論上解釋這樣的現實呢？盧森堡有自己的答案：俄羅斯是一個帝國。無論處於資本主義的哪個階段，資本主義的作法都是試圖控制市場。先進的資本主義並不是單純地讓市場的力量自由發揮，因為如果這樣做，資本主義只會自我毀滅。馬克思主義者必須明白，資本家總是在尋求壟斷市場、限制競爭，並控制著他們可以把商品賣給誰，以及在哪裡銷售，以免自己陷入破產的境況。而這正是帝國的效用所在，也正是資本家與帝國主義結盟的原因——帝國主義提供了資本家為求生存所需的控制力。因此，正是俄羅斯統治的帝國屬性，使得東波蘭在資本主義控制的條件下得以發展，因此這也推翻了「愈接近德國就愈接近革命」的思路。盧森堡認為，與這樣的思路截然相反的情況，至少是有可能的。

盧森堡依然相信，德國已經準備好進行革命。或者更明確地說，她認為幾乎所有地方都已經成熟到可以進行革命了。但她無法接受「俄羅斯，進而波蘭，必須等待條件成熟才能發生革命」這樣的想法。她還認為波蘭民族主義是一個錯誤。盧森堡堅決反對波蘭需要先成為一個獨立的民族國家，才能走上革命變革的道路這種思維。她一生都是一位徹底的國際主義者，在她心中，這就是成為馬克思主義者的真正意義。馬克思主義在本質上是一種國際主義的學說，否則它便什麼也不是。然而，這樣的思想卻與民族主義的原則混淆了，甚至其創始人也對民族主義做了妥協。在一八四八年，卡爾．馬克思和斐特烈．恩格斯（Friedrich Engels）所撰寫的《共產黨宣言》（*The Communist Manifesto*），原本是一份自豪的國際主義論述。在十九世紀下半葉，本書被翻譯成多種語言，通常也附帶地翻譯了由恩格斯專門為各個譯本所撰寫的新序言。在一八九二年出版的波蘭版序言裡，恩格斯坦言，儘管更廣泛的革命運動必然是帶有國際性質的，然而波蘭民族主義仍然是一股不容忽視的革命驅力，並且應該受到鼓勵。（恩格斯寫道：「恢復一個獨立且強大的波蘭，不僅僅是波蘭人的事，更是關乎我們所有人的事。」）盧森堡尊敬恩格斯，但她厭惡這種以革命原則為代價來迎合民族認同的行為。

盧森堡對波蘭民族主義的高度不信任，與她在各種形式的馬克思主義正統論述中所分辨的特質有關：馬克思主義思想同時過於僵化又過於靈活。僵化之處在於，它假定社會必須經歷某些階段，才能準備好進行無產階級革命。要先經歷過這些，最終才能實踐共產主義的烏托邦。這種正統但僵化的觀點，根據社會狀態的進程，對各個社會進入「應許之地」的遠近程度進行排序。波蘭甚至還不是一個獨立的國家，因此它仍然必須經歷其國家的資產階級自由革命，擺脫封建的俄羅斯帝國統治，才能有條件發生革命。恩格斯鼓勵波蘭的革命運動與民族主義運動結合，以加速這一進程。

這就是僵化的地方：要先經歷第一階段，然後是第二階段，才能迎接後續的第三階段，不能因為著急就跳過第二階段以期能更快抵達終局。然而，這種觀點也帶來了充分的靈活度和實踐可能，因為它鼓勵了馬克思主義思想與各種不曾出現在正統馬克思主義思想的論述結合。畢竟，在盧森堡看來，波蘭版的《共產黨宣言》已經在馬克思主義絕對不容妥協的本質上（馬克思主義的國際主義邏輯），與民族主義妥協。為什麼得以如此呢？因為根據僵化的邏輯，在進入革命階段前，人們不論做出什麼、與什麼樣的論述妥協都不重要，這些都只是革命前期的準備而已。我們可以在現階段做出妥協的原因在於，一旦我們最終抵達應許之地，這些妥協也都會被清除。

盧森堡意識到這兩件事常常同時發生，並為此深感痛惜。她意識到，那些最僵化的人往往也是最容易妥協的人，因為他們認為這些妥協無關緊要。他們認為自己可以這樣做，因為這不是最重要的，因為革命的階段還未到來，所以真正需要堅守原則的時刻也還未到來。盧森堡認為，波蘭民族主義扭曲了馬克思主義思想的革命原則，也讓人們分心了。革命者真正的工作不是為民族獨立而戰，而是要為國際革命而戰。這當然包含了要推翻沙皇統治的箝制，但這麼做的原因不僅是為了要讓波蘭獲得自由，更是為了要讓所有人獲得自由。

盧森堡認為俄羅斯可能是革命的真正發源地，這一觀點在俄羅斯革命中得到了證實。但這裡的革命，並不是一九一七年的革命，而是一九〇五年的革命。她和列寧的想法，都隨著一九〇五年在俄羅斯所發生的事情得到強化，儘管強化的方式大不相同。許多正統馬克思主義者將第一次俄羅斯革命（人們有時候會如此稱呼一九〇五年革命），視為一場錯誤的革命，或者至少是一場非常粗糙的起義。它不是真正的革命，只是真正的革命的序幕。由於俄羅斯仍然是封建的、神權的、沙皇統治的農業社會，它必須先經歷資產階級的自由主義革命（類似於一六八八年英格蘭的光榮革命或一七八九年的法國大革命），然後才能在這個基礎上進行無產階級革命。因此，許多馬克思主義者認為，一九〇五年的革命是一場他們應該旁觀而不應該共襄盛舉的革命。先讓資產階級來開展他們的革命，然後再看看革命後的形勢如何。這場革命看起來肯定不像是無產階級革命。它是由各種不同的力量推動的。當時的農民起義，工人罷工，但資產階級也在罷工。甚至資本家（中產階級）也在要求徹底的變革。他們想推翻沙皇，或者至少想讓沙皇做出重大讓步：實現政治自由、憲政秩序與現代化。他們的重點是推動選舉制度，選出一個負責制定新憲法的議會，並在憲法中確立自由權利，例如宗教自由和新聞自由。正統的古典馬克思主義者怎麼會對這些內容——資產階級的選舉、資產階級所在意的事物、資產階級的自由——感興趣呢？因此，對他們來說，這是場錯誤的革命。

盧森堡認為這種態度是荒謬的，列寧也認為這是荒謬的。一九〇五年，列寧寫了一系列犀利的文章，基本上指出：如果我們自稱是革命者，而這是一場革命，那我們為什麼要旁觀？列寧認為，如果革命是我們的信念所在，那麼如果有一場革命看起來不像我們想要的革命，那我們應該要親身參與革命，並改變革命的訴求，將革命轉化成我們想要的革命。他開了一個壓根不好笑的笑話，但我認為這可能是列寧最接近於說出一個發自內心的笑話的時刻。他說，那些過於僵化、過於正統的馬克思主義者對一九〇五年俄羅斯革命的態度，就像那些被跳蚤粉廣告所騙的人一樣。跳蚤粉的瓶身側面寫著：「使用說明：首先抓住你的跳蚤，然後倒上跳蚤粉。」笑點在於，如果你已經抓到跳蚤了，你怎麼還會需要跳蚤粉呢？作為馬克思主義者，人們該做的不是等著跳蚤被抓住，而是要拿著跳蚤粉撒向一切，看看什麼害蟲會死去，然後自信地認為，死去的東西本來就是害蟲。

列寧的中央集權主義

列寧是那種積極主動的革命者，而盧森堡在許多面向上也是如此。但他們對一九〇五年俄羅斯革命所帶來的啟示，存在著重大分歧。分歧之處在於，列寧認為，要實現他們想要的革命，需要來自布爾什維克黨強有力的、自上而下的領導。列寧是一個中央集權主義者。他相信，如果這場革命出現偏差，馬克思主義知識分子領導的緊密組織應該負責將它引向正確的方向。一九〇五年革命後續所造成的混亂和動盪不安，都表明了工人並不知道自己在做什麼，也不知道自己真正想追求的是什麼。他們對自己試圖實現的目標為何，以及應該與誰合作感到困惑。是要與農民合作，還是與資產階級，又或者要與沙皇合作呢？但是列寧身邊的人毫不困惑：他們知道自己想要什麼。黨的職責是抓住工人的領子——必要時拳打腳踢及尖叫——拖著他們也要帶他們進入共產社會的應許之地。

盧森堡認為，列寧的態度是錯誤的。在一九〇五年，她提出了自己對第一次俄羅斯革命的另一種解釋，並用一個詞來概括：「自發性」。革命必須是一種自發的行為。她的意思是，唯有在革命開始之後，人們才能從革命的過程裡汲取革命帶來的啟示。人們同時要藉由行動展開革命、引導著革命的方向，卻也同時在革命的發展所帶來的變化裡學習革命的價值。藉由如此，革命將會教育革命者，讓他們知曉革命的目的與意義為何。這是盧森堡與列寧最為不同的地方。列寧認為，他和那些與他有相同思想的知識分子菁英團體的職責，是去教育人們革命的意義並引導革命。而盧森堡認為，知識分子應該被革命的經驗所教育，被實際參與革命的工人所教育。如果你作為一名馬克思主義革命者進入工廠，發現工人們並沒有在爭論那些你認為他們所應該積極爭取的目標，你要做的並不是要教化他們，而是應該試圖去理解，為什麼他們沒有在爭論那些、你認為是革命價值的事物。當你理解了之後，你將更有能力去引領他們，因為你將會發現，他們是如何藉由試圖重新掌控自己的命運來理解自己的命運。而列寧完全不認同這一點。他不相信工人可以真正理解他們的命運。那是只有布爾什維克黨才能做得到的事。

當一九〇五年的俄羅斯革命逐漸平息時，列寧和盧森堡都認為自己的觀察與見解是正確的。列寧認為，這場革命失敗的原因是因為缺乏革命領袖。一九〇五年的革命沒有達到那個至少讓俄羅斯蛻變為資產階級主導的自由主義社會的階段，它甚至沒有讓沙皇政權做出最微小的讓步。列寧認為，如果他有機會，他原本可以推動革命，讓革命繼續前進。而對盧森堡來說，革命之所以失敗，與人們沒有能夠從革命的經驗中學習有關。參與那場革命的人，沒有對革命所帶來的種種契機抱持著足夠開放的心態，也沒有保持充分的警惕。要這麼做，人們需要的是更開廣的心胸。人們要能夠接受，也許工人革命的種子，隱藏在那些未曾被預料和未曾被探索的地方，因為沒有人能夠準確地規畫乃至預定自發性會如何開展。對盧森堡來說，真正的革命時刻會帶來新的和未曾預見的事物。而對列寧來說，革命應該到達它一直以來應該到達的地方。列寧認為，如果革命沒有到達應許之地，那是因為它沒有被正確引導。

到了一九一七年，俄羅斯又爆發了一場革命，而列寧和盧森堡對這場革命的看法全然一致。但這還不是列寧的革命，他的那場革命要等到同年的十月。這是一九〇五年後的第二次俄羅斯革命，也是一九一七年的第一次革命。這場所謂的二月革命是一場自由主義革命，它最終推翻了沙皇政權。沙皇政權在試圖發動並贏得第一次世界大戰失敗後，因為重重壓力而崩潰。這個政權在這場全球規模的衝突所造成的混亂和屠戮中瓦解，一如列寧和盧森堡所預見的那般。與一九〇五年的革命相仿，一九一七年二月革命最初的動力，是希望藉由選舉來建立一個新的憲政秩序，並確立權利法案以保障公共輿論和新聞自由化等權利，同時也致力於讓更多俄羅斯社會的群體參與民主決策。這是一場典型的自由主義革命，而對馬克思主義者來說，這也是一場資產階級的革命。同樣地，一些馬克思主義者再次主張我們應該旁觀這場革命，因為這不是我們的革命。然而，盧森堡和列寧再次表態指出：無論性質為何，這就是一場革命，而身為革命者，我們不應該袖手旁觀。更重要的是，他們都認為二月革命存在一個無法延續的內在矛盾，這意味著這場革命很快地就會演變為其他革命。自由主義的改革者致力於持續參與第一次世界大戰，致力於以更好、更人道、更有效率的方式參戰，並期望著這麼做或許能讓俄羅斯贏得勝利。但盧森堡和列寧知道，讓革命唯一有可能延續下去的作法，是徹底停止戰爭。這是革命者試圖藉由參與革命、主導革命以奪取政治權力，並終結俄羅斯參與第一次世界大戰的時刻。而這正是列寧所做的。第三次俄羅斯革命——一九一七年的第二次革命——就是布爾什維克革命。這場革命其實就是一場政變。列寧和布爾什維克黨內的少數成員奪取了權力，並且堅持住了夠長的時間，讓俄羅斯全面退出第一次世界大戰。

到了一九一八年三月，新成立的布爾什維克政權實際上終結了俄羅斯參戰。對外界許多人來說，這看起來是種近乎瘋狂的行為。但對盧森堡和列寧來說，這是最為關鍵的革命行動，哪怕在世界其他地方的外人看來，這被定義為全面投降。當時有許多人認為，這並不是在停止戰爭，也不是在拯救工人免於更多毫無意義的殺戮，而是直接投降。至於革命後的俄羅斯向誰投降呢？俄羅斯向軍國主義、帝國主義的德國投降了。德國在《布列斯特—立陶夫斯克條約》中，對俄羅斯提出了近乎嚴懲的要求，並成功讓俄羅斯同意締約。更糟的是，列寧讓俄羅斯投降的決定，似乎讓德國更有可能贏得這場戰爭，因為那之後德國不再需要在兩條戰線上作戰。乍看之下，當時正身處於德國監獄之中的羅莎．盧森堡，怎麼可能會認為這是一個好的決策呢？但盧森堡確實是這樣認為的。她認為列寧是真正的革命英雄。他不僅實現了一場真正的社會主義革命——或者至少他開始了一場真正的革命——而且還藉由讓帝國主義者彼此爭鬥，來使俄羅斯通過了其革命歷程所面對的首要考驗。這讓她倍感振奮。

當時的盧森堡之所以入獄，是因為她在同一時期，試圖在德國境內呼籲德國應該停止戰爭。這在專制德國這麼一個戰爭機器的眼中不僅是不忠於國家，甚至是叛國的罪行。在牢房裡，她將注意力轉向了俄羅斯接下來可能發生的事情。儘管她為了俄羅斯退出一戰感到狂喜，但她也擔心她與列寧之間長期存在的分歧會再次出現。而這一次，與列寧爭辯的風險要比之前都要來得高，因為現在列寧掌握了權力，而她則毫無權力。盧森堡在獄中寫了一本名為《俄羅斯革命》的小冊子，在其中她讚揚了列寧的勇氣及其歷史意義——她明確地表示，她認為列寧是人類歷史上最重要的人物之一——但與此同時，她也對他提出了極為嚴厲的批評。在某些面向上，她徹底地抨擊列寧的革命，批評的火力之猛烈讓列寧在盧森堡筆下近乎體無完膚。究竟是什麼在煩擾著盧森堡，讓她如此憤慨地寫作呢？她批評列寧的內容，一如她曾在一九〇五年所提出的批判：列寧主義太過於將權力集中，太過於強調社會控制，其結果是列寧的革命將會變得過於壓迫且殘酷。

到了一九一八年的春天，布爾什維克顯然已經開始實施恐怖統治。他們開始鎮壓並扼殺民主。對盧森堡來說（其實是對所有社會民主黨人來說），民主是社會主義革命不可或缺的一部分。列寧表面上也支持這個理念，聲稱他所做的一切都是為了建立一個真正的、屬於工人的民主，而這樣的民主將藉由無產階級專政來實現。但列寧堅持他所想像的民主，與自由主義社會那種虛假的、由資產階級選舉所構成、奠基在言論自由和公開辯論的民主毫無關係。他認為這種民主徒具空殼，而他之所以在一九一七年參與這樣的民主政治政治，其目的只是為了讓他能夠掌握權力，並決定什麼形態的民主最適合工人。與列寧相反，盧森堡仍舊堅信，參與革命意味著你應該要向普通人打開心扉，了解他們眼中所認為正在發生的一切，而不是教化他們。參與革命意味著試圖從一般大眾的角度來理解事態，哪怕群眾所深信的一切並不符合你的預期。這是一種對民主的定義，即民主政治應該也是出人意料的政治。盧森堡深信這一點，而列寧對此感到排斥。列寧認為，真正的民主政治永遠不應該存在任何驚喜。

在盧森堡看來，布爾什維克政權停止立憲議會的選舉並取消一九一七年新建立的自由（包括言論自由和新聞自由），是嚴重的錯誤。列寧放棄了這些自由，因為這樣的自由與他主導的革命無關。盧森堡認為，讓民主政治以某種形態持續存在，對任何革命來說，都是實踐其最終潛在目標所不可或缺的。她認為，列寧在革命有機會開展之前就扼殺了它，因為列寧缺乏了向革命學習，而非自以為是地引導革命的勇氣。然而，盧森堡在《俄羅斯革命》中的論點存在一個悖論。這本小書似乎同時指向兩個方向。她既讚美列寧又猛烈批評他，以至於你無法完全確信盧森堡的批評是否為嚴肅的論述。看起來，盧森堡確實認為列寧是一個絕對的英雄人物，但你也能感受到她似乎發覺，列寧很可能是一個怪物。但真正讓人困惑之處在於，她對列寧及其新政權在一九一八年的兩項政策提出批評，而她批評的原因是這些政策不夠中央集權。

盧森堡對列寧的批評

盧森堡指出，列寧所犯的第一個重大錯誤，與她所稱的「民族問題」有關。這涉及到俄羅斯帝國的構成部分，盧森堡認為，俄羅斯帝國內並不存在所謂的準國家，這些準國家——包括立陶宛、愛沙尼亞和拉脫維亞等波羅的海國家，以及像烏克蘭這樣的其他地區——都是虛構的國家和虛構的民族。她不認為，除了少數知識菁英的幻想外，烏克蘭全然不足以成為一個獨立的政治實體而存在。然而，當列寧掌權時，他沒有試圖將這個帝國內部的準國家維繫在一起。相反地，列寧允許它們與俄羅斯分裂。列寧與許多馬克思主義者相同（包括恩格斯），他們都認為讓不同的民族走上屬於自己的革命道路，是全然可以接受的。所以列寧暫時允許這些國家擁有自決權，而這個詞讓盧森堡聯想到伍德羅．威爾遜[1]和美國帝國資本主義所披上的民主外衣。在盧森堡看來，現在的列寧也開始說著他相信某種形式的民族自決，認為要維繫俄羅斯帝國的遺產過於困難，哪怕俄羅斯帝國至少曾經是一個跨國實體。於是乎，列寧允許這些國家走上自己的旅程，直到它們被重新納入俄羅斯的政治版圖為止（雖然這很快就發生了——烏克蘭於一九二二年被併入蘇聯）。盧森堡希望，列寧至少能堅持將這些國家扣在革命後的俄羅斯版圖裡。然而，與此同時，她也批評列寧過於集權、擁有過多的控制力。

她對列寧的另一項批評，是關於他的土地政策。而在本質上，這與她對列寧向民族自決妥協是同樣的批判。布爾什維克政權早期的一個決定，是不再試圖維持大規模的、俄羅斯帝國時期所殘留下來的半封建莊園。這些莊園是大多數農民的工作場域。在列寧主政之下，這些龐大的莊園被拆分成較小的、自給自足的土地，並返還給農民，讓他們得以進行小規模的農地重整。全面的公有制被推遲，成了未來待實現的政策。盧森堡認為這項政策也是一個嚴重的錯誤。為什麼呢？為什麼列寧在政治權利的中央集權上做得過多，卻又過於放任地允許大單位解體為小的自主單位呢？我認為，盧森堡對列寧這兩項政策的批評，與她從波蘭歷史中學到的教訓有關。作為一名國際主義者，她憎恨任何可能會讓民族主義抬頭的妥協。她還認為，俄羅斯對東波蘭的控制，使得波蘭成為一個更加先進的社會，並且在某些方面賦予了波蘭更多的革命潛能。俄羅斯帝國的規模，正是其革命潛力所在。拆分它，拆分土地，就是習得了錯誤的歷史教訓。這不僅僅是歷史上的錯誤，也是政治上的錯誤，因為最終，無論是重新整併農地還是國家，整合的過程將會比一開始就努力維持整個體系要來得更加殘酷和痛苦。列寧希望實現中央集權，但那是唯有在依照列寧所設想的條件下，他才會願意開始集權。在條件具足以前，列寧非常願意等待。而盧森堡認為，他的這種作法完全誤導了群眾。她認為，按照列寧設想的情境來行事，最終只會帶來災難性的後果。

1　伍德羅・威爾遜（Woodrow Wilson, 1856-1924）：代表民主黨參選並贏得選戰，成為美國第二十八任總統。威爾遜強調國際秩序立基於國際法及國家之間的互信，並認為各民族享有自決的權利，後人將其政治思想稱為「威爾遜主義」。

盧森堡的想法與列寧截然相反。她認為應該要先維繫既有的整體，而後讓內部的組織自行分化，而不是先分化內部組成後，再由外力強行重整聚合。換句話說，盧森堡相信，一場革命所需要的是最大範疇的革命，以便讓意料之外的事情發生。革命要保持農地莊園的規模，要保持帝國疆域的規模，然後讓這些大規模內的人民得以表達自我。革命者不應該壓制新聞自由、拆分土地，而是應該保持土地的完整，並開放新聞自由。不應該將帝國拆分為其內部的各個民族，而是應該維持帝國的完整，然後再賦予其內在所有不同的組成，在政治核心享有最大的發言權。而這麼做，需要的是真正的選舉制度和真正的民主代表。列寧做了截然相反的事。他所做的是分裂國家，卻保留狹隘的中央集權控制，於是被維繫的只是他個人的權力與他主導政黨的權力，但整體社會結構卻被分裂了。對盧森堡來說，這正是與馬克思主義的信念背道而馳。真正的工人革命所賦予的承諾，是將資本主義（無論是所謂「落後」的俄羅斯帝國資本主義，還是所謂「先進」的德國工業資本主義）已經合併且聚合的事物向民主開放。你必須擁抱你所接管的規模，而不是將它分裂、扼殺民主然後再試圖重建。後者所反映的，是革命者害怕承擔他們所應承擔的責任。

盧森堡對列寧革命的核心批判是，列寧永遠無法擺脫集權控制的階段。他的政權及其繼任者將保持著狹隘、非民主化的政治模式，並且只允許政治與社會按照黨的條件發展。她認為，任何向民主開放的可能性都會被無限期推遲，而她是對的。盧森堡始終相信，革命的本質在於它的起源。革命並沒有要經歷的階段，也沒有讓它變得合理的過程。革命從一開始就建立在它所賦予自身的框架內，因此，如果一場革命是從恐怖統治開始，如果革命從一開始就壓制言論自由、抱持著恐懼人民的念頭，如果它所做的第一件事就是剝奪人民的投票權，而不是賦予人民投票權，那麼這些事物也將構成革命的本質。她在《俄羅斯革命》中提出了一項根本問題：一場工人革命怎麼能夠以剝奪工人的投票權為開端？二月革命——那場資產階級的自由革命——已經賦予工人選舉權。而現在，列寧卻以工人革命的名義剝奪他們的選舉權。這就表明了往後一切革命的本質。這也是她對那些過於僵化卻又過於容易妥協之人的批評。僵化的正統觀念允許人們以最偏激的方式偏離正軌，因為他們認為無論自己做了什麼，都只是在邁向正軌的過渡階段而已。這樣的信念讓他們認為，現在所做的種種並不重要，因為他們最終會試圖將整個革命引向某個合理的結局。暫時放手——讓烏克蘭成為一個國家，讓農民接管土地——只是為了讓有一天，中央集權的政黨會重新整合一切。

盧森堡認為，這條路只會有一種發展方向。在試圖重新統合時，中央政黨將不會走向民主化。恰恰相反，中央政黨會變得更不容許民主存在。壓迫不會隨著重新整合而緩和，中央政黨只會變得更加壓迫、更加恐怖，也更加強制。如果在做出妥協時的政黨已經是一個威權政黨，那麼當它試圖回到所謂的「正軌」時，它也將會變得更加威權。布爾什維克永遠不會相信，有一天它可以放鬆中央對一切的控制。就算有那麼一天，他們可能會意識到這一點，但那也已經為時已晚。盧森堡所提倡的，是與此相反的路徑：革命後的國家應該在一開始有更多的團結、更少的控制，這樣才能讓真正的社會主義民主革命得以誕生。

盧森堡革命旅程的終點

她所說的，一場一開始就是民主政治的社會主義革命，是否能夠保持其民主性直到最後呢？這聽起來似乎過於理想，但誰知道呢？因為這種羅莎．盧森堡版本的革命社會主義從來沒有被實踐過。她對列寧的批評是否正確呢？是的，她的批判是正確的。她在一九一八年寫下的許多內容，在某些方面幾乎像是準確的預言。她準確預見列寧是具有世界歷史意義的人物，他在一九一七年做了一件完全非凡的事情。同時她也精準地預見到，列寧在一九一八年所創造的革命不會突然轉變為自由民主的社會主義，它將會保持其起源時的樣貌：一個恐怖統治的政權。她在其他方面，也精準地預言了事態的發展。她和列寧都明確認識到，俄羅斯退出戰爭並不意味著德國將會贏得戰爭。德國在俄羅斯投降後的一年內就輸掉了一戰，當德意志國家在戰敗後崩潰時，發生了德意志革命，而這正是盧森堡一生所追求的。歐洲最先進的工業國家，現在掌握在工人政黨社會民主黨手中。但這也意味著，它掌握在許多在一九一四年投票支持戰爭、到了一九一八年仍舊在位的那群政客手中。他們組成了臨時政府。盧森堡認為他們已經過度地向其他政治妥協。一九一四年支持戰爭的社會主義者，不應該被賦予信任去領導一九一八年的革命，於是盧森堡推動了更激進的改革。出獄後，她再一次成為名副其實的革命者。她開始呼籲更多的民主，更多的工人控制，更多的自發性。她要為真正的社會主義革命而奮鬥。

這一次，盧森堡的革命旅程並沒有延續太久。她被其他人說服，也犯下了致命錯誤。這是屬於盧森堡的重大錯誤決策，雖然決策失敗所影響的規模遠小於列寧的任何決定，但對盧森堡而言，這卻帶來災難的終局。她同意參與一場類布爾什維克的政變。她所組織的小型革命團體——被稱為「斯巴達克斯同盟」（Spartacus League）——於一九一九年一月五日試圖推翻柏林的新政權。他們試圖部署少數人員，針對臨時政府所接管的各層級政府辦公室發動攻擊，然後再召集工人來支援他們。一如當年列寧的布爾什維克在俄羅斯所做的那般。盧森堡對此抱有疑慮。她不確定這是否能成功，也不確定這樣的革命行動是否有足夠的自發性。在她看來，真正的布爾什維克革命，遠比這種模仿俄羅斯革命的德國革命更具自發性。但策畫這場革命的是她的朋友，而她是一名革命者，這也是一場明確的革命。因此，她必須要做點什麼。於是，盧森堡加入了革命，並領導這場行動。然而，她的疑慮是正確的：斯巴達克斯同盟起義很快失敗。起義開始的十天後，革命的兩位領袖卡爾．李卜克內西和羅莎．盧森堡被反革命的準軍事部隊逮捕並祕密槍殺。羅莎．盧森堡的屍體被丟棄在柏林的一條運河中，直到夏天才被人發現。儘管在她失蹤的當下，人們普遍認為她已經遇害。

一九一九年一月，社會學家馬克斯．韋伯在慕尼黑發表了著名的〈政治作為一種志業〉（politics as a vocation）的演講，演講的內容強烈暗示他深切反思過李卜克內西和盧森堡的命運。他用一句冷酷且不帶感情的話，來描述他們所代表的革命政治：「行動於刀劍之下者，亦將死於刀劍。」韋伯沒有為羅莎．盧森堡流下任何一滴淚。而且，韋伯的話不僅無情，更是極其不公。

我認為韋伯的評語並不公允，有兩個主要理由。首先是因為，盧森堡和韋伯有些共同點。他們的政治觀點不同，但他們有著共同的政治直覺。他們同樣明白，任何形式的革命政治都存在一種深層的危險，那就是革命政治往往假設，只要革命者心中有一個能超越行動當下的妥協的目標，那麼革命當下的選擇與妥協——革命必然會與暴力做出某種可怕的妥協——就不重要。換句話說，他們本能地對僵化的革命心態抱持不信任的態度，而那種革命心態固執地認為，革命有些階段不那麼重要。例如革命在抗爭時期所必經的殺戮階段不重要，革命鞏固時期可能會經歷的恐怖統治階段不重要，因為在這些階段之後，我們終將會到達革命的應許之地。韋伯和盧森堡都認為，抱持這種想法的人是最危險的人。盧森堡本身是個革命者，並在帶有這種性質的革命中喪生，而韋伯則是這類革命政治的反對者。但這並不意味著，他們對這類革命沒有共同的理解。他們都犯過錯。盧森堡在生命的最後一年中，對列寧主義的寫作與批判，遠比韋伯所寫的要更具遠見和勇氣。在一九一八年，韋伯曾稱列寧主義是一場迷人的實驗。而盧森堡雖然認為列寧的革命是世界歷史上發生過最偉大的事情，她卻在自己的牢房中預見這個實驗注定會成為一場災難。

其評語不公的另一個原因是什麼？我認為盧森堡會如此回應：是的，行動於刀劍之下者，或許終將死於刀劍。但那些拿起刀劍生活的人，那些過著革命生活的人，那些真正試圖改變這個僵化且無情的世界秩序之人，至少他們真真正正地活過。

羅莎．盧森堡

(Rosa Luxemburg, 1871-1919)

盧森堡在一八七一年三月五日出生於俄羅斯統治下的波蘭的一個猶太家庭。童年的疾病使她不良於行。她從很年輕的時候就開始參與政治活動。在她的青少年時期，盧森堡與波蘭無產階級政黨一起組織了一場大罷工。由於她早就與當局對立，她移民到瑞士，並在那裡完成了關於波蘭工業發展的博士學位。在世紀之交，擁有高度發達的工業和強大的社會主義運動的德國，成為了馬克思主義抗爭運動的核心。為了獲得德國國籍，盧森堡與一位家族世交的兒子結婚（後來又離婚）。她定居於柏林，加入了社會民主黨的左翼派系，並開始呼籲革命。這使她與黨內其他希望藉由改革來實現轉變的成員產生了分歧。在二十世紀初，盧森堡發表了對德國軍國主義和帝國主義的犀利批判，並不斷進出監獄。一九〇七年，她前往倫敦，在那裡結識了其他革命者，包括弗拉迪米爾．列寧。她的主要關懷是要號召歐洲工人反對日益逼近的戰爭。當她所在的政黨在一九一四年壓倒性地支持戰時預算時，她曾考慮過自殺。但最終，她聯合創建了斯巴達克斯同盟，一個以反抗羅馬帝國的角鬥士斯巴達克斯為名的反戰運動。斯巴達克斯同盟呼籲進行反戰大罷工，這再次導致盧森堡被捕。在獄中的兩年半裡，她繼續寫作不輟，這期間她也撰寫了她對列寧式布爾什維克革命的批判與讚揚。盧森堡是一位堅定的革命者，但她同時也是一位民主主義者，堅信新聞自由和集會權。盧森堡於一九一八年十一月停戰協議簽署的三天前獲釋。與斯巴達克斯同盟的共同創建者卡爾．李卜克內西團聚後，她幫助成立了德國共產黨（Communist Party of Germany，簡稱ＫＰＤ）。

一九一九年一月，革命熱潮再次席捲柏林，盧森堡和李卜克內西支持了一場政變。作為回應，德國總理（也是盧森堡前一個政黨同志）指示右翼準軍事組織「自由軍團」徹底鎮壓左翼分子。一九一九年一月十五日，盧森堡和李卜克內西遭到逮捕並被槍殺。四個月後，盧森堡的屍體在柏林的蘭德維爾運河中被發現。盧森堡一生過著徹底的革命生活，儘管她曾說自己「天生是為放鵝而生」。她與革命同志里奧·約基西斯（Leo Jogiches）之間有著數十年反覆波折的關係。她非常喜愛她的貓咪。據說列寧曾試圖藉由誇獎這隻貓來討好盧森堡，但貓咪可能傳承了主人性格，當列寧試圖撫摸她時，貓咪揮爪打了他的手。

第七章

施密特論朋友與敵人的區別

《政治性的概念》

(*THE CONCEPT OF THE POLITICAL*, 1928/1932)

- 為什麼要讀施密特？
- 自由與民主的對比
- 對自由民主政治的批判
- 兼容自由民主的威瑪憲法
- 政治本質在於敵友之別
- 施密特之於今日政治的影響

為什麼要讀施密特？

卡爾·施密特這個人的一生，存在著一件不但無法迴避，甚至必須直視的關鍵事實：施密特曾經是個納粹。談到他是名納粹，並不單純只是像現今的人們往往會在社群媒體上用「這個人根本就是個納粹」或「這完全就是納粹言論」這樣的形容，來描述那些令他們憎惡的言論，或散播這類言論的人。誠然，卡爾·施密特的言論確實有諸多令人憎惡之處。但當我說「施密特曾經是個納粹」時，我的意思是他是名真正的、持有黨證的納粹黨員。從一九三三至一九三六年間，他曾經是國家社會主義德國工人黨的一名黨員。

在希特勒上台後不久，施密特便加入納粹黨。他在三年之後退出了該政黨，但這短短三年期間，他成為了納粹法律哲學的知名代言人。他不遺餘力地推廣一種與納粹意識形態、尤其是納粹的種族意識形態相互呼應的思維。儘管如此，對於當時的某些人來說，他所做的努力顯然還不充分。他受到納粹黨衛軍的質疑，並因為不忠於黨政的嫌疑而遭到調查，儘管最終他並未遭受政治迫害與清算。他是自願退出納粹黨的。他並沒有成為納粹的眾矢之的，但至少在他自己看來，他變成了納粹政權中的某種局外人。在第三帝國接下來的統治裡（又或者如納粹黨人所自稱的「千年帝國」，雖然實際上從施密特退黨到納粹垮台只餘下九年的光景），施密特留在德國，保有他的教授職位，也持續教學研究與出版著述。他當然也持續與統治當局合作。更甚者，他也必須為納粹政權最罄竹難書的某些作為負起責任。他持續公開支持希特勒的各項政策，其中包括了所謂的「生存空間」[1]概念，而這個原則被用來正當化納粹德國向東擴張的野心。他參與納粹政權之深，幾乎使他成了納粹的共謀，而這也足以導致他在戰後被逮捕羈押於紐倫堡，並成為潛在的被告。美國人對他進行了調查和訊問，並曾經考慮要以戰爭罪起訴他。但最終，他被釋放了。

施密特在這些訊問中的辯詞是，他太晚認識到希特勒政權的本質。以他在當時被譽為德國最傑出的法律與政治學者之聲名而言，這樣的辯詞顯得相當薄弱。那麼，如果他是一位名副其實的納粹，為什麼時至今日我們還要閱讀他的論述呢？在今天，對於「為什麼要讀施密特？」這樣的問題，最常見的智識解釋是，那些讓他在現今依舊享有重要思想家之聲譽的著作，主要都出版於一九三三年之前。換句話說，是在他成為納粹之前所出版的。這些著作也包含了本章所要討論的書籍：《政治性的概念》。這本書初成於一九二八年，並於一九三二年出版，當時正值威瑪共和的最後時期。在那時候，施密特還不是一名納粹；事實上，從某些角度上來說，他還是當時法西斯主義的重要批判者，也是威瑪共和的重要捍衛者，哪怕這必須附帶一些說明。他對威瑪共和的辯護有些奇特，因為他同時也扮演了堅定批判威瑪政權的角色。他認為威瑪的政治體系搖搖欲墜，組成不良。其政權的構成欠缺深思熟慮，制度上與實務上都過於軟弱、混亂，最終致使它無

1 生存空間（Lebensraum）：德國地理學家拉采爾（Friedrich Ratzel, 1844-1904）在十九世紀末提出此概念，將「物種發展取決於對環境的適應性」此一生物學概念與社會達爾文主義相結合，認為國家（如同有機生物）需要生存空間，而透過武力擴張領土、增加生存空間是必然的現象。

法保護自身免於敵人的攻擊。他認為威瑪的敵人中，包含了納粹以及那些同樣想推翻現有憲政秩序的革命左派。但考量到卡爾．施密特後來加入了敵人的那一方，加入了那些最終因為摧毀了威瑪共和而取得勝利的人那一方，使得我們不得不追問：如果施密特是威瑪共和的朋友，那麼有這麼一位朋友，有誰還需要敵人？

讓我們回過頭來反思一下上一段的問題，在今天，為什麼我們**還要讀**施密特？答案當然不會因為他是個納粹，也不是因為他在成為納粹之前，曾經對納粹意識形態的立場猶疑不決，或是他曾經為了威瑪共和做出模棱兩可的辯護。我們之所以在今天還需要讀卡爾．施密特的理由，在於他對威瑪共和的批判。這並不是一種基於法西斯意識形態而來的批判，那是在日後才會發生的轉變。施密特對於威瑪政治的原始批判，源於他試圖解開兩個已然混淆的概念。他認為這兩個概念經常被混為一談，彷彿它們是彼此相互支持的。但施密特認為，人們必須要清楚地意識到它們之間的不同，而這之於政治來說至關重要。他的這個論點在今天仍然深具重要性，因為時至今日，我們依然認為這兩個施密特所分析的概念是緊密相連的。這兩個概念，就是自由主義與民主，或者，用我們今天常見的通稱來說，就是「自由民主」這個詞彙。人們很容易設想，自由與民主兩個概念的結合是出於某種必然，彷彿自由主義和民主必然是相互呼應的。施密特想讓我們明白的是，這兩個概念其實並不相合。如果我們無法意識到它們為什麼不相合，我們可能會發現自己無法捍衛兩者之間的任一概念。我們可能無法捍衛自由主義，或無法捍衛民主政治。這是他對威瑪共和的批判，但這樣的批判也隱含了他支持威瑪共和的宣言。施密特的批判指出，威瑪政治的缺陷，體現了一種無法捍衛某些可能真正值得捍衛的事物的失敗。

自由與民主的對比

那麼，施密特認為我們應該要如何分辨自由主義和民主這樣的政治概念呢？他對這兩者做出了明確的、幾乎是程式一般的區別。對施密特來說，自由主義關乎個體。它頌揚個人的個體身分及其完整性，因此，它也宣揚個體之間的差異和多樣性。我們都是單一個體——我們都是我們自身——所以我們都是不同的。正因如此，自由主義也頌揚異質性、多樣性和自我表述。此外，施密特認為自由主義是一種奠基於論述的政治形態。他認為，自由主義者最喜歡做的事就是對政治發表論述，然後毫無止歇地議論下去。

在這裡需要強調的是，我們討論的，是小寫的自由主義者。我們在此所討論的、施密特筆下的「自由主義」與「自由主義者」，並不是那些以「自由」或「自由民主」為名自居的政黨，也不是現今北美政治語彙中常見的當代「自由主義」定義，北美的「自由主義」涵義幾乎等同於左翼或追求所謂「進步政治」的政治訴求。然而施密特所談論的，是可以追溯回十九世紀初期的一種歐洲思想傳統，這種傳統的代表人物包括了班雅明．康斯坦、托克維爾和約翰．斯圖爾特．彌爾。這些人認為自由主義的原則是用來捍衛個人自由，抵禦那些可能壓制自由的力量（而這包含了宗教、政治，甚至智識的力量）。這種自由主義傾向認為，解決政治問題最理想的方式，是藉由匯集不同的觀點並進行辯論。自由主義政治的典型情境是一個議會或集會，將所有對立的意見和觀點匯聚在一起，並藉由議論來試圖達成自由主義政治的聖杯：共識。如果無法凝聚共識，那麼退而求其次的選擇就是妥協。自由主義是一種尋求達成協議的過程，如果無法達成協議，那討論就必須持續下去。愈是困難的問題，愈是需要人們參與討論。對施密特來說，這就是自由主義的政治形態。

在施密特看來，這與他所理解的民主政治形成顯著的對比，因為民主作為一種政治形式，比自由主義有著更悠久的歷史，也更遠於現代世界。古希臘人並不是任何意義上的自由主義者，但其中有些人是民主主義者（同樣地，這裡指的是小寫的民主政治，而不是任何以「民主」自居的政黨及其政治訴求）。根據施密特的說法，民主政治的原則並不是個人主義，而是集體主義。民主政治的基本特徵是多數決的統治。這是一種由多數人統治的政治，他們共同擔負治理的職責，彷彿所謂的「多數人」有著一個單一的意見。因此，民主政治預設了某種同質性。首先必須要存在著集體身分，才能讓群體──多數人──以一個整體的方式對政治發聲。

個體與集體的對比，異質性與同質性對比，這是自由主義與民主政治在本質上存在的差異。但對施密特來說，這兩者之間最主要的差異在於，民主政治並不涉及任何議論。民主政治是全然關乎政治決策的政治。它本質上是一種決斷性的政治形式。在做出決策之前可能會有討論，但決策──用投票的方式做出政治抉擇──才是民主政治的核心。而這必然會創造政治上的贏家和輸家，因為儘管群體已然發聲了，但群體中的某些成員（那些在選舉中敗下陣來的少數派）的意見，並不會被透過選舉所做出的決策直接代表，哪怕他們必然會受到決策的影響。此外，群體之外的人更是根本不會在決策的過程中被代表。決策是議論的終點。即使決策不是最後的結論，一旦一個議題透過選舉的方式得到解決，就意味著議題終止，人們該開始討論其他議題。

換句話說，當自由主義者遇到某個政治課題時，他們會想對它發表議論進而展開辯論，而當民主主義者遇到某個政治議題時，他們會想選擇其中的一方進行投票從而針對議題做出決定。兩者之間顯著的差異，讓施密特難以理解為什麼人們經常假設自由主義和民主政治是自然而然地相輔相成的。其中一方是個體主義的、異質的、充斥議論的，但另一方卻是集體主義的、同質的、決斷性的。那麼，施密特自己有選擇站在哪一方嗎？施密特經常被視為是站在民主的一方而**反對**自由主義的人。他有時被直接冠上「決斷論者」(decisionist) 的名號，而這個名號隱含的深意是，施密特的政治哲學將做出決策的需求置於一切之上，意味著他希望人們停止討論政治課題，而是直接對政治課題做出決定。這一理念的根源，可以追溯到霍布斯。施密特對霍布斯進行了深入的研究，他頻繁書寫關於霍布斯的政治哲學的論文，並時不時批評霍布斯的思想；整體說來，他對政治有著深刻的、霍布斯式的理解。與此同時，他經常犀利地批判自由主義的理念和自由主義的精神。他在第一次世界大戰後撰寫了好幾本書，以各種不同的方式挑戰現狀。而他認為，這是一種正在被柔弱或空洞的自由主義逐步滲透的現狀。

對自由民主政治的批判

在施密特看來，自由主義的核心問題是，它很容易與其他「主義」產生互動，並逐漸偏離其宗旨。例如，自由主義很容易與國際主義產生密切關聯，因為自由主義者認為個體差異比國家差異來得重要，從而使得他們不怎麼著重國家的範疇和疆界，認為這些都是用來排斥其他個體的概念，也因此在本質上是排他性的。而自由主義者的理念與此相反；他們總是試圖找到一種方法，得以將所有不同的概念納入政治範疇。國際主義與另一個更模糊的概念——人道主義相距不遠，這個概念認為政治最終極的單位是人類整體，我們每一個個人都是因為屬於人類這樣的整體而擁有權利。這個概念最為直接的影響，在於衍生出「普世人權」這種政治語言。施密特對「人類」作為任何分析的基準抱持高度的懷疑——「人類」作為一個分析範疇，若不是空洞而無實質內容，就是出於某些人的一廂情願。他同樣也懷疑那些以「人類」之名行事的人，因為這些人可以透過「人道」之名指涉任何他們想追求的事物。對施密特來說，人道主義雖然宣稱其代表了某種普世價值，但它不過是自居旁觀者之位而對真實的政治袖手旁觀。而這也體現在與人道主義結合的自由主義。視自由為普世價值的自由普世主義，也是施密特深感厭煩之物。他認為，任何宣稱具備普世性的事物都缺乏真正的涵義，因為這不過表示世界上不存在能與之對照的事物來界定它的存在。

在一九一九年，施密特出版了一本名為《政治的浪漫派》（*Political Romanticism*）的書。在這本書裡，他還揭露了自由主義中的浪漫主義傾向，或者說浪漫主義中所存有的自由主義痕跡。他認為，自由主義者經常只是喜歡自己的議論得以弘揚並受到重視。自由主義者喜歡議論的原因之一，在於他們喜歡藉由發表議論來感受人們對其看法的重視。這種對自我的關切是發自內心的，而浪漫主義者的行動也體現了這種偏好。這是種關乎「真實的我」的行為準則，總是在訴諸他人的關注並疾呼：「請聽聽我的意見！」此外，施密特還把自由主義與另一種「主義」連結在一起。他所發明的這個詞彙沒有成為流行，但即使在現今，這個詞彙聽起來也非常有趣。施密特提出有一種所謂的「機運主義」（occasionalism）或「機運主義者」，而他所指的是，那些在政治中特別喜歡抓住機運、一有機會就想把握得以站上舞台表現自我、並向群眾公開展示自我內心的人。機運主義者就和浪漫主義者一樣，想要抒發情感、表述激情並向人們展示關懷。施密特認為，自由主義者總是輕易屈服於這兩種主義，而這是因為他們同樣傾向於這種虛榮心的展演：自由主義者總是過於淺薄、表演欲過強，且缺乏毅力。

正因如此，他對自由主義的批判，有一部分在於自由主義的軟弱。這是一種軟弱的政治形式，因為它欠缺政治所必需的決斷力。但如果這是他對自由主義的唯一見解，那麼他也不會成為如此饒富趣味的政治作家。有趣的是，除了批評之外，他發現了自由主義的另一個面向。我們可以稱其為對自由主義的嘲諷，但我認為施密特所要論述的比嘲諷要來得更深刻一些。這更近乎剖析自由主義思想的核心悖論，那就是當自由主義不是過於軟弱，就會變得太過強勢。當自由主義從內省模式中走出來時，它往往會變得自我膨脹，甚至涵蓋了人類生活的全貌（而非僅止於一種政治理念）。施密特認為，這一點在他當時生活的周遭隨處可見。一方面，他認為自由主義的基礎上存在一種反政治的傾向，因為自由主義者想要限縮國家權力，以保護個人免受國家任意干預。自由主義者喜歡創造屏障阻止國家的行動，這樣個人就可以藏身於在這些屏障之後而得到安全庇護。對施密特來說，這就是為什麼自由主義者經常難以做出決策，因為他們不喜歡強行干涉人們的生活。但施密特也注意到，當這些自由主義者開始掌握權力時，他們所謂的「被限縮的政治」有時候卻變得毫無節制。這其中的問題在於，根據自由主義的內在邏輯，**任何事物**都有可能演變成政治問題，正是因為自由主義者希望將每個人都視為有價值的存有，因此每一項意見、每一個觀點、每一種輕視、每一次傷害、每一次侮辱，都會被視為政治問題而由政治來解決。正因如此，自由主義者不知道政治的範疇該在哪裡劃下終止。最終，自由主義政治擴展到人類生活的各個領域，而這種擴張是不存在自由主義政治的內在屏障，因為任何事物都可能具有政治性，但凡任何事物都可能帶來痛苦、可能傷人，或是構成一種侮辱或冒犯。也因此，任何事物都可能對個人造成損害，於是全都可能遭受到政治以保障個人之名來處置。對施密特來說，這體現了自由主義真正的危險之處。當自由主義者掌握權力時，他們既有可能毫無作為（因為忙於議論），但也有可能以政治之名做出任何事，而這使得自由主義比民主政治變得更加危險。

與自由主義相比，民主政治是有界限的。民主政治存在著國家疆界的限制，也存在著必須接受贏家和輸家的存在這麼一個基於事實的限制。自由主義者的一個問題在於，無論是出於虛榮還是原則，他們從來無法果斷地說出：「這不是我們的問題」、「這個問題不屬於我們這個政治社群」、「請把這個問題帶到其他社群討論」，又或是「等到之後再來處理」。他們也無法更直白地對某些人說：「你不屬於我們的群體，你不屬於我們的部落。我們對你的處境不感興趣，你可能只是運氣不好，但現實生活有時就是如此。」自由主義暗示著每個人的問題，都有可能成為我們這個社群的政治問題。但在民主政治中，如果你不屬於能夠做出政治決定的群體，那麼你在決策過程中就無關緊要，甚至就算你是有權參與決策的群體一員，你也可成為在選舉中落敗的那一方。除此之外，在民主政治中，人們永遠不能說，失敗者的看法與勝利者的看法具有同等分量，一旦保持了這樣的觀點，那麼人們將永遠無法依循民主政治的原則做出決策，因為這意味著失敗者得以對勝利者實行否決權。施密特確實認為，某些自由民主政治體制的最大問題，正是自由主義在其中引入過多否決權，從而影響了民主政治的決策力。

基於以上種種理由，施密特看來似乎是站在民主政治的一側，而反對自由主義。但實情遠比這來得更為複雜，而部分的原因在於，世界本來就比這種二元分析所顯示的要複雜得多。世界並不是簡單劃分為空洞或瘋狂自我膨脹的自由主義政權，與強健、無情且排外的民主政權。在施密特寫作的時代，許多政權同時兼具了部分的自由主義和部分的民主政治特徵，這在歐洲尤其如此，儘管其中大多數的國家在不久後的將來，都會在希特勒手中潰敗崩塌。但施密特也充分了解歷史的重要，他知道有些政權在成為民主政權之前曾經是自由主義的政權，正如有些政權——這可以追溯到古希臘雅典——在成為自由主義政權之前曾是民主政權。每種政權都有其長處和弱點。最著名的例子之一，是一個並非民主但卻享有自由的國家，而這就是前民主的英國。更準確地說，是十八世紀末、十九世紀初的英國，那個備受班雅明．康斯坦仰慕，並稱之為自由之家的國度，也有許多歐洲作家將英國視為自由主義政治的典範。它體現了法治的精神，體現了對私有財產的尊重，也免於最嚴重的宗教衝突，並擁有一個議會，能夠在其中對各種議題進行討論和辯論。然而，這也是一個能夠果斷採取行動，並非常擅長捍衛政權的議會。施密特對威瑪共和的批判之一就在於，威瑪共和中的自由主義元素，使得它的政治不斷地猶豫反覆，最終無法果決地捍衛自身。威瑪共和總是忙於對所有事務感到擔憂，以至於無法集中精力對抗其最致命的敵人。相比之下，十八世紀末到十九世紀初的英國作為一個奉行自由主義原則的國家，尤其擅長辨別、應對和擊敗敵人。這個國家成功發動對拿破崙的戰爭。在當時，沒有人能看著那個時期的英國——小威廉．皮特[2]治理下的英國——而宣稱，因為那個時期的英國是一個享有議會政治的自由主義政權，故而不曉得如何有效捍衛自身。

一個自由主義政權捍衛自己的方法之一，是在必要的時刻暫時懸置其自由主義原則。英國在與革命後法國的戰爭期間就做出這麼一個政治抉擇：因為戰爭之需，暫時懸置了其自由主義政治，它成為更加壓迫的國家——在某些方面，它甚至將自己變成了準警察國家，壓制了大多數形式的異議——但它並沒有因此變得更加民主。要一直到十九世紀後期，英國的政治才開始往民主政治靠攏。決斷力極強的自由主義，並不是一種自相矛盾的政治存有。這在歐洲的歷史中是顯而易見的，而這也是為什麼施密特的矛頭不能單純指向自由主義。他真正的不滿，在於當自由主義和民主政治糾纏不清後所產生的事態，而他對此一事態的案例研究正是威瑪共和時期的德國。他從一開始就看見，威瑪共和試圖同時兼具這兩個特徵——想維持一個既自由又民主的政權。但在他看來，這種雙重標準正是其致命之處，而這致命的弱點被明確寫入其憲法的核心。

兼容自由民主的威瑪憲法

威瑪共和憲法是一份真正非凡卓絕的思想文本。施密特認為，這同時也是一份充斥著幻想的文本——也許就這點上來說，施密特並沒有錯——因為威瑪共和憲法預設了在政治上可以同時達成的所有美好事物：它讓人們得以同時成為一個好的自由主義者、一個好的民主主義者，甚至是一個好的社會主義者。威瑪共和憲法捍衛所有基本的自由主義權利——言論自由、結社自由、財產自由，包括大多數形式的私有財產。它以個人隱私和個體差異的名義，提供個人保障使其得以免受國家專制統治的侵害。但這同時也是一份深具民主政治色彩的文件。它談論了德國人民的意志，並試圖促進這一意志有著統一且一致的表述方式。它試圖藉由總統制來實踐這一理念，而總統制又是奠基於一人一票的典型民主原則。自由主義者預期一人一票將導致多元化的聲音，而民主則假定這將產生一個統一的聲音。威瑪憲法似乎假設這兩者可以同時成立。

2 小威廉．皮特（William Pitt the Younger, 1759-1806）：一七八三年擔任英國首相，當時他二十四歲，至今仍然是英國史上最年輕的首相。

對施密特來說，這份自由民主憲法是自相矛盾的。而這充分地體現在威瑪共和憲法中確立了與總統制並存的議會制度。德國議會——帝國議會[3]——掌握著立法權。在威瑪共和時期，議會是基於比例代表制（proportional representation）的選舉程序所產生的，而對施密特來說，這正是自由主義和民主思想混淆的例證。比例代表制的自由主義元素是其比例元素。比例代表制的投票系統推崇差異性和多樣性。他們希望避免出現只有兩個政黨競奪誰得以代表人民這個群體的情況，而這正是在簡單多數決（first past the post）的投票系統下時常發生的憾事。他們試圖讓所有不同的聲音得以進入議會。即便這意味著議會將由十個甚至更多政黨所組成，即便這意味著政府必須藉由各種聯盟、共識和妥協來形成，那也無妨。實際上，自由主義者甚至會認為這正是一個好的政治所應有的樣貌，因為共識、妥協和聯盟正是自由主義理念眼中好的政治所應具備的形態。然而，這並不是純粹的自由主義政治，因為這些代表仍然是民選的代表，而他們要對其選民負責。他們在追求自由主義協議的同時，仍然必須實行民主政治。

在威瑪共和時期，民選代表不同於十八世紀末英國議會政治中的菁英。講白了，英國議會政治中的國會議員不必太在意選民對他們的看法，因為當時的選民並不多。但在威瑪共和時期，憲法賦予了年滿二十歲的男性和女性普選權，這在當時來說，是相當廣大的選民基礎（遠比一九一八年英國的還要廣大）。但由於這是一個比例代表制的系統，威瑪共和時期的政治人物經常關注其所負責的、被切割成小團體的選民對他們的看法，因為他們必須對這些選民負責。因此，這最終形成了民主政治與自由主義政治這兩種政治場域中，所能構成最糟糕的局面：威瑪共和的自由民主政治缺乏決斷力、充斥著議論，卻又有著激烈的政治競爭，政治人物必須不斷嘗試在那些根本無法妥協的人之間追求妥協，因為這些人來到議會，是為了代表國內特定人群藉由民主代表制所追求利益。如果他們不為讓他們得以當選的各式社群發聲（包含基督新教徒或天主教徒、農民工人或學生、北方人或南方人），他們就會被其他政治人物取代。這種政治構成了不同地域乃至不同社會身分之間的對立。而施密特對此的想法是，如果你要實行某種身分政治，那麼民選代表在議會中必須要有得以變更立場的自由。這是自由主義能夠運作的唯一形式，政治人物必須能夠隨時轉換其身分認同，以反映異質的個體。施密特認為，身分政治和民主政治的結合不可能走得長遠，因為這兩者在概念上相互排斥。身分政治體現了身分的異質性，而民主政治總是訴諸整體。

以身分政治為基礎的民主政治之所以無法運作，具體體現在這種政治全然無力抵抗一種政黨——那種對任何形式的政治聯盟、對共識與妥協毫無興趣，而單純想要藉由參與這樣的體制來徹底推翻整個體制的政黨。當威瑪共和的議會還在辯論政治卻無法達成共識時，極左和極右的政黨都正在密謀摧毀它。施密特認為，除非能將威瑪共和憲法中的民主政治要素與自由主義要素區分開，否則將無法有效捍衛威瑪共和。要在一個自由民主的憲法中捍衛自由主義原則，必須要能讓民主政治擺脫自由主義原則的束縛，才能採取保護其免受威脅的果斷行動。施密特挪用了一個

3 帝國議會（Reichstag）：此處指德國威瑪共和國時期的國會下議院。

概念來提出這一論點，而這是他借用自古羅馬政治的一個概念。他在一本寫成於威瑪共和初期的書中闡述了這樣一個概念：獨裁者。對我們來說，獨裁者的出現意味著憲政政治的終結，它象徵著個人統治、暴政，與威權主義。然而，在古羅馬政治的原初思維裡，獨裁者是憲政政府中正常運作的一個短暫插曲，是在一個體制開始失去自我防禦能力時，臨時徵召一位具備強大果斷行動力的行動者，來完成捍衛體制這一艱巨任務的權宜之計。獨裁者的職責是保護共和國免受敵人威脅，然後在任務完成後歸還權力。在現代的脈絡下，施密特認為，這種接受獨裁者捍衛的憲法，沒有理由不能夠同時也是一部自由主義的憲法。

政治本質在於敵友之別

對施密特來說，這正是政治的本質：識別敵人。在《政治性的概念》中，他指出，我們只能藉由一種特定的區隔來定義政治。這無所謂好壞，也不論美醜。政治既不是一種道德判斷，也不是美學領域的判斷。政治也不是經濟活動，無關乎區分利弊。政治只關於「朋友／敵人」的區隔。施密特認為，這**就是**政治性的概念。在政治場域中，真正重要的是要能夠區辨哪些人同屬於我們的社群，讓我們能夠做出集體決策，而那些使我們無法做出這些決策的人必須被排除。包容與排除是政治的本質，一個因為忙於辯論、爭論或虛張聲勢而無法劃清這條界線的政權——過於注重場合與程序而沒有時間做出決策的政權——必須要能有自救的方案來做出這樣的區隔。古羅馬的作法是暫時懸置憲法，跳脫出既有的憲政秩序，以便做出純粹的政治抉擇，確定我們能容忍誰，也確定我們必須要排除誰。然後，在排除不可容忍的人之後，獨裁者將會重新確立先前暫時被閒置的憲政秩序。這樣的憲政秩序可以是一種自由主義的憲政秩序。但自由主義憲政秩序要能夠延續，唯有在必要時得以跳出自身的框架來拯救自己。

如果說施密特也有一句屬於他的哲學名句，那就是：「主權者是決定例外狀態之人。」他認為，在任何政權（包含了自由主義政權），擁有主權必須意味著擁有在必要時刻得以決定暫時懸置既有規則的能力。這是施密特對政治的基本理解的一部分，即我們面臨的一些政治情境將是例外的，而這種例外往往是極其危險、極具威脅或極具挑戰性的政治難題。因此，我們會需要例外的解決方案。完全基於「常規」而無「例外」的政治是不可能的，這樣的政治只是一場自由主義的白日夢罷了。

在威瑪共和的脈絡下，這意味著訴諸賦予共和國的總統擁有例外權力。威瑪憲法其中存在著這麼一條條款——憲法第四十八條——明文規定了當議會無法正常運作時，總統可以也應當介入，暫停議會政府的運作。實質上，儘管憲法並未使用那樣的語言，但這是無疑一種古羅馬式的獨裁者授權。總統將得以暫停議會，必要時甚至可以藉由排除部分民選議員或更改規則來拯救議會。那麼，這種屬於總統的例外權力從何而來？對施密特來說，這源於一項事實，即根據威瑪憲法，總統是唯一能夠代表整個國家的人，因為總統是唯一由全體人民選舉產生的代表。

這是純粹的民主政治在拯救自由主義，免於受那毫無成效的自由民主集合體纏繞而窒息。在危機的時刻裡，總統政治必須優先於議會政治：這正是憲法第四十八條的作用所在。在致使威瑪共和時期結束的那場危機裡，總統政治確實壓倒了議會政治。在那個時刻，憲法第四十八條被援引，法治秩序被暫時懸置，而在那不久之後，希特勒掌權。我會在本章的結尾重新回到這個時刻，來討論它對施密特的論點來說，意味著什麼樣的問題。

但在那之前，我想再多說一些關於施密特對威瑪共和作為無效的自由民主政治的終極案例的批判。正如在十八世紀末和十九世紀初，總有一些自由政權能夠捍衛自身一樣，在十九世紀末和二十世紀初，也有一些自由民主政權能夠捍衛他們自己。到了一九一八年，當時世界上最強大的國家是一個自由民主集合體的國家：美國。美國擁有一部同時包含自由主義與民主政治的憲法，賦予美國人民得以藉由總統發聲的權力，哪怕由於選舉人團的存在，總統的代表性有所淡化。而選舉人團這一制度的設立，正是旨在使總統與人民的直接代表保持一定距離。儘管如此，我認為到了一九一八年，沒有人會懷疑美國是一個實行民主政治的國家。但它的憲法也維護了自由主義的權利和價值，這尤其是藉由一個強大的最高法院和憲法制衡系統來實現。同時，到了一九一八年，沒有人會認為美國不知道該如何自我防衛。它剛剛在第一次世界大戰中獲取了最終的勝利，並且從那時開始，短暫展開了一場旨在將其政治體系強加於世界諸國之上、宛若十字軍東征的政治野心。用當時身為總統的伍德羅．威爾遜的話來說，那時的美國「要讓世界變成一個民主政治得以安然滋長的地方」。

在施密特看來，美國的這番野心，恰恰體現了當民主政治陷入與自由主義的糾纏的另一個問題。一旦民主政治並沒有因為自由主義而過於虛弱以至於無法行動，它將會受自由主義牽引而變得過分擴張、渾然不曉得自身的界限何在。威爾遜正是陷入了自由民主政治人物那易於自我膨脹的陷阱裡，他成了那種認為美國的民主政治及其原則，可以而且應該拓展到全人類的政治人物。因此，美國開始了它週期性的國際人道干預，試圖依其政治方針重新安排世界秩序。這正是自由民主政治的傲慢，而這是自由民主政治除了優柔寡斷以外的另一個缺陷。自由主義對民主政治的影響，不僅可以藉由削弱民主政治決斷力的形式來體現（一如威瑪共和的情境），也可以藉由擴張民主政治的行動力，使民主政治忘卻其排他性的本質，忘卻民主政治並無法對所有人的問題表示歡迎，而過於著重於包容以及囊括一切（一如美國的情境）。施密特認為，在德國的情境下，自由主義束縛了民主，而在美國的情境裡，它讓民主無法看清其固有的疆界。

施密特是一位難以定位的思想家，哪怕他時不時會對政治有一些精闢的表述。他對第一次世界大戰後逐漸成形的、對自由民主集合體政治成為共識的批判，具有雙重特徵。他認為這種政治既過於軟弱，又過於強勢；既缺乏理念，又極具野心。這也有助於說明施密特及其思想所留下的遺產。這有一個令人矚目的特徵，那就是雖然施密特曾經短暫卻不可磨滅地是一名納粹（儘管這不是發生在威瑪共和時期），然而不論是左派或是右派政治，對這兩翼的政治而言，施密特的論著都依舊享有極強的、智識層面的吸引力。有許多左派政治的支持者推崇施密特的政治思想。當然，他的政治分析也確實打動了德國極右翼的某些人，他們認為施密特精準診斷了威瑪共和體制的問題核心，即這個體制因為自由主義的罪己感和理想而陷入貧弱的處境，因此德國政治應該變得更加「民族國家化」（völkisch），更加同質化，也更不應該容忍反對意見，更應該果斷排除那些想要摧毀它的人（對右翼來說，真正的國家之敵當然是左翼政治理念）。這些施密特的崇拜者往往會以尼采的視角來解讀他——或者至少是他們曲解尼采的版本。他還吸引了某種類型的自由主義者——他們有許多人對民主政治抱持懷疑態度——這些自由主義者認為威瑪共和體制需要更加積極地捍衛個人自由和私有財產。為了對抗那些鼓動群眾的社會主義者（當時的人們依舊對羅莎·盧森堡的革命政治有著深刻的印象），這些人主張當時的德國需要一個更強有力的自由主義國家，以保護私有財產不被其合法所有者竊奪。

施密特的思想打動了以上這些立場各異的人，但他也打動了左派的敵人。威瑪共和憲法另一個顯著特徵在於，它試圖兼容各種理念。它將社會權利與憲政自由和民主權利結合在一起，並為此權利集合提供了強大的保障。威瑪共和憲法堅持捍衛每個德國人都有居住的權利，國家也保障充分就業的權利，同時每個人都有獲得個人福利和保險以保障個人基本生存的權利。這不僅僅是一個初具雛形的社會福利國家，更是一個即便按照我們現今的標準來衡量，其福利政策範疇也非常廣泛的國家。施密特對社會民主主義者的吸引力在於，他們認為自由主義限制了德國作為一個國家實踐這些許諾的能力——在自由主義的影響下，這些福利的理念都淪為紙上談兵的空話，欠缺果斷的政治行動來落實它們。崇高的社會理想陷入了德國自由社會民主主義所構成的混沌之中。既然如此，假若人們能擱置自由主義（包含法院的防阻力量，因為社會主義者往往也通常正確地認為法院被保守派把持），而專注於重視社會福祉的民主政治呢？這也可以藉由總統的權威來實現：選出一位真正擁抱社會主義的人做總統，藉此繞過議會的爭辯和法律的爭議，將企業國有化，並藉由徵稅、土地徵用、資源重新分配來兌現社會福利的承諾。

正因如此，施密特的決斷論在威瑪時期吸引了各個政治光譜上的人。他們的共同點在於，他們相信如果憲法的各個部分能夠明確有所區隔並依此運作，這部憲法是可以成功運轉的。但這麼做的前提需要的是，釐清優先順序，以及對敵友之別、對贏家與輸家之間的區隔有明確的認識。最重要的是，政治需要就最重要的事物做出決斷。他們唯一的差異只在於一個簡單的問題：究竟自由、民主與社會這三者之間，誰才是最重要也最為優先的？

施密特思想的奇特之處就在於，它能夠跨越左右派的分界，這一點也體現在晚近的研究發現裡。在經歷了一段與尼采的知識寒冬相仿的漫長際遇之後，施密特的思想在一九八〇年代被人們重新挖掘。只是施密特的論著被深埋並遺忘的時間，比尼采要來得久長，因為他的確曾經是名納粹黨人，而且在戰後他還依舊健朗，也持續寫作（他在一九八五年去世）。但無論如何，他的思想論著被重新挖掘出來，並開始為人所閱讀，特別是在美國。在九一一事件之後，施密特的著作在各種意想不到的領域掀起了一波新的潮流。奇特之處就在於，他的思想既被援用來為美國反恐戰爭辯護，也被用來批判美國的反恐行動。從某方面來說，施密特是那位主張政治有時必須要暫時懸置憲法，以保護憲法免受其致命敵人威脅的哲學家。自由主義的自由，不能被濫用來容許那會對自由主義的生存造成根本威脅的敵人存在。在美國的情境下，這種論點經常回溯到美國內戰時期。在當時，林肯——自由民主政治最偉大的守護者之一——曾經一肩攬起那不太自由卻還不至於稱作獨裁的權力，以拯救聯邦這個自由的燈塔。既然林肯可以，為什麼喬治．布希（George W. Bush）不能有同樣的作為呢？

施密特之於今日政治的影響

在九一一事件過後，我們的政治使用的許多語言都帶有施密特的潛台詞。施密特曾經提到，在政治上「朋友／敵人」的區隔是「事關存續的」，這意味著除非一個政治體制能夠識別並抵抗其敵人，否則它將無法捍衛自己的存續方式。英國工黨首相東尼．布萊爾（Tony Blair）在伊拉克戰爭前夕，也用了類似的語言來表述他的想法：在伊拉克的反恐戰爭是一場關乎存續的挑戰，因為它關乎了如何應對那些威脅著自由民主（即「西方」）生活方式存續的敵人。在美國，施密特也被共和黨的憲法理論家和律師所引用，他們想解釋在緊急情況下，採取某些措施來超越法治精神有其必要性。專橫拘留、強行取證，甚至酷刑都是必需的，而自由主義者不能對這些事情過於拘謹。關達那摩監獄——美國於二〇〇二年所設立的拘押中心，允許無限期關押恐怖攻擊的嫌疑犯。從這個意義上說，這個中心具體展現了自由主義價值的對立面——可以透過這種語言來為其辯護：它的設立是為了捍衛自由價值免受其致命敵人攻擊所必須採取的措施。這種翻轉、鏡中世界般的自由主義要如何成為可能呢？施密特解釋了這種可能性——如果這只是一種暫時的懸置，而不是徹底地顛覆自由主義憲政，因為它的目的是為了重新確立自由主義政治秩序的長期健全，那麼這就足以成為可能。然而，其缺陷在於，當這種暫時的懸置不再只是暫時的權宜之計，問題就會開始浮現。

與此同時，施密特也被那些批判關達那摩監獄的批評者所引用。這些批評者將之視為以反恐戰爭為名過度擴張例外狀態的證據。他們所關切的，是施密特思想中所暗示的危險，即自由民主政治的最終問題不在於它的疲軟，而在於它的傲慢。自由民主政治最可怕的一面，在於它不知道何時該停止以達成某個理念為名而擴權的行徑，因為它認為自己可以為抽象的理念與諸如人道主義這樣的普世道德原則而戰。在九一一事件之後，人們很容易將以反恐戰爭之名所實行的一切，看作是對第一次世界大戰後威爾遜時期自由民主政治傲慢行為的驚人再現——在當時，美國進行了一場試圖讓世界變得更適合推行民主政治的失敗嘗試。在《政治性的概念》一書裡，有一段看起來像是對二十世紀初和二十一世紀初這兩個時代的自由民主國家，為了拯救世界免於其敵人而展開人道主義戰爭的純粹批判。施密特指出，以「人道」之名舉行的戰爭最危險之處就在於，它會將敵人非人化。當施密特談論「朋友／敵人」的區隔時，他說這個區隔的關鍵在於，敵友之分是有限度的：你不會將敵人非人化，你還是將敵人視為與你同等的人類，對方只是你無法包容的對手而已。因此，一旦你捍衛了你自身和你所享有的生活方式，你就再也沒有理由要窮盡天涯海角地去追捕你的敵人。但如果你假借人道之名發動戰爭並將敵人非人化，那麼這個敵人就會變得完全無法自我防衛，因為他們被置於文明規範之外了。自由民主國家為人道而戰的終極命運是，這些戰爭似乎在達成目標的過程中，將無所不用其極地毀滅那些威脅自由民主國家存續的敵人。

這些戰爭的專橫殘酷、任意妄為以及無意中的野蠻，可能比其他基於敵友之分的衝突更為嚴重。這是因為敵友之分依舊保留了對彼此最基本的相互尊重，之所以有此區隔，僅只是因為人們認識到彼此對政治的看法存在分歧。

這種論點在布希／布萊爾主政時期[4]，引起了極大的共鳴，特別是當伊拉克戰爭開始成為自由民主政治過度擴張的象徵之後。然而，我認為這也凸顯了施密特政治哲學的問題。施密特對政治的分析問題在於它過於包容。它吸引了幾乎所有人，無論他們想用它來達成什麼目的，因為它本身包含了他對自由主義所指責的相同缺陷。施密特認為，自由主義的問題在於，儘管它試圖限制政治，但它實際上是沒有界限的。施密特自己的論點也具有這種特徵。他試圖強調，政治不是經濟，不是道德，也不是美學。但這麼做其實只是提升了政治的成本。他堅持主張政治的範疇，不應該超出敵友之分的區辨，以防止其他非關這一本質的爭議（例如關於經濟增長或宗教教義的爭議）變成影響政治存續的危機。這看起來似乎是一種對政治簡化的理解，但事實上，它與簡化截然相反，因為在施密特的體系中，政治無法被以任何其他事物來定義，也超越了捍衛整個生活方式的範疇。施密特想提醒我們，政治僅僅是國家的事務（例如，在他看來，並不存在著所謂「辦公室內的政治」這種現象，因為這種說法會把政治變得太過瑣碎）。但這樣一來，國家的事務就可以是任何可能威脅到我們生活的事物。根據這種說法，政治無法與其他任何東西相較。政治是一個獨立的事物。結果是政治也變得無限重要。

這個問題完美地呈現在「關乎存續」一詞上。它既是有限的——政治僅僅是關乎存續的事物，因此它不是道德、經濟、宗教或美學等課題——但與此同時，它又是無所不包的——它是**關乎存續的**，而任何事物都可能關乎存續。這意味著政治只是人類生命經驗的一環，但它也可能是生命經驗的整體。施密特試圖維繫的、這種略帶混亂且令人困惑的區隔（即政治只是眾多事物中的一部分，但政治又是高於一切的唯一重要事物），在一九四五到一九四六年間，他試圖為自己辯護的表現中一覽無遺。在當時，他被美國人質疑他參與了納粹政權的暴行。但施密特在自我辯護中解釋道，他沒能理解希特勒政權的本質，因為他誤解了其本質的要點。他說，他曾經以為那是一個獨裁者的暫時政權，而這也是他所希望的，他認為德國需要一個獨裁者的暫時政權來恢復威瑪共和時期崩潰的政治秩序。但他聲稱自己所未能理解的是，它根本不是一個暫時的獨裁政權，而是一個極權主義政權。

施密特在紐倫堡大審期間接受美國律師審問的筆錄在最近被公開了，如果去閱讀那份文件，你幾乎可以感受到那位美國律師對施密特所做的這種區分感到困惑。對美國律師來說，這種區隔根本毫無意義。它聽起來像是胡言亂語，或者充其量只是某種特別的辯護手段。在他看來，這意味著施密特想要一個暫時的獨裁政權，而他得到的卻是一個極權主義政權，但施密特難道沒有意識到這種情況一直很可能發生嗎？對施密特來說，這恰巧是最為核心的區隔。他認為自己是在拯救政治，使政治遠離極權主義，包括自由民主政治擴權的全能野心。他認為獨裁政權——特別是

4　東尼·布萊爾一九九七至二〇〇七年擔任英國首相。喬治·布希在二〇〇一至二〇〇九年間擔任美國總統。

羅馬式的獨裁者政權——可以挽救德國，擺脫一個政治混亂的時代，因為在那個時代，政治很有可能滲透到一切事物中。獨裁政權的目的是將政治重新限縮回其應有的疆域裡。最終，這就是施密特對希特勒的期望：讓德國政治重新聚焦於敵友之分，從而使政治之外的生活能夠繼續。

不難想像，為什麼施密特的美國審訊者並沒有被施密特的論點說服。這個論點並沒有強大的說服力，而我這麼說並不僅是事後諸葛而已。但是，還有其他值得一提的事。如果施密特的辯詞真的誠實體現了施密特的想法，如果他認為最重要的是能夠區分有限的暫時獨裁和無限的極權主義，那麼與此同時，他也確實沒能分辨出希特勒並不是一個有限的獨裁者，而是擁有無限擴權野心的人。希特勒的野心最終導致了德國和整個世界的災難，這點對希特勒的朋友和敵人來說都一樣。而這也表明了，施密特的政治哲學對他來說，最終毫無實質幫助。

卡爾・施密特

（Carl Schmitt, 1888-1985）

施密特於一八八八年七月十一日，出生在德國威斯法倫省的普萊滕貝格。他成長於一個虔誠的天主教家庭，儘管他後來因為與第一任妻子離婚，並在未經婚姻無效裁決下再婚而被開除教籍。在柏林、慕尼黑和史特拉斯堡學習法律後，施密特成為一名法律學者。在威瑪共和的政治動盪裡，他因為對自由主義的批判而聲名鵲起。對施密特來說，政治並不是關於道德選擇——不是善與惡的對立——而是一種關於「存在」的區分，是敵友之別。他主張維持秩序的關鍵在於，賦予主權者果斷行動的權力。根據施密特的觀點，德國政治問題的解方是暫時實行獨裁。這一論點打動了納粹，當他們掌權後，他們邀請施密特擔任法律顧問。施密特於一九三三年加入納粹黨，成為納粹德國的「御用法學家」。他為希特勒法外處決政敵以及其帝國野心撰文辯護，撰寫文章申論為什麼這些行為具備正當性。他也是一名激烈的反猶主義者，積極反對猶太人在學術界留下任何影響。儘管如此，施密特的納粹同黨認為，他的思想在意識形態上並不夠堅定。其他納粹法學家開始公開攻擊他，黨衛軍也開始監視他的課堂，他對納粹政權的影響力自一九三六年後逐漸減弱。戰爭結束時，施密特已然失勢，但他的名聲引起了同盟國的注意，同盟國將他拘留並作為紐倫堡審判的潛在被告進行審訊。在審問過程中，施密特拒絕全然否認他的納粹主義，同時堅持認為自己優於希特勒。他拒絕「去納粹化」的態度使他無法重返學術界。然而，施密特在戰後德國保守主義知識圈仍具有重要地位，並吸引了來自各個政治光譜的著名訪客和對話對象。在戰後，施密特的主要研究轉向國際關係和國際法。在《大地法》（*The Nomos of the Earth*）和《游擊隊理論》（*Theory of the Partisan*）等書中，他探討了國際秩序、主權、全球化和恐怖主義等問題。同時，他在日記中宣泄個人的不滿，這些日記後來以《語彙》（*Glossarium*）為名出版，其中充滿了惡毒的言詞和反猶言論，而這甚至令那些為他辯護的人深感震驚。施密特於一九八五年四月七日在普萊滕貝格去世。儘管飽受爭議，但他對自由主義和世界主義的批判仍然對左右兩派的思想家產生影響。在最近，施密特的作品在中國政治理論家中再度受到關注。

第八章

熊彼得談民主政治的表演本質

《資本主義、社會主義與民主》

(*CAPITALISM, SOCIALISM AND DEMOCRACY*, 1962)

- 熊彼得談民主的本質
- 資本主義的成敗
- 古典與現實的民主
- 民主的三個面向
- 民主政治的活力與未來

熊彼得談民主的本質

假如我們在思考現代政治的起點之一，是從提問「什麼是民主？」開始，那麼我們可能會得到一些相當驚人的答案。在前一章裡，我們討論了卡爾．施密特的決斷論及其衍生的、對民主政治的看法。但除此之外，民主政治的意涵為何，存在著一個範圍極廣的光譜。這個光譜從極其理想化的高尚理念，例如將民主政治視為某種人類的最終目標或最極致的善，是一種讓人們得以藉由高貴且富有成效的方式自我統治，並允許人們在其中追尋符合所有人利益的治理形態，一直到極其嘲諷的回應，認為民主（尤其是現代政治的代議民主）不過是一場騙局或一種虛偽的演出，只是讓掌權者能夠合理化為什麼他們能繼續掌控權力，並假裝這一切都是由選民所做出的決定。正如那句著名的格言所說：「如果投票真的能改變政治，權力者早就會將投票設成犯罪行為。」民主政治的光譜從理想主義延續到嘲諷民主的態度，在這個光譜上，施密特無疑是更接近理想化的一端。他對民主政治的本質絕無嘲諷之意。

有些人認為，嘲諷民主政治的代表，是這一章的主人翁：約瑟夫．熊彼得。在熊彼得於一九四二年出版了《資本主義、社會主義與民主》一書以後，人們時常認為他在書中對現代代議民主政治的描繪，是一種較為嘲諷的表述。在書裡，熊彼得分析了他所認為的民主政治的真實樣貌，而他的分析變得十分著名，也因此讓許多讀者感到沮喪。因為他的分析剖開了人們對民主政治懷抱的種種幻想。熊彼得是一名揭穿民主政治理想主義的告發者。也因此，人們常常認為他也是一位嘲諷民主政治的揭密者。但這種看法未必正確。

那麼，熊彼得認為民主的本質是什麼呢？他認為，在本質上，民主是一場表演，而表演並不意味著民主全然就是場騙局。民主政治的實踐方式，基本上必然蘊含了操縱群眾的性質。現代代議制民主的核心，是政治人物們試圖說服群眾出來投票支持特定的事物所構成，而這些事物主要是由政治人物所設想出來的，它們存在的目的就是為了說服人們把票投給那些政治人物。政治人物會使盡任何可能的手段和技巧，來讓那些他們設想出來的事物聽起來非常理想。這些事物究竟是否真的如此理想並不重要。重點在於，如果政治人物能讓群眾相信，這些事物真的很理想，那麼政治人物就能夠贏得選舉。

到目前為止，這種對民主政治的描述，確實充滿了嘲諷色彩。在此不妨援引一句出自《資本主義、社會主義與民主》的簡短引言，或許更能展現這本書的風格。熊彼得寫道：「治理和宣傳政黨所需要的心理戰的戰略、宣傳口號和進行曲，都不是民主政治的衍生物，而是民主政治的本質。」也許熊彼得還應該把氣球也加到民主政治的本質裡。民主政治就是一場表演，就是一場大型演出，而這就是民主政治熱鬧喧囂的特質。

除了將民主視為表演之外，人們還會基於其他理由，將熊彼得歸類在民主政治光譜兩端上，屬於揭露民主真實面貌的嘲諷派的陣營。其中的一個主要原因，是因為熊彼得是一位經濟學家，而經濟學家時常對民主政治抱持著相當嘲諷的態度（雖然這句話本身聽起來可能也有點嘲諷意味）。從經濟學的視角來探討政治問題的人，往往傾向於在那些旁人認為是公共利益的表現中，看到人們追求自我私利的陰影，從而認為宏觀決策往往只是人們為了自身利益和好處而做出的微觀決策，這其中當然也包含了政治家所做出的決策。儘管熊彼得並不是一名典型的經濟學家，他對歷史和人類心理學的興趣遠遠超過與他同時代的許多經濟學家。然而，人們對經濟學家的偏見卻也其來有自，有許多二十世紀和二十一世紀的經濟學論述對民主政治都感到不以為然，認為它不過是自我利益行為的集合體。

除此之外，熊彼得本人對民主政治的經驗也值得一提。在本書討論的諸多作家與思想家裡，熊彼得算是罕見的曾經親身參與現代政治核心事物的人（他當然不是唯一一個，因為羅莎．盧森堡也是其中一個）。在一九一九年，第一次世界大戰結束後，奧匈帝國戰敗了（熊彼得出生於當時從屬於奧匈帝國的摩拉維亞，現在是捷克治下的行政區），一個獨立的奧德民主共和國成立，並舉行了選舉。當時還相對年輕的熊彼得成為了新奧德政府的財政部長，這個政府是由一個相當脆弱的聯合政府所組成。熊彼得在位期間的經歷並不能算是成功。經歷了一年的任期後，他在通膨達到高點時被免職，也因此未能掌控這個在戰後負債累累的新國家所面對的各種巨大問題。不過，這也讓他得以從內部了解民主政治。這是一種充斥了權謀詭計、討價還價、誇誇而談與政治博弈的政治。熊彼得並不擅長這些技巧，最終也被排擠出局。財政部長任期失敗後，他轉而進入私人商業領域，並成為維也納一家小型投資銀行的負責人。但他在這方面也失敗了。在一九二四年，他的銀行倒閉，他又回到學術界，最終在這裡得到了聲名和財富。他後來移居哈佛任教，從一九四六年凱因斯（John Maynard Keynes）去世之後，一直到他本人於一九五〇年去世這段時間裡，熊彼得可能是世界上最著名的經濟學家。然而，他並不是因為在政治或商業上的成功而聞名（不同於多才多藝且成功的凱因斯）。這樣的經歷或許會讓人對民主制度抱有較為悲觀的看法。

儘管如此，將《資本主義、社會主義與民主》描述為一本對政治抱持嘲諷態度的著作，仍是對這本著作的誤讀。這本書的性質隨著時間的推移而有些變化：在今天，它最讓人印象深刻的部分，不一定是它剛出版時最引人注目的部分。在今天，書名的三個詞彙裡，「民主」是最常被人們所關注的，而這本書也經常被指定為政治學學生的課程讀物，而非經濟學的學生所必讀。然而，這並不是熊彼得寫作的初衷。他寫這本書的目的，是為了理解資本主義與社會主義之間持續難以切割的關係，至於民主，則有些像是這層關係的附加內容——正因如此，民主才在書名中位列在第三者。

資本主義的成敗

熊彼得最感興趣的是資本主義。他深入研究並充分撰寫了有關商業週期、企業家精神、經濟活力以及他著名的「創造性破壞」（creative destruction）的理論。他堅信資本主義社會具備推動技術創新的能力，並且藉由技術創新能夠產生龐大的新型財富及附加利益，這些利益能夠更廣泛地分配給社會大眾。熊彼得並不認為資本主義在本質上是有缺陷的。然而，他確實也相信資本主義最終可能會被社會主義取代。這並不是一個實質意義上的馬克思主義觀點。熊彼得對馬克思有過深入研究，包括在《資本主義、社會主義與民主》一書中，他非常認真地對待馬克思及其學說，但這並不是因為他認為馬克思是正確的。他顯然不同意馬克思的想法，亦即認為資本主義會因其內部矛盾而必然崩潰。在馬克思主義者及其他社會主義者眼中，成為資本主義失敗證據的事物，對熊彼得來說卻是資本主義具備非凡適應能力的表現。「創造性破壞」這一概念試圖捕捉資本主義的混亂與危機，但同時也指出這種危機正是創新重燃動力的成因。公司倒閉，資本家資金耗盡，老企業連同其員工一起被淘汰，這自然而然會帶來種種艱難處境；然而，資本主義的結果並非必然的貧困，更不是革命。其最終的結果是，財富和繁榮會以更廣泛的範圍來分配。

對熊彼得來說，資本主義最終會被其成功所摧毀，而不是被其失敗所擊垮。這是因為資本主義的成功，將會帶來許多意料之外的社會和政治後果。資本主義的發展仰賴著一種特定的動力，一種專屬於企業家的活力（熊彼得假設企業家幾乎總是男性），正是這種活力讓他們願意在充滿不確定的創造性破壞時期中生存繼而推動繁盛。雖然有些人會在這個過程中被摧毀，但也有許多人會因此變得更好。然而，這種進步往往只是使人們在某些面向上獲得益處，卻很可能隨著時過境遷而逐漸削弱資本主義的精神。資本主義是藉由廣泛地分配其所創造的利益，來創造更多的教育機會和更多的閒暇時間。最初那個急迫、飢渴的資產階級企業家，試圖在充滿風險的世界中白手起家並為後代創造更多財富，但他的成功也將意味著最初那個辛勤的企業家世代，最終將會被一個更安逸的資產階級世代所取代。這些新興階級的世代受過更好的教育，有更多的空閒時間，包括用來研究資本主義、批判資本主義，關心創造性破壞所帶來的人類代價為何。換句話說，他們開始有時間閱讀馬克思，甚至有時間**成為**馬克思，而這種下了資本主義走向滅亡的種子。對熊彼來說，馬克思主義能夠在資本主義下成為一種政治力量，是因為它準確地描繪了資本主義的某些面向，但更重要的是，馬克思主義有賴於這些它所描繪的現象來成長茁壯。而這正是資本主義的發展以及資本主義所帶來的破壞。物質上的進步，意味著承擔風險不再是人類無可逃避的唯一選擇，社會保障和舒適的物質條件，開始在人類生活中占據更重要的地位。這使得政治家更容易推銷另一種有別於資本主義的政治與社會秩序替代方案——那就是社會民主主義。社會主義能夠依附於資本主義的成功而茁壯，這則是因為資本主義的活力為社會民主的意識形態創造了成長的空間。

以上就是熊彼得的核心論點，哪怕他的論點所建立的核心論述，遠比這種簡要的概述更為複雜和巧妙。在他的論述中，民主政治在改變資本主義性質的過程中，扮演著關鍵角色。他在書中提到了民主政治，但他的目的並不是要去回答「什麼是民主？」這個「what 問題」，也不是為了解答「why 問題」或「how 問題」，諸如：「為什麼我們最終得到了**這種**形式的民主？」「這個混合式的政體又是如何成為我們現在所理解的民主政治？」相反地，熊彼得所試圖回答的問題是，民主政治是如何參與了資本主義在發展過程中可能被轉化為社會主義的情境。而他的答案是，民主政治促進了這個轉型過程。民主政治不會終止資本主義的終局，而資本主義的終局就算不是在轟轟烈烈的革命中產生，至少也會是悄然無聲地退出人類歷史的舞台。

熊彼得的分析中，最為關鍵也是我們最必須釐清的地方在於，資本主義終將淡出人類歷史的命運，並不是因為民主政治是許多社會主義者所設想的政治形態。民主政治當然也絕對不會是主張革命的社會主義者所預期並頌揚的那種理想形式。熊彼得不遺餘力地揭穿社會主義者那些過於理想的、對民主的想像：他們往往認為在革命之後，人民將能真正地掌控權力，實行自我統治。熊彼得認為，所謂真正的無產階級民主根本不可能存在，因為勞動階級不可能將其意志施加於國家之上，進而實踐自身作為一個群體得以治理自我的情境。他認為這是不可能發生的結果，充其量只是一種浪漫的幻想罷了。

熊彼得之所以認為這是一種幻想的證據就在於，即使是擁戴革命的社會主義者自身其實也不曾真的相信這個理想（無論他們是如何宣稱自身的政治理念）。而熊彼得如此指控的證據在於，每當這些社會主義者要在真正的人民自我統治，和他們所信仰的社會主義價值之間做出選擇時——不論這個價值是集體主義，是國家控制市場，是財富重新分配，還是企業國有化或全面就業，無論其信念為何——這些人最終並不會選擇民主政治作為他們的終極價值或目標。一旦面臨了要在落實真正的全民自主，還是落實其所信仰的社會價值間做出選擇時，這些社會主義者將會拋棄民主政治。熊彼得與羅莎．盧森堡之間並沒有太多相似之處，但他非常清楚地看到了，列寧主義以及隨後的史達林主義所具備的一個明顯特徵，那就是儘管它們都不斷宣稱要實踐真實將權力還給人民的民主政治，它們對民主其實並沒有任何興趣。而這個看法與盧森堡對列寧的批判如出一轍。一旦民主與革命理念產生衝突，民主總是首當其衝地被革命黨人所拋棄；它不會是最後別無選擇才被捨棄的事物。但當熊彼得指出這一點時，他並不是在刻意批評那些呼籲革命的社會主義有多麼虛偽；他認為這只是一種政治現實的情境。現實就是，沒有人會將民主的價值置於自己真正懷抱的政治信念之上。對所有人來說，民主都只是達成目標的手段，而不是政治的最終目的。

在《資本主義、社會主義與民主》一書中，熊彼得請他的讀者們——無論他們是不是社會主義者——一同思考，他們所認為的政治中最重要的事物，是否能禁得起民主的檢驗。他提問道：如果人民的投票結果，選擇了與你的信念相反的結果，而你又握有政治權力時，請問你會拋棄你的信念去擁抱人民投票的結果嗎？因為，除非你會在這樣的情境中，選擇放棄你自身的政治信念，否則民主政治就不是你所追求的政治，它只是你在追求實踐你的政治信念時所連帶衍生的產物。他邀請讀者進行一個思想實驗。他指出，在羅馬帝國時期，基督徒曾經飽受迫害。他進而假設，如果那時的羅馬帝國是一個更加民主的政權，即羅馬人民掌握了政治權力，這會產生什麼樣的結果？熊彼得相當有信心地指出，由羅馬人民來掌握政治權力，並不會使當時的羅馬成為一個對基督徒更加寬容的國家。如果說，賦予人民權力會帶來任何改變，這個改變反而更可能是羅馬人民會加速對基督徒的迫害，並且更殘酷的迫害會藉由人民投票的結果來得到許可。他說，如果你是一名真正的民主主義者，你應該說，在這種情況下，羅馬人民對基督徒的迫害是可以被接受的，因為這是民主政治所決定的結果。畢竟，我們是民主主義者，我們也應該要相信民主的決策。熊彼得接著追問他的讀者：你真的能心安理得地接受這樣的結果嗎？他替讀者回答了這個問題。他說，不，你不會接受的。你不會認為，一旦經過民主程序所認可，對基督徒的迫害就是正當的。如果你認為經過民主程序後對基督徒的迫害是種錯誤，那麼你就不可能認為民主政治本身是一個終極目標。

熊彼得舉出了許多例子，來說明現實的民主制度是多麼經常產生殘酷、不寬容以及其他令人極度不安的後果。這些結果，並不會因為經歷過民主投票的程序，就使得它們變得更能為人所接受。民主政治下的殘酷依然是殘酷。事實上，無論我們有時如何選擇陳述一些違心之言，我們都無法否認，民主政治本身並不是一個目標。它只是達成這些政治目標的一種方法而已。這就是熊彼得在這本書中對民主政治的定義。民主是一種方法或手段，用來達成人們所欲達成的政治結果。而這些結果有可能是好的，也可能是不好的。它們的好壞，並不是因為它們經歷過民主政治的程序後被賦予了這樣的價值，它們的價值必然來自獨立於民主政治以外的因素。

古典與現實的民主

既然如此，對熊彼得來說，什麼**是**民主政治的手段呢？它又是如何運作的？針對這個問題，熊彼得給出了兩種明顯對立的回應，這兩個回應雖然不全然呼應著民主的理想主義與嘲諷民主這光譜的兩端，但也足夠接近這兩種特色。熊彼得稱這兩種民主為古典的民主，與較為現代或現實的民主。第一種理解，是熊彼得認為我們承襲自十八世紀與十九世紀早期政治思想的民主程序——他指出盧梭和邊沁是主要的代表，因為他認為他們各自以不同的方式，呈現了相對簡化的民主論述。這對盧梭和邊沁來說有點不公平，因為他們對任何事物的看法都不會是過於簡化的。然而，熊彼得將他們兩人與一種民主想像串連在一起，這種想像認為，民主政治是一種辨別「共同利益」的方法。當你向人民叩問他們所追求的事物為何時，你的目的是要得到一個回覆，讓你得以知道他們共同的追求為何。這就是民主政治作為手段的目的：它存在的目的，是要構成一幅選民集體利益的圖像，然後由選民的代表來實踐這些利益。

熊彼得對這種民主想像深感懷疑。這不單純是因為將任何人們所共享的理解等同於「共同利益」，是一種邏輯上巨大且盲目的跳躍——人民共同追求的事物很可能最終是對所有人都不利的事物。這種民主想像有更根本的問題。在現代民主政治中，我們首先必須意識到的是，人們根本沒有充分的共通點得以去得出一個共享的事物。現代國家的選民太多樣化，利益過於分歧，需求也過於難以預測，因此不可能藉由任何形式來提煉出一個他們——甚至不是所有人，只是大多數人——所共享的事物或追求。當然，有些事物確實為大多數人所重視。熊彼得舉了健康作為例子，並承認古典的民主政治可能確實能夠得出大多數人認為健康是重要的結論，並因此認為健康應該成為政府政策的核心。然而，熊彼得認為，得到這樣的結論其實並不能帶來任何實質影響。它當然不會告訴民主政治所選出的代表，應該要做些什麼。更具體地說，這只是告訴當選的政治人物，施政應該要重視健康。而他們的回應會是：「好吧，但這依舊無法回答所有重要的問題。」例如：是誰的健康？要花多少預算來維繫健康？這些政策的支出要由誰來支付？社會要採取什麼類型的醫療制度？要如何組織這些醫療資源？當你問人民這些問題時——誰的健康重要？

什麼類型的醫療制度重要？要花多少錢來維繫這樣的制度？又該由誰支付？——你會得到上百個、上千個，甚至上百萬個不同的答案。儘管你可能會試圖設計出複雜的民主程序，來將這些不同的答案統籌成一個足以代表集體意志的答案，但那個單一答案必然也將是虛構的，因為它只會抹殺掉所有對這些問題的差異。

這是第一個問題。但還有第二個問題。第二個問題在於，即使我們真的有可能構建出某種可以合理稱之為「共同利益」或「集體利益」的事物，人民也不會知道那是什麼。也就是說，即使他們對這些利益的理解沒有那麼大的差異，他們還是對其中利害關係的了解不足，以至於無法辨識出什麼是共同利益。選民在大多數情況下，對不同政策會帶來的實際影響一無所知。第一個問題的關鍵在於多樣性，第二個問題的關鍵則是無知——選民的無知。

這聽起來似乎有些譏嘲的色彩，但更重要的是，熊彼得並不是說人們太過愚蠢而無法做出重大決策。他並不認為人民作為一個整體是愚蠢的，他指出，人民當然不會比政治人物要來得愚蠢。他的論點與那些質疑人民的智識能力的懷疑論者不同。他認為大多數人——幾乎所有人——在生活的某些面向上都有著豐富的知識，但我們所擁有的知識是關乎那些對我們來說重要的事物的知識，而對我們來說重要的事物，往往是那些最接近我們的生活、最常影響我們生活的事物。這可能是我們的工作、興趣、喜好、家庭，或是我們居住的場域。我們每個人都在某些領域有著卓絕的知識，我們每個人都是某個領域的專家。但只有極少數人是「一般領域」的專家，例如健康這類一般領域（當然如果你的工作涉及健康，對你來說這將不會是一般領域，而是你的專業領域）。因為要成為「一般領域」的專家，需要的是你對某個與自己生活經驗相距甚遠的事物感興趣，這又意味著你需要走出自身經驗所及的狹隘範疇，去積累並吸收各種不同的資訊和經驗。大多數的人並沒有這樣的動機，而這自然也包括了絕大多數的選民。如果你問一個熱中於下棋的人，請他做出關於棋局賽事的決策——比如如何組織一場下期賽事——這個人很可能會非常了解這方面的相關知識。但如果你問同一個人——無論他或她有多麼聰明——請他或她做出關於健康政策的決策，那麼這個人很可能無法勝任。

我認為，幾乎所有有過類似經歷的人都會認為，熊彼得的這個觀察在某些層面上是正確的。許多人仍然會定期閱讀報紙或其他形式的新聞報導，而我們閱讀的多數內容都是我們並不特別熟悉的事物，無論那是一般性的話題，還是關於那些與我們生活經驗相距甚遠的人或事的報導。這種相距甚遠，不僅是地理上的距離，也可能是因為名人效應而產生的距離。我們閱讀這些故事，消化其中的資訊。我們可能會受到它們的影響，但也可能會很快就忘記它們，因為我們往往只是簡單地接收這些資訊。然而，有時候，我們可能會讀到一個與我們的生活息息相關的故事：或許那是關於我們熟悉的人，或許是我們居住的地方（不僅僅是城市，而是我們所在的街道），也或許是我們的專業領域等等。這些報導出自那些產出我們日復一日無意識地消化吸收的資訊的記者之手。在很多時候，我們會誤以為這些記者所傳達的是正確的資訊。但當報導的內容涉及了與我們生活經驗息息相關的事物時，我們會突然意識到這些記者可能根本不知道自己在說什麼。然後我們會抱怨，這些報導充斥著錯誤的資訊。換句話說，當這些報導影響到我們的世界時——不僅僅是**這個**世界，而且是**你的**世界——我們會發現大多數新聞其實是充滿錯誤的，是人為拼湊出來的，而且其中充斥著誤解，充斥著對複雜事物的錯誤解讀，也過度概括甚至忽視了我們眼中的種種重要差異。許多人都有過這樣的經驗，然後我們會突然想起：「天哪，我每天閱讀的這些記者，根本不懂他們在說什麼！」然而，當我們其後再次讀到那些對一般性話題的報導時，我們又會重新回到那種安逸舒適的情境，認為記者的報導必然會有一定程度的概括簡化與誤解，而這是可以被接受的（當然，這只是在陳述我作為一個讀者與偶爾客串作為一名新聞撰稿人的經驗，但我想我們多少都共享了這樣的經驗）。

我們每個人在某些事物——尤其是關乎我們自身的事物——都會比幾乎其他所有人有著更深刻的認識。甚至當有人涉足這個我們所熟悉的領域時，即便涉足這個領域是他們的工作需求，我們也會意識到，這些人並無法和我們一樣充分地認識並了解這個領域的一切。然而，在大多數時候，針對大多數沒有立即關乎我們自身的事物，我們習慣讓那些「通才」對它們來進行概括。記者有動機去進行概括。政治人物則不僅有動機去概括，還有動機去學習要如何說服人們，他們對事物的概括是有道理的。他們會對一般事物侃侃而談，表現得彷彿他們能夠理解各種不同的領域。熊彼得認為，這是選民和他們所選出的政治人物之間的最大差異：政治人物知道要如何玩弄政治——包含了那種假裝對一切事物都有一般性理解的態度——因為這就是他們的工作，也是他們的職業。但選民並不是如此。這並不是說政治人物比選民更有知識，而是政治人物有動機以一般性概念來進行思考和溝通，而選民則完全沒有這種動機。

這一切都意味著，我們必須拋棄「古典」的民主概念，即認為民主是一種用來引導選民表達他們共同利益或普遍利益的政治形態。熊彼得提出了一種截然不同的民主政治的定義。他認為，民主政治是一種在政治菁英之間競奪權力的手段——它在本質上是專業政治家階層的內在競爭，其目的是爭取選民對政治家所「製造」的共同利益願景的支持。政治人物會將他們的計畫——也就是他們想要達成的事物——以「共同利益」的語言來包裝，然後民主政治的運作，就成了將這些華麗的計畫重新販售給選民的過程。那些銷售得最好的人會獲得最多的選票，而那些獲得最多選票的人將贏得權力競爭。政治人物本質上就是產品業務，販售政治願景和販售商品之間並沒有太大差異。而這就是熊彼得所認為的，現代民主政治的本質。

然而，這並不意味著熊彼得對民主的看法，是一種層次較低的民主觀，這也不是一種比古典民主概念更為退步的政治想像。它更不是通往更真實的「人民權力」的初步階段。熊彼得要強調的是，所謂的共同利益根本就不存在，也不會是在等待人們去發現一種更好的方法——哪怕是更加要求技術的形式——來追求它的存在。熊彼得要說的是，這種民主政治就是我們現今所擁有的政治現實。民主政治是一種將人們想要的事物加工包裝後，再回售給人們的方式。其運作的目的是要讓人們認可這些包裝，從而允許政治人物以這些包裝為名，去從事他們最感興趣的事物，也就是行使權力。這聽起來，無疑對民主政治充斥著嘲諷質疑的色彩。熊彼得所描繪的類比，他認為政治運作最接近的職業就是廣告業。他明確指出，政治運作的方式與現代廣告運作的方式非常相似——因此選舉中也會出現那些喧囂的宣傳、氣球、遊行樂隊等等推銷商品打廣告時會見到的事物。從二十一世紀的視角回望，這個類比顯得更加陰沉和悲觀，因為大多數遊行樂隊早已在廣告業中消失殆盡。熊彼得所謂的「心理戰的戰術」，即民主政治競選的手段，在網路廣告和精準投放的時代變得更加普遍、操控的力道也更強。政治人物會使用任何可用的技術，來說服選民相信某些事物符合他們的利益。而在現今，可供政治人物操弄選民的技術比以往要來得更多元也更有效。民主政治的目標不是贏得政策的辯論，而是觸動人心、引發人民的反應，讓人民與政治人物投餵的願景產生情感連結。正如熊彼得所說的，這些都不是民主政治的衍生品，而是民主的本質。

民主的三個面向

在深偽技術迅速發展的時代，如果民主只是一種美化的廣告形式，那麼這確實會讓人感覺，我們深陷某個龐大的麻煩深淵。此外，這不僅是針對目標客群精準投放廣告或網路迷因的時代，還是大型科技公司如Meta、Google和亞馬遜把持的時代，這些公司全都從極度誇張的廣告業務中獲取大量收入。資本主義本身——伴隨著其創造性破壞的力量——發展至今，也有極大一部分是由這些技術所推動，而根據熊彼得的說法，這些技術正是民主政治的本質所在。這裡存在著一系列的潛在恐怖情境，包含了資本主義的心理戰戰術與民主政治的心理戰戰術可能整併，從而產生高度複雜的操控手段。這種手段在某種程度上是如此精妙，以至於選民全然無法察覺其運作的軌跡，最終只能按照他們被操弄的結果行事。

但就算如此，我還是不認為熊彼得的論點有特別要嘲弄民主政治，我也不認為上述那種噩夢般的情境是未來民主政治唯一可能的發展方向。熊彼得對民主政治的定義，遠不止於將民主簡化為某種強化版的廣告業。我們可以從三個面向上來說，熊彼得對民主的定義，足以為人們該如何區分不同類型的政治提供了基礎，而這甚至可能用來區分「好的」政治與「壞的」政治。或者，至少能幫助我們區分出我們可能想要的政治與我們可能不想要的政治，無論我們對此的看法可能有多麼不同。熊彼得本人已經指出了這三個面向中的兩個。而第三個面向，則是由更近期的一代政治思想家所提出的，這些思想家都受到熊彼得的啟發。

熊彼得提出的第一個面向是，民主政治只是政治菁英的內部競爭，他們藉由必要的操弄來爭取選民認可那些他們所製造的、可能讓選民認同的事物。儘管這聽起來像是對民主政治過度化約的定義，但競爭性的民主與非競爭性的政治體制之間仍舊存在著根本差異。換言之，兩者之間仍然存在著這樣的區別：在一個政治體系中，選民可以在不同的團體之間選擇，這些團體都在試圖向你「推銷」某些事物；而在另一個體制中，你只能接受當權者推銷的任何事物。熊彼得指出，後者無論其支持者如何粉飾，都不會是民主政治（他所指的很可能是列寧主義）。民主必須包含真正的競爭，或者用稍微更符合民主政治語言的說法，民主必須讓人民有真正的選擇。

這個論點在今天仍然頗有共鳴。在當代政治理論中，有一種有時被稱為「最低限度的民主政治定義」，旨在確定我們用來稱呼一個體制為民主體質所需要的最低標準為何。這個理論的其中一種表述內容在於，當現任當權者在選舉中失去權力後，另一方會被允許接掌權力。這種權力轉移的形式，就是民主政治，民主政治也不過就是如此。有些人可能會說，如果這種情況只發生一次，可能只是某種政治上的偶然，但如果發生了兩次，那麼就可以說這是一個民主體制的雛形。但更重要的是，這可以用來區分民主與其他政治體制，因為要跨越這個門檻並不容易。自從熊彼得出版他的著作迄今，很多國家都未能通過這個民主政治的基本測試——有時候，現任的當權者在失去權力時並不會放棄權力，他們往往會拒絕承認敗選，聲稱自己其實贏得了選舉。當這種情況發生時，如果人們沒有辦法以其他方式來解決僵局，就可能會導致內戰。還有一種更為簡化的民主定義指出：民主就是「沒有戰爭的內戰」。在一個民主制度下，掌控軍隊的人——政府——在需要時會放棄自身對武力的掌控。他們不會選擇動用武力來維繫自己的權力。而當民主制度中的掌權者選擇不放下武力，我們——如果我們自詡是民主主義者（哪怕是這種極簡化的民主）——就有理由反抗這樣的政府。

儘管這些定義相當清晰，但現實情況並不總是如此簡白，因為有許多政權似乎介於「最低限度的民主」和「連最低限度都無法達成的政權」之間。政治學中所使用的術語是「混合政權」或「競爭式威權政權」來形容這樣的政權。這類政權有某種形式的政治競爭，但我們卻不清楚其中的選舉是否真的賦予人民得以做出真正的政治選擇。這有可能是因為選舉結果被政府操弄，或競選環境根本不公平。這些國家自稱為民主國家，它們也例行舉行選舉，但很難想像現任的當權者會輕易放棄權力。例如普丁（Putin）統治下的俄羅斯，或是艾爾多安（Erdoğan）治下的土耳其。有一些人擔心美國也可能逐漸邁向這種情境。目前美國還沒走到那 步，它迄今依然是一個完全符合熊彼得所定義的正常運作的民主國家。在二〇二〇年時，當時的美國總統川普敗選，雖然他表示不會放棄權力，但最終他還是交出了權力。關鍵在於，他基本上沒有對權力轉移發起太多抵抗。當時確實有一些零星暴力事件發生，但從歷史的標準看來，這種針對權力轉移的暴力規模是相對有限的。當二〇二一年拜登（Joe Biden）總統在他的就職演說中宣告他當選總統是對民主的肯定時，這聽起來有些自我感覺良好，但事實上他是在捍衛熊彼得式的民主模型（即使他沒有具名提到熊彼得）。拜登當選總統並不意味著人民的意志被完全體現，或是美國人民的共同利益被清楚呈現，以至於如拜登這樣的政治人物知道他們該如何施政。因為人民無法在這樣的意義上告訴政治人物應該如何作為。在當時所發生的，只不過是一次在看似艱困的情境下所發生的、相對和平的權力轉移罷了。但這就足以稱其為一次成功的民主實例。

熊彼得指出的第二個面向在於，他對民主政治的定義不僅是把民主設定成一種政治制度的考驗，而是把這個考驗設定為一個不容易通過的門檻。一個政治制度要通過民主檢驗，往往需要滿足某些背景條件。在《資本主義、社會主義與民主》一書中，熊彼得花了相當長的篇幅來說明，即使是這種最低限度的對於民主政治的定義，要使其成為一種可持續的政治運作方式，也需要其他條件的配合。他傾向於將這種民主模式與資本主義（至少是原初的資本主義）連結在一起。繁榮的資本主義社會相較於其他經濟體制來說有幾個優勢，其中之一是人多數人忙於其他事物，無暇優先考慮政治，這對熊彼得來說是成功民主的一個前提條件。民主政治要求大多數人有比參與民主政治更重要的事情要做。如果政治對每個人來說都至關重要，那麼選民的無知與政治家的動機之間的區別將會開始模糊，因為每個人都會有理由關心政治，而當每個人都有理由關心政治時，民主政治就會變得更加難以實踐。因此，對大多數人來說，政治不應該是優先事項，與此同時，民主還要求社會中的人們願意在政治上接受失敗。這是從前一點衍生而來的推論。不僅是政治人物，選民也必須要能接受失敗。如果選民想要的選項——他們被推銷並願意購買的商品——不是大多數人選擇的商品，那麼選民就不會得到他們所選擇的結果，至少在現階段還無法得到。換句話說，民主既需要選民不參與政治（有比政治更在乎的事物），也需要選民參與政治（體認到自己的政治選擇可能失敗並坦然接受）。

熊彼得指出，這些條件有利於資本主義的社會組成。在這種模式中，經濟競爭通常比政治競爭更加迫切，但這些條件也與資本主義向社會主義的轉變相容。不過，這裡指的不是激進的共產主義式社會主義，不是那種全面財產公有的社會主義，也不是鼓吹革命的社會主義，而是較為溫和的社會民主主義。在這種模式下，愈來愈多的決策將會由國家官僚機構的行政結構來集體管理。在這樣的社會中，大多數人仍然有比關心政治更重要的事情要做。事實上，熊彼得暗示，在民主社會主義下，人們可能根本不會過於擔心政治；他們會對有限的民主選擇感到心滿意足，因為他們不會認為這些選擇有多重要。當然，選擇仍然必須是真實的選擇，人民必須有可能把某批政治人物趕下台，換上另一批政治人物，尤其是當政治人物開始變得腐敗或固守權力時。但熊彼得認為，在社會民主制度下，民主政治很可能會蓬勃發展，因為它涉及的利益愈來愈少。然而，社會民主制度也有可能使這些條件無法成立，因為當國家控制的社會將變成利益過高的社會，將會導致民主政治開始崩潰。在那些高度階層化的社會中，政府對社會的控制將會延伸到愈來愈多的人民生活的場域，選民可能無法保持民主所必需的、對選舉結果的勝負坦然接受的態度。對於政治人物來說也是如此，當涉及的利益過大，當他們的權力開始變得如此廣泛，放棄權力也將變得更加痛苦。因此，社會主義與民主政治的關係可能會朝任何方向發展。

在一九四二年，熊彼得認為民主社會的發展方向是從資本主義轉向社會民主，原因是他認為社會主義相對來說更容易推銷。它有更多可提供的商品，尤其是在創造性破壞不受限制的時期。然而，這一切既不是必然注定的發展，也不是社會持續自我發展的結果。具有創業精神的政治家可能會找到新的方法，將資本主義重新推銷給人民。而社會主義政治人物也可能會發現，要保持充分的物資供應對民主體制所造成的壓力難以負荷，尤其當資本主義的活力開始隨著轉型為社會主義而欠缺時。社會民主主義吸引選民去關注國家所能提供的物質基礎，而這將給國家帶來壓力，也會要求掌權的政治人物要兌現承諾。而由於民主只是一種政治實踐的方式，這種方式本身並不能保證必然會取得成功的結果。

最後一個讓我認為熊彼得的分析，既不是對民主政治的過度簡化，也不是對民主政治冷嘲熱諷的理由是，民主制度最低限度的檢測，其實可以拿來應用在政治以外的場域——換言之，熊彼得提供的民主檢測得以超越傳統國家政治的範疇。我們可以申論，熊彼得對民主的定義，其真正的應用價值體現在那些大多數人實際上沒有真正選擇權的生活領域。在這些領域裡，人們無法選擇是由哪一群人來告訴他們該如何行事。那麼，這些人們沒有實質選擇權的生活場域有哪些呢？這幾乎涵蓋了我們生活經驗的所有場域。例如，在家庭的場域裡，幾乎可以說存在著最為根深柢固的集權決策和控制方式，而沒有提供太多真實選項的機會。孩子常常被父母的決定所束縛（從熊彼得的觀點來看，可能會認為有兩位家長比只有一位家長要來得好，因為這讓孩子們有不同的權威人物可以選擇）。配偶也常常感到被伴侶束縛。最低限度的民主——真正的、最低限度的民主——意味著有選擇的權利。國家無法為人民提供替代的配偶，但它可以提供福利制度，讓那些陷入不良婚姻的人能夠選擇新的生活，而不必依賴伴侶的收入。如果民主需要選擇，那麼在生活的任何部分提供選擇，也可以是一種民主的形式。

我們也可以將熊彼得式的民主思維應用於職場。在很多工作場域裡，如果你不喜歡主管交代你做的任務，你並沒有其他主管可以選擇。「股東式民主」在理論上確實賦予公司的股東權利，讓他們可以投票罷免董事會，並換上其他人出任董事，但在現實經驗中這種情況鮮少發生。這似乎是一種非常有限的民主——首先你必須是股東才能行使這種權利——但這也清楚表現出，如果這種選擇權不那麼有限，可能會為企業文化帶來巨大的改變。為什麼只有股東可以投票罷免董事會？如果員工能夠投票罷免管理層，並換上其他人出任管理者，對企業會有怎樣的影響呢？這當然有個前提，即這種民主並不是讓員工罷免主管後，由員工自身掌權出任主管的民主。因為根據熊彼得的觀點，人民永遠無法真正地統治國家，因此這也暗示了員工永遠無法治理企業。但當代的熊彼得式思想家希望我們意識到，即便在無可避免的階層體系下，擁有選擇權與沒有選擇權之間仍舊存在著巨大的差別，而在這些條件下，真正的選擇就是一種激進的選擇。目前有一些研究民主政治的學者希望我們去思考，即使在菁英競爭模式中，基於最低限度的民主選擇，也可能足以充分改變我們的生活方式，因為這意味著在我們生活中那些權力真正根深柢固的場域之中——這些場域的權力往往比政治中更加鞏固，尤其是在民生經濟的場域——讓我們有機會擺脫我們不喜歡的人，並換上其他人。這會讓人們有機會得以迎接新的主管，而他們未必會如舊的主管那般行事。民主的一個獨特特質在於，我們確實可以「把那些壞蛋趕出去」。而現今的企業結構，正是一個可以讓這種民主思維產生激盪的場域。

民主政治的活力與未來

然而，這並不是熊彼得在《資本主義、社會主義與民主》一書中主要想傳達的訊息。正如我之前提到的，這本書的主題是資本主義、社會主義與民主。書名的順序也決定了這本書關懷的先後順序。與馬克思不同的是，熊彼得認為資本主義可以不斷存續下去，但與馬克思相仿，他也認為資本主義很可能無法存續。資本主義的運作方式可能會耗盡它的活力，而民主的運作方式可能正是促成這一轉化的媒介。以當代的視角看來，這個說法似乎有些過時。民主政治在大多數情況下，並未成為資本主義轉向社會主義過渡的關鍵成因。在第二次世界大戰後的某段時間裡，似乎確實有朝這個方向發展的跡象，但自一九七〇年代末以來，政治發展的方向主要是朝著與此推論的相反方向前進。為什麼會這樣呢？有一部分原因，與熊彼得對資本主義如何推動創新的看法息息相關。熊彼得意識到，在資本主義體系中，成功的公司，特別是在技術快速變革時期，傾向於能對其技術與新興市場達成某種壟斷，讓某些產品徹底占據市場。我們現在正在見證著這個現象。隨著數位轉型，一些半壟斷公司正吸納大量的資金、資源和權力，因為它們基本上已經掌控了一個全新的市場。這正是推動創新的部分動力來源，因為成功壟斷市場的公司所能帶來的財富，將成為這些公司創新與發展的強大動力。但與此同時，這也為其他公司提供了動力去打破這種壟斷。當壟斷的企業變得僵化、自滿、過於安逸時，創新的動力便會重新出現，隨之而來的就是熊彼得所謂的「創造性破壞」。

國家本身也是一種壟斷，而這包含了民主國家。在社會學家馬克斯．韋伯的定義中，國家是合法擁有並實踐暴力的壟斷者。這種壟斷也可以以自身的方式推動政治改革和創新。當社會民主主義變得根深柢固並固步自封時，懷抱不同政治理念的其他政治人物開始出現，並試圖從社會民主主義的政治人物手中競奪對政治的壟斷，而民主制度為他們提供了動力。這些新興政治人物包含了那些表面上反對國家壟斷權力的政治家，諸如新自由主義者、私有化推動者、放鬆管制的倡導者等等。放鬆管制只是一種他們新推銷的產品，而他們仍舊想掌控國家的壟斷權力，就像資本主義自由放任主義者想掌控其競爭對手的壟斷優勢那樣。這就是創業的運作方式，這些政治創業家——包括最成功的新自由主義先驅，如英國前首相柴契爾夫人（Margaret Thatcher）和美國第四十任總統雷根（Ronald Reagan）——也不例外。他們向人民推銷了一個基於限制國家權力的

「共同利益」的商品，但這是為了讓他們能掌控國家的權力。而且他們成功了——他們藉由創造一些新的事物來協助達成他們轉化民主政治的偏好。然而，隨著這些曾經的新事物在現今已經變成了舊商品，或許再一次政治轉型的時刻又將到來，畢竟現有的資本主義秩序已經疲憊不堪，看起來也開始固步自封。其他政治創業家，從美國的極端保守派川普到極端進步派亞歷山卓・歐加修-寇蒂茲（Alexandria Ocasio-Cortez），從阿根廷右翼總統哈維爾・米雷伊（Javier Milei）到智利左翼總統加布列・波里奇・豐特（Gabriel Boric Font），新的政治創業家開始積極尋找既有的政治市場中得以突破壟斷的缺口。而這就意味著，哪怕我們採用了熊彼得那對民主政治最低限度的定義，或者更精確地說，如果我們接受了熊彼得式民主的定義，那麼我們將發現，時至今日，民主政治仍然有著充沛的生命力。

約瑟夫・熊彼得

（Joseph Schumpeter, 1883-1950）

熊彼得於一八八三年二月八日，出生在奧地利摩拉維亞省的特熱什季（現屬捷克），而他始終認為自己是奧地利人，不是捷克人。他的父親在當地經營一家紡織廠，在熊彼得四歲時去世，隨後他的母親再婚，嫁給了一位軍官。這位軍官利用他的關係，讓繼子進入維也納一所好學校就讀。熊彼得在大學學習法律，但他主要的興趣轉向經濟學，並隨後在倫敦政治經濟學院度過了一年。他的第一部重要著作是《經濟發展理論》（*The Theory of Economic Development*），在這本書中，他確立了企業家在資本主義演變中的核心角色。第一次世界大戰爆發時，熊彼得正在紐約哥倫比亞大學任教，而他的妻子格拉迪斯（Gladys）拒絕跟隨他回到奧地利。他們於一九二〇年離婚。他反對奧地利參與戰爭，部分原因是他對英國的熱愛（他非常享受在倫敦的時光）。戰後，儘管他不是社會主義者，卻加入了柏林的德國社會化委員會。（他曾說：「如果有人想自殺，那麼有一位醫生在場是好事。」）在一九一九年，他被任命為戰後奧地利聯合政府的財政部長，負責處理惡性通貨膨脹，但他在一年後被革職。隨後，他成為維也納一家小型私人投資銀行的負責人，但這間銀行很快就宣告破產。之後，熊彼得將重心轉向學術界（儘管他也列出了「賽馬、建築和女人」是他未能取得更高成就的原因）。在一九六二年夏天，他的母親、年輕的第二任妻子和新生的孩子在數週內相繼去世，這段創傷的經歷永遠改變了他。一九三二年，他搬到哈佛大學，並在那裡度過了職業生涯的最後階段。熊彼得活力充沛，風度翩翩，並且口若懸河，他主導了哈佛大學的經濟學研究。在一九四八年，他成為美國經濟學會會長，並發表了一場著名的演講，討論經濟學與意識形態的關係。一九三九年，他出版了《景氣循環論》（*Business Cycles*），試圖解釋為什麼繁榮與蕭條是資本主義發展的必要條件。一九四二年，《資本主義、社會主義與民主》問世，而他於一九五四年出版的巨著《經濟分析史》（*History of Economic Analysis*），則由他的第三任妻子伊麗莎白（Elizabeth Boody）負責編輯，並於他死後出版。在他於一九五〇年去世時，熊彼得可以自稱，他已然實現了成為世界上最著名的經濟學家這一目標。

第九章

波娃談女性的解放與自由

《第二性》

(*THE SECOND SEX*, 1949)

- 男性之於女性的壓迫
- 女性面對的「陷阱」
- 受困於傳統性別理解的男女
- 逃離絕望陷阱的可能性
- 解放女性的進步與阻礙

男性之於女性的壓迫

在這本書裡，我討論了不同的思想家，針對人類社會中存在的各種不同的壓迫者與被壓迫者關係所梳理的、各自不同的區隔方式。這類區隔可能是由階級、社會結構和群體歧視所構成，而其形態之多，包含了奴隸主與奴隸之間的區隔、白人與黑人之間的區隔、資本家與工人甚至富人與窮人之間的區隔。多數人可以壓迫少數人，少數人也可以壓迫多數人。菁英階層不負責任的言行舉止，可以讓幾乎所有其他人的生活深陷痛苦之中。然而，還有一種階級、一種權力結構與一種歧視的形態，似乎遠比上述的這些區隔都要來得更加普遍。這種區隔幾乎無處不在，在各種不同形態的人類社會裡，這種區隔也種會被以某種形式表現出來。而這就是男人對女人的壓迫、歧視與權力的濫用。

這種壓迫幾乎無處不在——畢竟，並不是所有的人類社會都會產生奴隸主與奴隸的壓迫關係，但恐怕沒有一個人類社會（除了神話或古代的母系社會），男人不曾以某種形式比女性更加享有優勢——而這引發了一個問題。既然性別之間的壓迫是如此普遍，這種壓迫是否得以與其他形式的壓迫進行類比？它能否與種族、宗教或經濟歧視相比較？某種普遍存在的現象（例如男性對女性的壓迫）固然可以作為這種現象（例如壓迫這個現象本身）的普遍代表，但同樣地，這種普遍性也可能意味著這一種普遍現象，其實與其他擁有相似性質的現象（例如經濟、宗教或種族等等形態的壓迫）在本質上有所不同。在這種情況下，這種普遍性是否賦予了男性對女性的壓迫一種圖騰式或象徵性的特質，使其足以代表其他所有形態的壓迫？又或者，這種壓迫體現的不過是男性與女性、男人與女人之間的關係的現實，進而使得它與其他形態的壓迫在政治與哲學的分析意涵上有所不同？

強調女性被壓迫的普遍性存在一個風險，即這種陳述方式，很可能會讓人認為這是在指出女性被壓迫是種自然而然的、因此隨處可見的現象。當你說某個現象的存在無所不在時，你同時也在暗示這種現象在某種程度上，與我們的本性息息相關。也因此，強調普遍性本身就蘊含了難以迴避的風險。這可能會促成一種帶有宿命論語調的思維：如果你將壓迫視為自然現象，那麼就會讓人更難相信有什麼辦法得以實質改變它。這種情況，尤其在那些基於生物學的論述中更是顯而易見。但是，如果你說它與其他形式的壓迫或歧視類似，並應該以相似的社會或政治角度來理解，那麼你就需要解釋為什麼它會如此普遍。為什麼男性對女性的壓迫是這麼難以消除？在其他各種形態的壓迫裡，哪怕是最為糟糕的壓迫都能被制度所廢除，但男性對女性的壓迫有可能徹底去除嗎？如果可以的話，為什麼至今為止沒有任何一個社會能成功做到這點？

這種困境，正是西蒙．德．波娃在《第二性》一書的論述起點。她首先提問，男性對女性的壓迫是否能與其他形態的政治或社會歧視相比較。她從其他階級和情境中取得靈感，並挪用了用來描繪這些不同形態的語彙來形塑她陳述男女關係的術語。她談到了女性被男性奴役的問題——有些奴役關係，體現的是這個詞彙字面上的涵義：女性的確曾經被當作奴隸，正如同其他男性也曾被奴役一般——但有些時候，這只是一種類比，指的是女性有時後會被當作男性的奴隸來對待。她還談到了附庸關係，這是一種挪用自封建制度的術語，意指人們會在期待得到回報的情況下服從其他人，從而建立一種依存關係。而波娃使用了這樣的表述來指出，男性有時候會以提供保障為交換條件來控制女性。她也借用了「種姓」這個詞彙，而這正是弗雷德里克．道格拉斯曾經使用的單字。道格拉斯用這個詞彙來類比美國北方白人與黑人之間的關係，而不是南方的奴隸主與奴隸之間的關係（正如道格拉斯所說，奴隸主與奴隸的關係不是種姓關係，而是不折不扣的罪行）。

種姓關係描述了一種不單純只被明文寫進法律中的歧視和偏見，而是指向了那深刻烙印於人們的思想和態度中的反應。波娃說，男人存在於種姓關係裡，女人亦然。種姓關係的一個明顯的特徵是，享受利益的主導階級——那些既得利益者——往往無感於這種制度的不公之處，也因此視這種制度為理所當然，而對是否有需要改善這個制度中人們的處境無動於衷。在某些層面上，種姓制度所蘊含的壓迫，與其他形態的壓迫相比之下可能不那麼顯著，然而，如果你身處於接受種姓制度所蘊含的壓迫的一方，你將會時時感受到制度所帶來的壓迫是確然存在的。你會在各種細微的互動中經歷到這種壓迫，會在哪怕是人與人最飄渺的互動中見到壓迫的存在，例如所謂的「微暴力」的現象。問題在於，對那些施加這種壓迫的人來說，他們往往根本不會察覺到自己在施加迫害。這就是男人在男性與女性的種姓關係中所扮演的角色。而無時無刻不感受到壓迫，也正是女人在這層關係中的經歷。

波娃做出了這些類比，然後她指出，男女之間的關係依然不同於這種種的壓迫形態。男女之間的關係有著不同的特徵，而這意味著它不能被簡單地與那些基於種族、宗教、經濟或其他考量的歧視和壓迫形態相提並論。為什麼會不同呢？她說，這之中的關鍵原因之一在於，女性既不是群體中的多數，也不是群體中的少數。這不是多數人對少數群體的持續壓迫，例如歷史上歐洲猶太人所遭受的待遇。但這也不是由一個封閉的菁英階層所施為的、對多數大眾的壓迫。男性並不是某種不受約束、難以觸及的群體，也不是一個貴族階級或高等種姓。在男女關係裡，基本上存在著人口上的平等。男性和女性這兩個類別，在這個層面上，至少存在著相當得以對比的基礎。當然這並非總是如此：有些社會中的性別比例嚴重失衡。例如，二十一世紀的印度和二十世紀末受一胎化政策影響下的中國，往往會選擇性地墮胎只為了保留男嬰而不是女嬰，從而導致年輕男性人口數量遠超過女性，而這很可能會帶來潛在的、災難性的後果。然而，與其他形態的歧視（無論是少數壓迫多數，還是多數壓迫少數）相比，從宏觀的歷史角度來看，男性和女性的人口比例基本上是平衡的。

此外，波娃也不認為女性能夠像其他迫害形態中，那些被迫害的少數群體或多數群體一樣，得以輕易地將自己視為一個被壓迫的政治階級。就這方面來說，女性作為整體與猶太人（少數群體）或工人階級（多數群體）是不同的。她舉出的一個證據是，女性相對來說，很少會用政治語言來談論「我們」。女性通常不會認為自己屬於一個擁有集體身分的群體，也鮮少意識到這樣的群體能夠賦予自身政治力量（波娃的寫作時間，是在現代女性主義興起之前，而從某些意義上來說，正是她促成了現代女性主義的崛起。這個說法時至今日仍舊有一定的道理）。在其他形態的壓迫關係裡，被壓迫的群體經常會使用「我們」、「我們的」和「他們」的修辭來賦予自身政治能動力，但波娃發現，在她寫作的時代裡，女性在政治上很少這麼做。

最後，還有一個無法迴避的事實是，其他形態的壓迫關係裡，似乎會默認社會中總是會存在更為廣泛的、超出被壓迫的階級或群體的範疇，讓人們可以置身其中從而否認自身必然將受到壓迫的思維。舉例來說，假設你不幸的是無產階級的一員，但這並不意味著，你必須要接受身為無產階級的一員是你終其一生都無法擺脫的宿命（哪怕到頭來事實可能會是如此），因為你永遠都可以嘗試著擺脫你所身處的階級。你可以嘗試廢除無產階級的存在，廢除壓迫無產階級的資產階級的存在，甚至可以致力於創造一個不存在這類階級區隔的社會。而如果你身處於壓迫者的階級——如果你是個資本家，掌握了一家企業——你也可以選擇放棄這個身分，選擇放棄這種壓迫他人的工具。波娃指出，沒有人命中注定要成為殖民地的管理者，要成為壓迫者與否，是人們可以自行選擇的。但是，當壓迫關係涉及到男性和女性時，人們是否也同樣擁有選擇呢？她認為沒有。在今天，我們對這個問題的回應，可能會與波娃不同，但在那個年代，她認為性別作為一個類別是無法逃避的。她說，男人別無選擇，一旦生為男人就只能終身都是男人，而女人也只能終身是女人。她還說，女性不可能真的期望廢除男性作為一個階級或群體的存在。人們可以廢除奴隸制度。但人有辦法廢除男性的特徵嗎？

女性面對的「陷阱」

《第二性》出版於一九四九年。德．波娃在這本書中的假設，今日看來可能顯得過時。二十一世紀關於性別及其流動性的論點——例如女性得以變為男性，男性也得以變為女性，並且存在著許多介於兩者之間的性別認同——為這樣的理論開啟了新的可能。這些論點中最激進的論述，甚至想暗示生物學本身所構成的生理性別也是流動的，儘管波娃——一如許多當代女性主義者——不會將推論推得那麼遠。同樣地，一些激進的女性主義者也質疑她所採取的反對廢除男性作為壓迫群體的立場。瓦萊麗．索拉納斯（Valerie Solanas），那位在一九六八年槍擊安迪．沃荷的女性，早在《第二性》出版的一年之前發表了《人渣宣言》（*SCUM Manifesto: The Society for Cutting Up Men*），該書主張女性應該徹底消滅男性。波娃不認為這是一個選項，正因為這不是一個選項，她認為女性主義因此將受到限制。與其他形態的壓迫關係所激發的解放運動相比，女性主義預設了最終解放的缺席，而這限制了這場政治運動的力量。如果不公正的根源是看似永遠無法完全根除的問題，那麼想要取得進展改善這層壓迫關係就會變得更加困難。宿命論在女性主義的背後若隱若現。道格拉斯的作法——逃離、揭露，進而廢除——在這層關係裡似乎無法適用。

儘管存在著這種種局限，波娃依然明確指出，解放女性免於壓迫的訴求，也是弘揚進步精神的訴求。女性與其他被壓迫的群體一樣，需要得到法律與政治的保護。但讓女性與其他受壓迫的群體不同的地方在於，讓女性得到法律與政治保護的進程顯得緩慢許多。在她所處的法國，尤其是如此。法國女性在一九四九年享有投票權，然而這項權利卻早在五年前已藉法律賦予女性。對於保護女性免於壓迫的訴求而言，任何面向的進步都需要時間醞釀，而社會長期存在對女性的偏見也很難根除。但儘管如此，法國女性要直到一九四四年才獲得選舉權依然是令人震驚的事，尤其如果我們意識到，讓女性得以參選並與男性一同競奪政治權力的課題，是早在一個半世紀以前的法國大革命時期就已經為人所倡導的想法。法國大革命打著「人人皆享有平等的權利」之名前進，這也因此讓許多參與革命的人質疑，為什麼女性不能享有參政的權利。然而一直到了二戰結束，法國人依然在同樣的問題上打轉掙扎，無法給出肯定的答案。同樣地，在大革命時期，離婚問題早已是關於公民自由的核心辯論之一，因為一個讓人們無法擺脫不幸婚姻的制度，被理解為一種壓迫形態，而女性在這種壓迫中往往是付出了最大的代價。在那個革命的年代裡，女性在婚姻中幾乎沒有任何權利。在一百五十多年後，情形依然沒有好轉。在一九四九年，視婚姻為壓迫的這一論點依然存在，而法國也仍舊沒有在制度上落實離婚法。

有些解放壓迫的運動一旦成功爆發，其進程將會發展得非常快速。舉例來說，在不到一個世代以前，對社會上的許多人來說，同性戀的權利（尤其是同性婚姻的制度）是令人難以接受的論述，但在短短一個世代之後，在現今，有一些曾經拒斥同婚權利的社會已經廣泛接受這項權利並藉由制度保護它，甚至在制度之外、在社會輿論裡也不會因為這項權利的實踐而引發爭議（法國就是一個典型的例子）。然而，二十世紀中業的法國女性權利運動則正好與此相反。法國大革命的許諾，曾經讓解放女性免於壓迫成為啟蒙運動早期的訴求之一。然而，有好幾個世代的法國女性，在這種許諾未曾兌現的陰霾中度過了一生。在波娃寫作的時刻，女性的處境並未得到太多改善。女性依然被困在幾個世紀以來的困局裡。

波娃將法國女性的處境，與美國女性的解放運動做了對比，指出美國女權運動的步調要來得快上許多。在一九四〇年代後期的美國，女性在社會和經濟上擁有更多的契機，而這是她們的法國同胞所無法享有的，哪怕即便當時的美國，女性的解放仍然有著漫長的道路要走。法國依舊是一個天主教國家，而這對女性的處境有著深遠的影響。相比之下，美國看起來是一個女性能夠更自主行動的社會，女性可以憑藉自我的意志行事，尤其可以依循自我的想法，規畫個人的職業發展或尋找不同的工作機會，而這些都是身處在法國的女性難以企及的。然而，正如波娃所說，事物從來不會像外表所呈現的那麼簡單。任何的解放運動總會有著連帶的條件。在當時的美國，隨著女性變得更加獨立，她們也逐漸受到其他類型的社會和道德束縛。靠自己謀生的女性常常會受到更寬泛的質疑，正如那些想要擺脫婚姻束縛的女性一樣，她們往往不被社會意識形態所認可。新的自由也帶來了新的判斷標準，而這讓女性再次必須面對挑戰。

除此之外，美國女性的自主權利一旦被拿來與美國男性所享有的自由相比，將可以輕易見證兩者之間依然存在著一些根本上的差異。男性在行使自己所選擇的生活方式的權利時，往往不會擔心自身的選擇是否會受到批判——對美國男性來說，自由往往被理解為自我實現的手段。但對女性而言，成為一個「自由的女人」則意味著進入了一個新的社會範疇，這個範疇充滿了社會對女性的沉重期待。男性可以選擇自己想做什麼就放手去做，而女性在做出選擇時則不得不回頭看，顧慮著自己的選擇將會如何被外人點評批判。這正是使男性對女性的壓迫，比其他形態的壓迫更為普遍的原因之一。任何形態的解放，往往意味著新的道德負擔將隨之而來。

這些負擔究竟從何而來呢？為什麼乍看之下，我們似乎見到了男性在一方面給予了女性一些權利，卻又同時在另一方面要奪走這些權利？波娃使用了「陷阱」這個詞彙，來形容女性所面臨的困境。與其他形態的壓迫相比，對女性的壓迫更像是一個陷阱。其他形態的壓迫可能更加糟糕——例如最極端的奴隸制，那些歷史上實際發生過，也遠比男性對女性的隱喻性奴役更為壓迫的制度——但對女性壓迫的普遍性之所以危險，就在於它被構建得如此無法逃脫。這裡所說的，並不是生物學或自然科學的問題，而是社會建構的結果。一個完整的世界被建立在女性之於男性所隱含的劣勢之上。這種思維無處不在，也是個普遍的組織性理念。而這正是讓女性被壓迫如此難以擺脫的原因。

《第二性》是一部篇幅極長的著作，它探索了各種不同的思路，來反思同一個難題：這個關於女性深陷陷阱而難以逃脫的難題。這不僅僅是一本哲學或歷史著作。波娃在本書裡借鑑了神話、文化、禁忌、民間故事、精神分析以及其他許多不同的領域：她不放過任何有助於解開這個難題的事物，無論是早先的經典哲學著作還是某種文化裡蘊含的思維，她都會對其進行反思並寫下這些事物是否有可能協助女性擺脫壓迫。她引用了她所研究過的許多不同領域的論著，並對其中許多領域的思維進行了相當犀利的批判。也因此，這本書自身往往也充斥著批判精神。舉例來說，她認真探討了精神分析的論述，同時卻也毫不掩飾地指出佛洛伊德的精神分析理論有多麼荒謬。她指出，這種理論試圖解釋男性與女性之間的關係，並為構成女性壓迫陷阱的現象提供一個理論基礎，但卻完全不足以達成此一企圖。對波娃來說，精神分析是一個全然不夠充分的理論，與它所試圖想要描述的現象相比，其理論內涵顯得過於簡化。波娃堅持認為，在提及佛洛伊德所謂的「陽具羨妒」時，我們該提出的問題不是這種概念能用來解釋什麼現象，而是這種概念本身**蘊含了什麼思維**。為什麼男人會想出這種概念？她說，如果你是這種佛洛伊德式的精神分析師，那麼你才是真正需要接受精神分析的人。如果你相信人與人之間真的存在陽具羨妒這種說法，你才是那個需要躺在診療椅上接受分析的人。我們該追問的問題是：你過去究竟有過什麼樣的經歷讓你會採信這種說法？正如我所說的，波娃這種批判相當犀利，而她文字中所透露的，她對自身智識所感到的優越感，也往往令讀者感到振奮。

最終，波娃對兩性關係的分析立基於哲學。她的哲學取徑有一個稱呼，叫作「存在主義」，這是一個令人生畏的術語，指的是一套令人畏懼的思想（尤其當它被掌握在波娃的朋友暨戀人沙特〔Jean-Paul Sartre〕的手上時）。然而，這種哲學分析的方法也可以用人們更為熟悉的詞彙來表述。波娃使用了「主體」（subject）和「客體」（object）的語言來釐清兩性關係：她說，在人們對於性別的傳統理解裡，男性是性別的主體，而女性則是客體，正因如此，女性在這種傳統理解中被物化了。她還使用了另一個詞彙，而這個詞彙在她寫作的年代還不是那麼常被人們所使用：她說，女性成為了「他者」（other）。如果我們使用一個稍嫌不雅的及物動詞來重現她的論點，那麼波娃所指的是，男人將女性形塑為「他者」。他們藉由將女性視為男性的對照組，來定義男性的特質是什麼，同時也在這個過程中定義了女性該具備什麼樣的特質。正由於女性在傳統性別論述中是客體，也是他者，這表示她們時常被剝奪自我定義的權力。而這種權力正是由男性剝奪走的。

受困於傳統性別理解的男女

然而，波娃的分析，並不僅止於指出女性是如何受困於這種性別理解。她認為，男性同樣也受困其中。主體／客體的關係，始於男性掙扎著要如何與自然世界以及如何與彼此共存。雖然這個主客關係的論述，在主流詮釋中往往被視為是一個關於男性如何主導、行使權力並施加殘酷壓迫的敘事，但與此同時，這也是一個關乎男性弱點、男性對自身的不足感到懼怕的故事。男性不知道該如何面對自己的困境，即其作為自身敘事的主體而不是客體的事實。他們是那些可以決定如何生活的人，可以選擇他們想成為什麼樣的人，並能夠自我定義的人。但問題在於：男性的自我理解，是否乃以男性的天性來界定自身？當男性定義自我時，是否轉向了那些關乎自然狀態和自然權利的語言？有許多哲學家（包括盧梭在內）都認為，這是男性自我定義所應有的起點，是男性（而非女性）應該積極建構自身與自然的聯繫。但波娃說，對大多數男性而言，這種哲學訴求往往令人感到恐懼。將自我的定位上溯到與自然的連結，不僅會讓人意識到自身的不足之處，還會讓人感到自身有多麼微不足道。因為無論你多麼在意自然以及自然與你自身的關聯何在，自然並不會在意你。

自然對於個別人類的存在，有著冰冷無感的態度。你可以與自然共處，但無法與自然溝通；你可以感受到自然的美麗和力量，但無論你對自然有何感受，自然對你都毫無感覺。高山可能會讓男人感覺自己有男子氣概，但最終，高山並不在乎男性自己對山脊有什麼感觸。人類作為一個物種，也不會在乎物種之間的個體成員。個別的人類單體對這個物種而言毫無意義。我們不需要演化論或遺傳科學也能理解這一點。我們都知道，今天我們可能健朗，但明天我們可能就消逝死亡，而世界在我們死後將依舊運轉，個體的存在不過是短暫的過眼雲煙。

波娃認為，作為一個傳統性別意識中的男人，意味著你終將被潛藏在你的主體性背後個人的渺小與無力感煩擾。因此，對每一個男人來說，在無法從與自然的連結中獲得慰藉，他們的另一個選擇就是試圖在自身與其他男人之間的關聯中找到自我生存的意義——而這意味著男性轉向了他的同胞，轉向那些同樣能夠定義自我存續方式並做出存在選擇的人們。然而，男人在自身與其他男人的關聯間尋找存在意義的問題在於，男人彼此之間似乎沒有什麼不同（這與自然對男人的冷漠不一樣）：男人們都同樣地在拚命尋找意義。有少數男人能脫穎而出——男人的歷史上偶爾會出現如盧梭或拿破崙，這類以某種方式超越了他們同時代和同處境的男人的人——但這些男人極為罕見、也難以模仿，尤其是因為這種男人們通常都有著深刻的個體創傷。對於大多數男人來說，他們生命中大部分的時間只是與其他男人一同發現到，男人彼此之間基本上不存在特殊差異。這裡存在著一種不同於自然的冷漠：這不是自然那種對男人的觀感無感的冷漠，而是某種交互作用的冷漠。因此，男人需要轉向另一個範疇來支撐他們的存在並賦予其意義，這種範疇所關涉的事物需要包含一些自然的元素，也需要包含一些他們的同胞所具有的元素，但這兩種元素都不能過多。波娃進而指出，在幾乎所有的人類社會、文化和政治情境裡，男人們發現，那個能夠讓他們感到充實、感受到存在意義的角色，最適合由女性來填補。

換句話說，男性是藉由將女性視為帶有部分自然元素、與部分社會性生物元素來定義自身存在的意義。當女性被視為自然的部分再現時，這讓男性感受到他們的與眾不同，感受到他們的主體性和自由。男性可以將自身與女性做對比，而在這個對比關係裡，女性被自然化了，成為一種具備象徵意涵的、大寫的「女人」這個群體，其特質往往被簡化為女性所具備的身體特徵、生育能力與性。藉由與這種象徵意涵的「女人」對比，男人感覺到自己是多麼特別、多麼自由，彷佛他們與女人不同，不會被困在身體的特徵裡、不會成為其他人欲望投射的對象，也因此享有更多的自由。但與此同時，女性也和男人一樣具備人的元素，因此男人可以與女人建立起交互關係，女人除了被賦予象徵性的符號並代表自然之外，她作為人的面向可以與男人進行交流並與男人建立人際關係，但更重要的是，這個面向的女人能夠給予男人充分的情緒價值，例如為男人帶來戀愛的情感，為男人提供安慰與肯定。女性是一個能讓男性感覺到自己是主體的客體。高山不會給予個別男性任何肯定，但女性可能會給予男性這種對肯定情感的索求。因此，男性從女性那裡尋求的是一種奇特的混合體：女性代表自然的面向讓男性感到自己的與眾不同，而女性代表個人的面向讓男性感到備受肯定。對男性來說，這就是男女關係所應該運作的模式。

問題在於，這種關係根本不可能存續下去。波娃認為這種關係永遠不可能如常運轉，因為它本身就不合邏輯。女性被男性所賦予的自然與個人這兩個面向，並不是相互強化的，反而是相互牴觸的。男女之間的關係，會因為女性永遠無法成為男性想要她們成為的那種存在而破裂。她們要不是被過度自然化，因此變得對男人過於冷漠（女性之於男性只是另一副身體，而不會提供任何情感慰藉），就是被過度個性化，因此不夠「自然」，也不夠疏離（女性變成了一個有太多心思的存在）。波娃在各種不同的情境中，描繪了這種無法避免且極不穩定的男女關係，這種關係受到其最根本的悖論影響，使男女關係呈現出相互拉扯的樣態。男性既不能擁有又無法失去女性。他們不能同時把女性視為可以互換的自然物體，又希望女性足夠具有人性和個體性來讓他們自身也感受到人性的溫暖。

沒有人可以兩全其美。男人和女人都將發現，男人總是會去抱怨那些有自己想法的女性不夠像典型的「女人」；而那些他們視為典型「女人」的女性，又無法讓他們感覺自己有多麼特別。這種矛盾永遠無法消除，並且以各種形式侵蝕著男女之間的關係。最終，這導致了壓迫、歧視和偏見的結構，因為男性總是在追求他們永遠無法得到的事物，那個同時完美兼具自然與個體元素的理想中的女人。波娃引用了大量的書信、日記、小說和回憶錄，並在這些文獻中發現了這個不斷在人們生活經驗中反覆重現的主題。兩性之間的關係永遠無法滿足男性的需求，而因為男性得不到他們所想要的事物，他們轉而加強對女性的支配，認為這麼做或許可以形塑出他們尋求的自我認同感。但這只是更加惡化了問題。

在波娃看來，這種雙重性存在於幾乎所有異性戀的關係裡（同性戀的關係可能會存在另一種性別樣貌，但她並沒有深度討論這個問題）。她認為，這種雙重性尤其體現在多數人的性關係中所具備的不幸福感，因為大多數人往往無法得到他們想要的關係。女性在性關係中感到痛苦，因為她們沒有權力，沒有權威，沒有決策能力，也沒有自由去探索自身的個體性；而男性也為此感到痛苦，因為他們想要的是一個永遠無法得到的事物：那個既具備個體獨立又符合典型女性特質的女人。後者在本質上就是一個自相矛盾的概念。

在《第二性》一書中，波娃花了相當多的篇幅剖析並實質上解剖了婚姻制度。她以令人心碎的細節，描述了婚禮儀式和新婚之夜的恐怖。以一個典型的二十世紀中期法國鄉村婚禮為例，正如波娃所說，那既是一個極具儀式感和神聖的場合——充斥著絲帶和蝴蝶結，有著正裝打扮的市長和神父，村民也會聚集在一起歡呼慶祝這對幸福的新人——但那同時也是一個極其原始的場合，充滿了殘酷血腥，有時甚至是充斥了暴力。那是一種強制性的身體結合。婚禮既是教堂上的絲帶，也是床單上的鮮血。除此之外，波娃也描繪了男性在對待母親的角色時所有的荒謬的雙重標準。男人對母親總是讚美，有著對母親的尊敬，也將母親視為崇拜的對象（這在天主教的法國尤其如此）；但同時，男人也存在著對母親的蔑視和憤怒，尤其是對於岳母的憎惡。波娃指出，幾乎所有男性對岳母都抱有這種態度。她指出了這種荒謬而反覆出現的對比，某些男性一方面將母親理想化，另一方面又將岳母視為可鄙的存在，彷彿她們是兩個完全不同的類別。

我還記得在以前主流的電視喜劇，甚至是黃金時段的電視節目裡，常常會有一些以岳母為主題的笑話段子。這在現今可能不那麼常見，但我的年紀讓我還記得這些片段。這種以岳母為主題的笑料總是反覆如一。舉例來說，我最喜歡的喜劇演員之一萊斯．道森的職業生涯，有很大一部分是建立在反覆訴說那些關於岳母的笑話之上，而這些笑話是他絕對不會跟他母親述說的，他尤其不會讓自己的母親成為這些笑話的主角。對波娃來說，這些都不是笑話。這是男性對女性所要求的、既深刻又無法持續的雙重標準的象徵。這種標準從搖籃延續到墳墓。她說，認為單憑一枚戒指就能賦予一個女人人格的這種想法是荒謬的，好像一小圈貴金屬環就能把一個人從一種狀態轉變成另一種樣態似的。如果你想賦予一個女人人格，你需要做的不僅僅是把戒指戴在她的手指上。如果你所做的僅只是把戒指套上她的手指，你所得到的就只是個自然物品。然而，男性想要的是一個既是自然物品又是個人主體的存在，他們想要的是一個既能受他們控制但又不能太受他們控制的女人，一個讓他們感覺是出於自我意志自由地選擇了他們的女人。波娃對男性這種既希望女性自由地選擇自己，又本能地想剝奪她們選擇權的矛盾願望，做出了深刻且犀利的批判，因為男人始終在害怕如果真的給予女人選擇的權力，女人很可能不會選擇他們。

這是個陷阱。對女性來說，這個陷阱的危險與處境之糟糕，顯然遠比同樣身陷陷阱的男人要來得嚴重。這並不是因為女性比男性更受困於這種雙重性的束縛——波娃認為我們所有人都被困在其中——而是因為其後果對女性來說更加嚴重。《第二性》中的大部分內容，都是波娃對這些後果的描述，而這其中充滿各種痛苦的控訴。從一段無望離婚的糟糕婚姻所帶來支配的恐怖，到二十世紀中期法國農村婦女的生活所經歷的恐怖，例如她沒有任何方法能擺脫繁重的家務、家庭的奴役，甚至經常遭受家庭暴力的處境、到被強迫成為母親，沒有選擇權，也無法獲得墮胎權的恐怖。波娃的目光超出了法國，走出了二十世紀。她描述了生活在後宮中的女性，受制於一個不受法律約束的男人的統治：她們實質上被視為可以供人交換的物品。她列舉了無數的女性，如何在男性世界中無法擁有自己的財產與法律地位下所承受的後果。對女性來說，這個陷阱帶來的後果永遠比它給男性的影響更糟糕。但對男性來說，在陷阱中的經驗也不見得好過。

在《第二性》裡，對男性的同情極其有限，但卻明確討論了男性是如何也受困在傳統性別思維。在二十世紀中期的天主教法國，對許多女性來說，新婚之夜是個恐怖的經歷，但對男性來說，那也可能是痛苦的折磨。當波娃說，男性在新婚之夜無論如何都不會是贏家時，她隱隱約約地流露出一絲同情。如果男人在新婚之夜知道該如何行房，那麼很顯然這意味著他們在婚禮前就有了性經驗，而這表示他們眼前那位不久前才在教堂中宣誓效忠的「唯一」的女人將不會是唯一。他們將違背天主教最隆重的誓言之一。但如果他們全然不知道該如何進行，哪怕新婚前的純潔意味著他們本來就不該有性經驗，這卻又將意味著他們的經驗與能力不足，讓他們顯得笨拙與駑鈍。波娃犀利地指出，作為一個男人，必須要相當幸運才能在這兩種可怕的命運（笨拙的傻子或冷漠的放蕩者）之間找到平衡。大多數男性往往只是其中一種，而有些男性則是兩者兼具。

逃離絕望陷阱的可能性

人們有沒有可能逃出這個看似絕望的陷阱呢？理論上是有的，也許在實踐中也是如此。波娃有一個哲學上的解方，但她同時也提出了一些政治上的解決方案。哲學上的解答是，女性必須成為主體，她們不能僅僅只是作為男性主體的客體而存在。如果女性和男性都能夠定義自身的存在，結果不會是和諧，也不會是和平，更不會是那些完美的新婚之夜或婚禮儀式。波娃指出，即使在這樣的世界裡，還是會有惡行和不道德的行為，也還是會有放蕩的狂歡。在任何我們所構建的世界裡，依然會有性帶來的痛苦，就像依然會有性帶來的狂喜一般。所有現在存在的事物都會繼續存在，但這些事物將不再會是陷阱，因為如果男性是主體，女性也是主體，那麼無論彼此的經驗是痛苦還是狂喜，這些經驗都不會建立在某一方單方面物化另一方之上。兩性之間的關係依然會有把一方化為他者的現象。對女性而言，自由必須意味著有將男性視為「他者」的自由，而這是因為這就是人類的本性——我們都需要一些作為他者的事物來作為我們的對照組，從而得以界定自身。

波娃認為，以為人類彼此相處的過程中完全不存在異化或恐懼，或完全不存在試圖從他人的反應見證我們自身的努力這種情感，那無疑只是一種幻想。總會有一些人，甚至可能是我們最親近的人，看起來像是我們的「他者」，但如果雙方都能夠自由這樣做，如果每一個人都能享有把另一個人視為「他者」的自由，那麼我們就有可能企及一種新的人際關係的理解。在《第二性》

的尾聲，波娃提出了這種可能性：如果男女雙方都能自由決定自己的存在，那麼這個情境下的兩性關係，儘管不一定會有和諧，儘管也不一定會有完美的結合，但肯定會有更進步的意識與關係。男性與女性之間的差異可能會變得更加鮮明（而不是減少差異），但即使在缺乏共識的情況下，差異極大的雙方仍有著相互理解的空間。否則的話，借用存在主義的一個術語，剩下的就只有「自欺」而已。在單方向物化的情境下的相互理解是一種謊言，但這並不是物化本身造就了謊言，而是單方向的物化使謊言成為可能。如果雙方都參與了物化的過程，雙方就有可能達到共識。

《第二性》一書裡，並沒有涉及太多波娃的個人經歷，儘管這些經歷必然是她寫作脈絡的一環。她書中所舉的許多例子都來自他人的生活經驗，出自歷史、回憶錄和小說。然而，許多讀者，尤其是在這本書出版後的數十年間，傾向於將波娃的個人生活經驗放在《第二性》中所描繪的男女關係的核心位置。她生活中的核心關係，是與她的存在主義同伴沙特的關係，沙特的影子在這本書中若隱若現。這並不是因為這本書是沙特思想的傳聲筒——它絕對不是。沙特無法寫出這本書，無論是作為一個哲學家，還是作為一個男人，他都缺乏波娃的想像力。然而，當涉及到男人和女人之間作為平等的自由關係時，讀者很難不去思考波娃的生命經驗是否符合她的一些理想。

在法國，波娃因為她試圖過著一種不受傳統約束的生活而聲名大噪，甚至引發爭議。她與沙特的關係正是這種生活方式的縮影。他們從未結婚，一直保持著某種開放的關係——雙方都有別的愛人，波娃的愛人包括了男性和女性。在這本書中，沙特的影子也隱約可見，因為有些段落讓人確信波娃在寫作時想到的人就是沙特。她描述的持續存在的雙重標準之一是，女性受到外表的約束，必須符合社會對她們外貌的期望，而有些男性卻可以自由隨意地穿著。就算看起來再怎麼邋遢，男人依然感到自己是真實的自我。男性可以衣衫不整，男性可以不洗澡，男性可以長相醜陋，但仍然覺得自己是他那「本質的自我」——甚至是他「可愛的自我」。沙特很邋遢、不常洗澡，也長得醜陋，但波娃依然愛他，儘管她也意識到，對沙特來說，這種邋遢、氣味和醜陋在某種程度上成為了他的性武器，而這對女性來說幾乎是不可能的，對波娃來說更是如此。波娃一直保持著精緻和優雅的形象，努力展現自己最好的外貌。他的凌亂和她的時尚在巴黎的智識菁英社交圈中經常被視為理所當然的存在，甚至幾乎不曾被人們注意。但波娃自己卻絕不會忽視這一點。

他們之間的雙重標準的問題，在他們去世後變得更加尖銳，尤其是在他們之間的書信往返被陸續出版之後更是如此。自一九八〇年代以來，讀者對他們的生活方式有了更多的了解，這些理解讓人們意識到沙特的自私、他的需求，以及在某些時候，波娃似乎並不是一個在開放關係中的自由伴侶，而是成為了某種典型男性性行為的促成者：她促成了沙特成為冷漠放蕩的男人。他們的關係可能被視為，也可能被描繪為一種陷阱。波娃自己是否未能達到她在《第二性》中描述的自由女性的標準？這又是否會是個重要的問題？我認為，她幾乎肯定未能完全實現那個標準，但這並不重要。波娃的生命經驗只是表現了要落實這種男女性雙方彼此都是主體、彼此都能互相物化的標準有多麼困難。有哪一位讀者，在讀過《第二性》之後會對這種自由有著輕而易舉就能達成的期待呢？如果我們考量到這些社會結構的普遍性、女性物化的陷阱對全球各地的人們影響有多麼深遠，為什麼又會預期這對波娃來說會很容易達成呢？這對任何人來說，都是極其艱困的任務。

解放女性的進步與阻礙

在《第二性》中，波娃提出了一些問題，而這些問題在其他對女性受壓迫和解放女性的論述中也很常見，但她給出的答案有時會讓人感到意外——她的答案似乎在某種程度上，至少在智識層面上，過於認同男性的觀點。她提出的其中一個問題是一個歷久不衰的經典問題：為什麼歷史上，偉大的女性藝術家數量是如此稀少？而她給出的答案是一個女性主義的答案——也是正確的答案——這與天性、天賦、能力或生物學無關，這純然只是因為社會建構的因素，以及事實上男性擁有追求藝術創作的機會而女性沒有而已。許多男性擁有成為藝術家所需的經濟條件，而很少有女性可以如此幸運。在這方面，男性是有優勢的階級，女性是劣勢的一方。如果競爭環境是公平的，那麼我們當然會見到偉大的女性藝術家在數量上與男性藝術家相當。

但波娃也指出——而這才是令人驚訝的部分——對她來說，真正的難題依然是為什麼女性從未寫出像男性作家所寫出的那些最偉大的書籍一樣的作品。為什麼沒有女性寫出《戰爭與和平》[1]這樣的著作？為什麼沒有女性寫出《尤利西斯》[2]或《白鯨記》[3]，或《審判》[4]或甚至《智慧七柱》[5]（請原諒我援引這本書）這樣的作品？她似乎仍然將男性所寫的小說、男性作家、男性思想家視為某種能夠表達普世價值與能夠追求普世價值的存有，而與之相比，女性的寫作總是過於特殊。女性作家將她們的小說建立在人際關係中，而男性則能夠從超越人際關係的宏觀視野上來反思生命，因為他們得以認為自身和自身的經歷代表著某種特定經驗的事物。波娃說，女性會寫出像《米德鎮的春天》[6]這樣的作品，而男性則會寫出像《戰爭與和平》這樣的史詩，她暗示我們需要的是一個讓女性也能夠寫出像《戰爭與和平》這樣巨著的世界。她還明確表示，《戰爭與和平》是更好的小說。她聲稱，只有女性才能寫出《咆哮山莊》[7]，但只有男性才能寫出

---

1 《戰爭與和平》（*War and Peace*）：俄國作家列夫·托爾斯泰（Lev Tolstoy, 1828-1910）撰寫的長篇小說。

2 《尤利西斯》（*Ulysses*）：愛爾蘭作家詹姆斯·喬伊斯（James Joyce, 1882-1941）的長篇小說，普遍被認為是現代主義文學中最重要的作品之一。

3 《白鯨記》（*Moby Dick*）：美國小說家赫曼·梅爾維爾（Herman Melville, 1819-1891）的海洋文學巨著，公認為美國最偉大的長篇小說之一。

4 《審判》（*The Trial*）：德語作家法蘭茲·卡夫卡最著名的作品之一。

5 《智慧七柱》（*Seven Pillars of Wisdom*）：英國軍官T. E.勞倫斯（Thomas Edward Lawrence, 1888-1935），也稱「阿拉伯的勞倫斯」，將其於一九一六至一九一八年間參與阿拉伯起義的經歷寫成的自傳。

6 《米德鎮的春天》（*Middlemarch*）：英國小說家喬治·艾略特（George Eliot, 1819-1880）的第七部長篇小說，被評論家譽為英國寫實主義文學代表作之一。

7 《咆哮山莊》（*Wuthering Heights*）：英國文學家艾蜜莉·勃朗特（Emily Brontë, 1818-1848）於一八四七年以男性假名「埃里斯·貝爾」出版本作，成為英國文學的經典之作。

《卡拉馬助夫兄弟們》[8]。這讓我覺得有點奇怪，這似乎夾帶著某種智識上的優越感，也似乎過於簡化。這種說法更像是男人會說的話。為什麼男性作家的作品特質，會成為小說家創作能耐的衡量標準？我並不是說《米德鎮的春天》是比《戰爭與和平》更好的小說，但我確實認為《戰爭與和平》並不見得比《米德鎮的春天》來得精采。

《第二性》中還有一點會讓讀者感到不適，那就是它所蘊含的政治觀點。波娃有著明確的政治訴求，儘管這個訴求只在零星片刻會浮現出來，其他時候大多隱藏在她對文化、歷史、社會習俗、心理學以及無處不在的兩性問題那非凡且全然原創的分析裡，而這些內容也確實構成了這本書的主要篇幅。但在這些分析中，偶爾冒出的政治觀點是她的社會主義觀點——她與沙特的社會主義——在這個脈絡下，它意味著一種史達林主義的形態（他們兩人後來都成為了毛主義者）。波娃在書中的不同章節中暗示，擺脫兩性關係陷阱的唯一可靠方法就是社會主義革命。最終，女性必須從資產階級的法律和制度中解放出來，因為這些法律和制度束縛了女性，包括資產階級的婚姻和母職制度，這些是資本主義社會壓迫結構的內在成分。而擺脫這種結構的典範是蘇聯——尤其是史達林的蘇聯——她說，蘇聯的憲法明文規定女性應該是自由的。那部憲法廢除了許多將女性與婚姻和母職綁定的束縛，許諾了女性平等的教育機會和工作場域中的平等機會，也將墮胎合法化，並將女性的身體視為她們自身的財產。這聽起來好得令人難以置信。事實上也是如此。

波娃將蘇聯的史達林憲法視為女性解放的典範。然而，因為這是一九四九年，她同時也承認，有鑑於近代歷史的發展，蘇聯憲法中所記載的那些權利最終只是空口白話，當國家需要其他事物時，那些權利便會隨風而逝。在二戰期間，當蘇聯發現它最需要的是促進人口成長，因為戰爭正讓國家以驚人的速度消耗男性的生命，隨著戰爭犧牲了數以百萬計的年輕男性，俄羅斯女性突然被要求回到她們傳統的母職角色，所有的女性權利在瞬間被廢除：墮胎也被禁止，女性成為國家的生育機器。波娃接受了這一事實，但她從未明確指出，這也因此意味著憲法中的權利根本不能作為未來女性解放的典範。如果女性解放依賴於像史達林的蘇聯這樣的威權國家，那它只是另一種可怕的陷阱。

然而，《第二性》並未以蘇聯式的社會主義作為結束，儘管這本書的最後一段引用了馬克思的文字，而波娃也將羅莎．盧森堡視為女性解放的光輝榜樣。這本書的末尾，回到了它起始的地方，藉由與其他形式的壓迫比較來回應一個問題：在沒有社會主義變革的情況下，女性權利進步的可能性是什麼？波娃承認，大多數的進步將是零碎的、漸進的，就像在戰後的法國那樣。然而，儘管如此，這些進步依然是真實的，因為即使在法國這些進步也是真實的。通往選舉權和解放的進步是真實的，零碎的經濟變革也是實在且重要的。女性需要在職場上的機會，女性需要教育平等，女性需要法律保護，女性需要權利，女性需要能夠擺脫糟糕的婚姻，女性需要避免進入糟糕婚姻的能力，女性需要掌控自己的身體。這些事情不能都等待一場革命。進步很重要，但進

8　《卡拉馬助夫兄弟們》（*The Brothers Karamazov*）：俄國文豪杜斯妥也夫斯基（Fyodor Dostoevsky, 1821-1881）最後一部長篇小說，也被認為是其文學生涯的巔峰之作。

步也是艱困的。為什麼會如此艱困呢?因為，正如其他形式的壓迫一樣，進步的路上總會有壓迫者設下的阻礙。而在女性權利的情境下，這些阻礙是由男性設置的。

波娃特別指出了兩種障礙，其一是一種懷舊情結。男性——主要是男性，但也包含了少數女性——會說，我們需要謹慎對待因進步之名而拋棄的事物。既有的種種並不總是有害的。將女性從傳統社會習俗中解放出來，可能會失去一些我們珍視的事物，諸如女性那優雅又富含魅力的氣質。有一些男性會說，沒有什麼比一位充滿魅力的女性更具吸引力，而有一些女性也會如此附和。波娃指出，這讓她想起美國南方對奴隸制度的辯護，有一些人會懷念起舊時代的種植園生活，認為那裡充滿了優雅的氣質與古典的魅力，一如《飄》[9]所呈現的騎士精神和玉蘭花的芬芳。但他們忽略了玉蘭花的香氣掩蓋掉的是血腥的臭味。藉由這樣的對比，她清楚表達了自己對這種懷舊情結的看法：這是一種荒謬的現象。

她還指出一件事，而這件事與本書所討論的其他思想家所關切的事物息息相關。除了懷舊情結之外，還有一種阻礙女性解放進步的阻礙，這種阻礙來自男性對女性所訴說的言詞，這種言詞與殖民者對被殖民者所說的、奴隸主對奴隸所說的、資本家對工人所說的修辭是類似的。他們說：「你們的生命並不需要那些我們所擁有的事物。我們不賦予你們權力和讓你們得以決定自我生命的權利，原因是因為這是過於艱難的重擔。」殖民者會對被殖民者說：「我們殖民你們，是在扛下艱苦的工作，我們是在為你們省下這些麻煩，讓你們過上輕鬆、不那麼焦慮的生活。我們才是那些無法安眠的人。」工廠老闆也會對工人訴說：「我才是那個必須擔心工廠倒閉的人，你們只需要早上準時來上班、領薪水、晚上回家後吃飯喝酒睡覺就行了。」與以上種種相仿，男人也對女人說：「別耗費心力去煩惱這些事物，讓我們來負責這些艱困的事情，而這些是既痛苦又艱巨的工作。」男人總會抱怨當男人沒有任何好處，就像帝國主義者會說管理帝國沒有半分好處，奴隸主也會說經營種植園沒有半分好處。但與此同時，他們忽略的是，奴隸會怎麼說呢？被殖民者會怎麼說呢？女人又會怎麼說呢？這些人可能會說：「如果真的沒有半分好處，那就讓我們來做吧。如果你們抱怨的一切是這麼艱難，我們將會非常樂意承擔這個負擔。如果你讓我們決定自己的生活，如果你讓我們自由，我們非常樂意承擔無法入睡的風險。如果你們真的不喜歡這些事物，那就放棄吧。但你們是不可能會放棄的，因為你們其實喜歡這些事物，因為你們其實是在編織謊言。」沒有人會在得到自由後，還會想把自由交還。

這正是弗雷德里克·道格拉斯所提出的論點——奴隸主說的任何話語，都無法向奴隸證成奴隸制的正當性，因為這種辯護只對奴隸主的視角有意義。宣稱自由的代價是沉重的，對一個不自由的人來說毫無意義。波娃認為，我們都應該追求的自由，是那種人們必須真正理解它的實踐有多麼艱難的自由，理解擁有真正的選擇是什麼感受的自由，理解行使真正權力又是什麼感受的自由。如果對男人來說，這種自由真的如此艱難，她說，那就讓女人來做吧。

---

9 《飄》（*Gone with the Wind*）：美國文學家瑪格麗特·米契爾（Margaret Mitchell, 1900-1949）生前唯一出版的作品，該作不僅使米契爾榮獲一九三六年國家圖書獎、一九三七年普立茲小說獎，更於一九三九年改編成影史上的不朽經典電影《亂世佳人》。

西蒙・德・波娃

（Simone de Beauvoir, 1908-1986）

德・波娃於一九〇八年一月九日，出生於巴黎一個雖然是資產階級、但經濟拮据的家庭。她曾就讀於天主教學校，並在索邦大學學習哲學。在她二十一歲時，波娃成為法國哲學領域最年輕通過高度競爭的全國考試——「中等教師最高資格考試」（agrégation）的人。她的成績是全國第二高分，僅次於尚-保羅・沙特，而後者是第二次參加考試。資格考試後不久，沙特與波娃開始了一段非傳統但維持終生的伴侶關係。她的早期作品主要是學術著作，但在歷經第二次世界大戰以及納粹占領之後，波娃和她的朋友們變得更加公開談論政治。波娃擁抱了馬克思主義，並在某些時期接納了史達林主義和毛主義。在《皮瑞斯與辛尼阿斯》（*Pyrrhus and Cinéas*）和《模糊性的道德》（*The Ethics of Ambiguity*）等著作中，她試圖將存在主義的自由概念與道德原則相結合。然而，或許波娃最為人知的是她的《第二性》。這是一部關於女性社會建構的激進論著，啟發了數代女性主義者。她主張，要真正獲得自由，女性必須拋棄那無法維繫的女性神話。包括波娃在內的存在主義者成為了知識界的明星。他們的思想、藝術與生活都成為了頭條新聞。德・波娃自認更像是作家而非哲學家。她撰寫了多部小說，包括獲得龔古爾文學獎的《名士風流》（*The Mandarins*），以及那多卷本的自傳。她同時也積極參與政治活動，反對法國在阿爾及利亞的戰爭並支持墮胎合法化。波娃與沙特的關係長期主導了人們對她的人生與作品的解讀。他們幾乎分享了一切，包含了他們的知識追求和性追求。兩人也各自或共同經營了其他感情關係。波娃與多位男性和女性建立了深厚的情感關係，其中包括美國作家納爾遜・艾格林（Nelson Algren）以及波娃的一些女學生。儘管她與沙特的關係最終不再是性關係，但他們的伴侶關係持續了五十一年之久。一九八六年四月十五日，波娃因肺炎去世，享壽七十八歲，並與沙特合葬於蒙帕納斯公墓。

第十章

羅爾斯談正義的本質

《正義論》

(*A THEORY OF JUSTICE*, 1971)

- 羅爾斯的「道德主義」標籤
- 對正義的反思
- 對正義本質的兩種回答
- 羅爾斯的三項正義原則
- 對羅爾斯論點的批評

羅爾斯的「道德主義」標籤

乍看之下，約翰．羅爾斯的《正義論》也許不太符合本書的調性。羅爾斯代表了那種將「what 問題」視為核心課題，而不是叩問「why 問題」與「how 問題」的政治哲學家。羅爾斯在《正義論》開頭就明確表明了他所關注的核心課題是「什麼是正義？」(What is justice?)。在那之後，餘下五百多頁的篇幅裡，他以細膩且深入的分析來回答這個問題。除了提問的性質有所不同之外，羅爾斯的寫作風格也與本書所討論的其他作者有所差異。他的寫作風格更加平淡，論述習慣也更有耐心。羅爾斯從提問開始，就小心翼翼地分析並建構問題所涉及的面向，同時希望他自身對問題的分析與回應足以作為人們日常與政治生活的指引，而不是作為某種批判他人的媒介。他的目的不是要拆解我們現有的世界、揭開它虛構的偽裝，也不是要揭露它在偽裝之下的本質。他所要做的，是告訴讀者，我們如何錯誤地將某些事物視為是正義且正當的存在，從而提醒我們、讓我們得以免於那些欺瞞了我們的方式，使我們誤以為**這些事物**是正義與正當的。羅爾斯希望，藉由他那審慎（有時候過於謹慎）且全然理性的分析方法，能將我們的思緒凝聚在一起，從而建構出一種理當得以被視為正義全貌的理解方式，並使我們得以用這種理解方式來看待世界。他的目的是要為我們建構一個穩固的立足之地，而不是抽開我們的立足點。

我在本書第一章裡，曾經提及人們有時候會拿羅爾斯與霍布斯做對比，指出一個是注重公平的哲學家，另一個則是強調安全的哲學家。有時候，人們也會拿羅爾斯和尼采來比較。我們也許可以使用兩個略嫌專業的詞彙，來描述羅爾斯與尼采的差異。有些人會說，尼采的哲學是「現實主義」，而羅爾斯的哲學則是「道德主義」（moralism）。這意味著，根據這些人的說法，尼采的哲學為我們呈現出政治現象中一切關乎現實的面向，而其中並不存在任何抽象的空想。尼采的哲學體現了政治現象中所涉及的人類的權力、激情、殘酷以及相互之間競奪支配彼此的欲望，也因此，他把那些我們可能不願意面對的現實現象放置於政治的核心。尼采揭露了我們習慣將這些現實道德化的習性。而羅爾斯的哲學，則從一個道德問題開始，並以道德問題結束。他想知道，我們要如何才能過上最好的生活，並且在追求最好的生活的過程中，我們要如何才能對彼此保持公平。他的方法有許多支持者——畢竟，誰不想過上最好的生活呢？——但當這種哲學被冠上道德主義的名號時，這麼為它貼標籤的人們往往是在嘲諷羅爾斯的哲學有些脫離現實。羅爾斯有時會遭受人們的嘲笑，認為他是活在象牙塔裡的哲學家，與我們的政治現實脫節，也過於疏遠那些當人們受限於極端的現實壓力、以至於沒有多餘的時間進行哲學反思、只能聽從其他人告訴我們該如何行事的情況下，所被指示的充滿混亂與髒污的事物。換句話說，作為一名政治哲學家，羅爾斯被人們認為他不夠「政治」。他職業生涯絕大部分的時間都在哈佛大學中度過，而他對政治的分析，看起來彷彿就出自他從哈佛辦公室的高空視角俯瞰政治現實所得到的結果。他的分析，對身處在現實泥沼中的人來說，有時候顯得過於抽離。人們常常對羅爾斯提出的指控之一就是，美國東北部常春藤名校的舒適環境，可能不會是為「什麼是公平」這個問題提供一個有說服力的答案，最為理想的地方。

但就像各式各樣的標籤一樣，這種標籤式的名聲，其實也不過是對尼采與羅爾斯的一種過於誇張的刻板印象。更甚者，這其實比刻板印象更糟糕——因為這種標籤往往是錯的，也是誤導人的。尼采並不是一個冷酷無情的現實主義者。如果說，有哪一個人最為誠心希望人類可以過上更好的生活，那樣的人必然非尼采莫屬。同樣地，羅爾斯也不是一個只活在象牙塔裡的哲學家，他從未自現實政治抽離開來。他在二戰期間於太平洋戰區服役，而那是一段極其殘酷的經歷，無疑地也使得他對殘酷的了解比許多人要來得更加深刻，他對殘酷的體驗，也遠超出尼采所經歷的任何事物。從戰爭中生還後，他提出了一個他所認為的，是從他個人經歷中能夠得出的最為根本的哲學問題，而這個問題並無關乎正義；正義的問題，是羅爾斯之後才會開始涉身反思的。他所提出的第一個問題，是一個更為基礎的問題，也是一個人們都非常熟悉的問題——一個你不需要先成為一名在學術場域工作的專業哲學家，才會覺得這個問題極其深刻的問題。自戰場生還的羅爾斯想要知道的是，人們究竟是為何而戰？人們是為了守護什麼樣的生活形態，才投入戰爭？而那樣的生活形態，有值得付出如此高昂的代價去捍衛嗎？在接下來二十多年的時間裡，羅爾斯一直在思考要如何解釋像美國這樣的社會有什麼特別之處——當然他的反思不一定只限於美國，只是美國剛好是他生長之地，也是他為之而戰的國家——值得被以戰爭這麼殘酷的方法來捍衛。他認為，一個值得人們不惜投身戰爭也要保衛的社會，必然該是一個正義的社會。也因此，隨之而來的問題就是，是什麼特質讓這樣的社會成為一個正義的社會呢？

對正義的反思

羅爾斯在一九五〇年代開始思考這個問題。他在一九六〇年代進一步完善了他的答案，並在一九七一年出版。而針對這個時代往往還存在著另一種刻板印象。人們偶爾會假設一九五〇年代的美國是相對和平、穩定、有著強大的集體共識與集體認同的社會。那是艾森豪總統執政的時期，都會近郊住宅區的一致性開始浮現，而社會也不斷地興旺繁榮。曾經有一種對一九五〇年代美國的美好時光的描述——例如一九七〇年代的情境喜劇《歡樂時光》就展現出一九五〇年代那個更為純樸歡笑的時代——而這種描述會讓人覺得，例如「什麼是正義」這麼有爭議性的問題，似乎不太可能出自如此平和的社會；人們也許也會認為，從這樣的社會裡所產生的、對「什麼是正義」這種問題的回應，也許會顯得略微平淡乏力。然而，一九五〇年代的美國絕對不是一個平和的社會，羅爾斯的答案也並不平淡。當我試圖想像一九五〇年代的美國社會有著什麼樣的氛圍時，我的腦海裡經常會浮現比利．喬的名曲〈不是我們點的火〉（We Didn't Start the Fire），在這首歌中，比利．喬這位在一九四〇年代出生的人，藉由簡單羅列出一系列的重大事件，來呈現他童年成長時期所處的世界：那是一個爆炸性的事件、思想、文化現象、政治動盪乃至創傷經驗都無止境地、持續不斷發生的世界。這樣的世界橫跨了整個一九五〇年代，並持續蔓延到一九五〇年代之後的漫長時光。這首歌有一個有趣的地方在於，隨著時間發展更接近比利．喬的成年時代，它所羅列的事件列表也開始變得簡短。這並不是因為七〇年代或八〇年代所發生的重大事件，遠比五〇年代要來得少，而是因為在一個人長大的關鍵時期裡，身旁所發生的種種事件對個人的影響都要來得更大。那時的重要事件與人物，一如歌詞所記，是：「芭杜、布達佩斯、阿拉巴馬、赫魯雪夫／葛莉絲公主、冷暖人間、蘇伊士運河危機。」這些都是發生在一九五六年的事件，或對一九五六年有著重大影響的人物，而其影響將會持續到下一個年代。

一九五〇年代也是羅爾斯開始形塑其思想的年代：那時存在著麥卡錫主義[1]，見證著民權運動的開端，也開始感受到核子戰爭的威脅。當然，到了一九六〇年代，世界真的開始變得動盪不安。我想，沒有人會把一九六〇年代視為平淡的十年光陰。羅爾斯在那段時期完善了他的政治哲學。儘管他構思並完善政治哲學的工作，確實是在哈佛所進行的，但哈佛並沒有與地球脫節。在當時，美國的大學因為民權運動、種族問題、性解放，以及（或尤其是）越戰的問題，掀起了一波又一波牽連甚廣的抗議浪潮。到了一九六〇年代的尾聲，公民不服從運動和學生運動開始遍地開花——甚至在哈佛也是如此——而羅爾斯正置身於這些動盪的中心。他完整參與了這些政治動盪，他會出席參加公開會議，參與靜坐抗議，並上街遊行，而他的政治哲學也因此受到了影響。《正義論》中，有一個篇幅較長的部分探討了公民不服從的概念，也分析了從什麼時候開始人們抵抗政府會是正當的。而這個問題，基本上就是「我們應該為什麼而戰」的問題。「我們應該為何而戰」依然是羅爾斯這本書的核心關懷。

在一九六〇年代和一九七〇年代初期，其他政治運動也正在興起。這是環境政治的意識開始萌芽的時代，這表示當時的人們開始思考，我們對未來世代具備什麼樣的義務。在當時，還有一個從前幾個時代延續而來的問題：在面對可能會發生的核子浩劫時，我們能夠做些什麼？我們是否有什麼辦法可以防止核子浩劫發生？在當時，第二波女性主義運動也即將爆發。這些因素都同樣影響著羅爾斯的著作。與許多二十一世紀的政治哲學家相比，羅爾斯與他周圍的現實問題有著更為緊密的關係，而當代哲學家的工作往往高度抽象也只處理更加技術性的問題。但就算如此，羅爾斯的著作依然是一本學術色彩濃厚的著作，也使得《正義論》與我之前所討論過的其他書籍有所不同。羅爾斯是一位專業的政治哲學家，而不僅僅是一名知識分子或作家。在閱讀這本書或在研究羅爾斯時，有時我們難免會感覺到，對羅爾斯來說，哲學的優先性遠高於寫作。他不僅寫作進程緩慢——任何一本需要耗費二十年的時光來寫成的書，都是一本耗時相當長的書——而且他的文字並不總是容易閱讀。羅爾斯會盡可能避免使用過於艱深的專業學術術語，而他的著作也遠不如當今許多哲學著作那麼著重在學界內部的專業問題，但羅爾斯的寫作風格極其嚴謹，強調用字精確，也因此有些枯燥。他的文字很清晰，但有時也會顯得冗長。從文體上來說，這本書並不是最引人入勝的著作。然而，這本書的思想卻是相當激勵人心。幾乎每一位讀過《正義論》的讀者，都會感受到書裡蘊含了真正會令人感到興奮的事物。

1　麥卡錫主義（McCarthyism）：源自一九五〇年代美國共和黨參議員麥卡錫（Joseph McCarthy, 1908-1957），他聲稱美國政府遭共產黨滲透，從而掀起全國反共浪潮。「麥卡錫主義」在廣義上指稱透過大規模政治宣傳與證據不足的指控，造成對方人格及聲譽的誹謗。

然而，也正因為這是一本學術著作，所以它的核心問題有著學術框架：這是一本關乎哲學失敗的論著。羅爾斯試圖為政治哲學找尋一條出路，讓政治哲學能擺脫他所認為的、長期存在於哲學思考中的陷阱。這個陷阱就是，人們似乎不得不在對於「什麼是正義」的兩種可能的答案之間做出選擇，哪怕這兩種答案都不令人滿意。至少在專業學術領域哲學家眼裡看來，這兩種令人不甚滿意的答案常常被視為**唯一**可能的選擇。然而，羅爾斯深信，選擇相信只有這兩種選擇本身，就是一種錯誤的選擇。

對正義本質的兩種回答

其中一種答案是效益主義，這種哲學可以追溯到邊沁等人。效益主義者相信，任何對像正義這樣的抽象概念的合理解釋，都必須要能夠用一種比較的方法來對其進行衡量。換句話說，我們必須要有一種衡量標準，來判斷某個答案是否為真。這個衡量標準就是計算效益，用某個概念是否對社會帶來福利、又帶來多少福利這種量化評估來計算。這通常以某個概念是否促進了人類整體的幸福或福祉或效益的方式呈現——所謂「最大多數人的最大利益」以及它的各種變體。羅爾斯對效益主義的質疑在於，效益主義似乎不能解答，當人們試圖以追求正義來最大化社會效益時，會發生什麼事情。某方面來說，效益主義更適合用來回答「什麼是不正義？」這樣的問題。但羅爾斯的目標並不在此，他有更重要的目標。他所寫作的時代是二十世紀後半葉，而不是十八世紀末。他所想要的，不僅僅是一個可以用來讓人們辨識出人們習以為常、卻存在顯著錯誤的事物，以利於揭露這些事物不正義的本質的思想工具。在十八世紀末，這些事物包含了奴隸制度、專斷任意的懲罰機制，以及因為人的性別取向而處決人的刑罰。但這些是十八世紀的問題，不是二十世紀後半葉的問題。羅爾斯想要的，是找到一種哲學方法，得以藉由規範、原則和制度來正當化並鞏固一個政治社會，讓這個社會中帶有良善立意與效果的制度盡可能達到最好。他的目標不是要追求完美，而是希望我們至少能做到我們可能可以達到的最好社會。

效益主義（包含邊沁式的效益主義）非常擅長於指出那些人們認為理所當然，實則卻蘊含明顯錯誤的事物：它像酸劑一樣可以驗出習以為常的事物裡所存在的種種不公正的內涵。但當我們想要回答的是，「我們所能做到的最好的事物會是什麼？」這類問題時，效益主義的演算方法會給出一些哲學史上惡名昭彰的答覆。之所以如此，是因為效益主義的演算方法會把個別的人類個體視為計算整體福祉的一個環節。又或者，用羅爾斯自己的語言來說，效益主義會把人類當作達成目的的手段，而不是目的本身。我們都只是計算的單位，而如果我們剛好是讓計算結果不符合理想答案的單位，那麼也許我們會被排除在達到理想答案的方程式之外。我們可能會在效益主義追求理想答案的過程中被忽略、拋棄，甚至消解。效益主義的問題在於，人們似乎最終會在邏輯上，得出一個從「追求群體最佳福祉」的哲學關懷延伸而來的，令人無法接受的結論——這種結論是荒謬、可笑且違反直覺的。這個結論就是為了最大化人類集體的福祉，我們應該要消除那些不太幸福的人。這種結論有好幾種變形，例如認為如果那些造成不幸的人根本不存在於世界上，那麼我們就有辦法達到最大化人類整體福祉的目標。又或是為了最大化人類的幸福，我們應該鼓勵生育更多的人，因為即使這些人過得並不幸福，但只要他們生命經驗存在著至少一點點的幸福感，那麼當我們將所有人的幸福加總起來，得到的幸福指數依然會愈來愈高，畢竟從總數上來說，更多的幸福就是更好的幸福。無論哪一種變形，無論是要消除人類的總數或增加人類的總數，這兩者都是為了全球人口總和所做的運算。這聽起來很冷酷無情，因為這種計算確實如此。羅爾斯認為，效益主義的問題在於，它並沒有充分地將人作為個體來重視，它並不重視人們會擁有自己的生活、價值、願望、需求和身分。它聲稱在乎人們的福祉，而它很可能只是佯裝重視福祉。這是因為這種從整體上衡量事物的哲學，始終存在著見林不見樹的危險。

但如果說，效益主義的問題在於它得出的結論往往深刻違背人們的直覺，那麼這種反思似乎在將我們導引向羅爾斯所謂的「直覺主義」（intuitionism）。也許如果我們無法藉由效益主義的計算來回答「什麼是正義」的問題，我們所能依賴的、用來回答這個問題的方法就是我們的本能：如果某件事物看起來不對勁，聞起來不對勁，或讓人感覺隱隱約約有什麼不對勁，那麼它可能真的就是不對的。然而，正如直覺主義能告訴我們效益主義的錯誤一樣，效益主義也能告訴我們直覺主義的錯誤：直覺並不能充分幫助我們認識事物。一如邊沁曾非常清晰地指出，我們的同情心並不足以作為任何判斷的依據。它們過於仰賴我們所身處的環境，也會隨著我們的處境變遷而存在太多變化。直覺主義並不可靠。如果我們必須建立一個基於直覺的社會，最終我們的社會裡可能會充斥著偶然產生的偏見。在這一點上，邊沁的分析是正確的。

羅爾斯的三項正義原則

既然如此，我們是否有一種替代方案，能夠擺脫這兩種令人不滿意卻又看似無以迴避的選擇呢？我們能否一方面避免過少的演算致使我們為直覺所驅使，又避免過多的演算使得我們忽略了個體的重要性？羅爾斯認為，答案是肯定的，並在一個他認為，二十世紀被人們過分忽視的政治思想傳統中找到了解答的可能。這個哲學傳統曾經在數個世紀前蓬勃發展，如今卻為人們所淡忘。這就是他所謂的「社會契約論傳統」（the social contract tradition），而這個傳統所涵蓋的哲學家，包含了霍布斯與盧梭（不是《第二論文》的論點裡所呈現的盧梭，而是在《社會契約論》裡議論的盧梭），社會契約論者所提出的問題是：「如果可以選擇，我們會選擇簽署什麼樣的社會契約？我們會選擇什麼樣的國家？選擇什麼樣的正義？」對羅爾斯來說，這種方法的優勢在於，它認真對待個人的觀點——它不會像效益主義那樣，將個人的觀點化約成必須被送進效益主義演算機器裡的元素——但與此同時，社會契約論也不允許個人的偏好或偏見主導一切。它要求人們必須要達成共識。我們需要找到我們對正義的共同理解，儘管我們彼此之間存在著差異。我們需要一個共同的衡量標準，但這個標準不能是由外部強加於我們身上的。

我們可能會在什麼事物上達成共識呢？霍布斯的答案是，我們唯一能達成共識的，就是我們都會死。這當然不是羅爾斯的答案，但霍布斯說，我們對死亡的恐懼和我們共同對於不想要死亡的渴望，構成了我們之所以平等的重要元素（無論體質差異如何，我們都平等地必須面臨死亡，也都平等地試圖規避死亡）。換句話說，在霍布斯看來，我們可以因為共同的恐懼而達成共識。但對羅爾斯來說，這還不夠充分，因為這種恐懼其實與公平無關。他認為死亡在本質上是不公平的，所以公平並不適用於分析死亡。公平所關乎的，是我們對維生所具有的需求。羅爾斯需要找到一種方法，讓他既能夠將個人視為獨立的個體，又不會讓個體的差異因為過多不可共量的個人觀點而破壞了共識的可能。他藉由一個源自社會契約傳統的想法來實現這一目標，並進而使其變得更加明確和有趣。他的方式是在政治思想中，引入了一個「薄幕」。在這本書中，我們討論了許多思想家，他們都試圖揭開政治的薄幕——這就是所謂「揭露」的真意所在，也是效益主義的酸性試劑所做的事情，它燃燒掉那些遮蔽現實的薄幕。而羅爾斯則希望，能在現實經驗之上掛上一層薄幕。他想創造一種掩去人們既有經驗的方法，讓人們無法根據自身所處的環境來看待這個世界。他稱這個薄幕為「無知之幕」（the veil of ignorance），而這個薄幕引出了他所謂的「原初狀態」（the original position，或譯原初立場）——那個一切初始的地方。這層薄幕奪走了人們既有的看待世界的方式，而公平需要這種形式的盲目，畢竟，正義本身也是盲目的。

然而，如果政治哲學的起點，是始於假設對世界的無知，那麼它就不足以被視為是一種真正的哲學——它將會畫地自限於象牙塔的世界裡。羅爾斯在「無知之幕」所要呈現的「無知」，並不是對世間的一切一無所知。他期望人們對世界的運作、社會的運作、經濟和政治的運作、制度的建立，以及我們得以集體完成的事情有充分的了解，從而以之為基礎，發展出對於什麼事物得以構成一個公平社會的判斷。他希望人們所無知的，僅僅是無知於自己作為個體的身分，也無知於他們個人在社會中既有的地位。簡單來說，羅爾斯所設想的無知，是對我們自身的無知。這是一個思想實驗，正如整個社會契約傳統本身就是一種思想實驗（畢竟在現實裡，沒有任何人實際簽署過所謂的社會契約）。羅爾斯要我們想像一下，儘管我們無從得知自己在社會裡處於何種情境，也無從得知自己在社會裡身處什麼樣的階級，但我們依然知道社會裡必然存在著階級，也對這些階級之所以形成的原因有所了解。他說，在「無知之幕」的背後，你不會知道自己出生於社會之中時，會成為富人還是窮人，會成為男性還是女性，會成為黑人還是白人。但你會知道的是，一旦你出生於階級劃分的這一側，你的人生將會存在著什麼樣的際遇。你也會知道，如果出生在另一側，意味著你的人生將會有多麼不同。儘管在「無知之幕」之後，你還是會了解權力結構，也會了解民主制度是如何試圖調解社會裡不同的權力結構。任何社會都存在著有利與不利於公民的事物。那些享有優勢的人不會想要失去既得的優勢。但假設你無從得知，自己誕生在這樣的社會裡，你是否會處於既得利益的階級呢？這種假設轉化了「什麼是正義」這個問題，把問題轉變成：「對於那些了解社會是如何運作，卻不知道自己身處於社會的什麼階級的人來說，正義會具備什麼樣的特徵？」

與所有的思想實驗相仿，羅爾斯的「無知之幕」聽起來可能會讓人覺得，這不過是一個建構出來的哲學習題。我們如何能真正無視並無知於那些作為我們自身的生存意義的事物？我們很快就會記起我們在現實中所具備的身分以及特質，不是嗎？羅爾斯非常清楚地意識到這點，也因此，他引入了另一個與「無知之幕」搭配的概念，他稱之為「反思均衡」（reflective equilibrium）。如果「無知之幕」代表了我們必須清除掉一些大腦中既存的認識，從而使我們得以提出一些正義的普遍原則，那麼當這層紗幕被揭開時，我們將會見到現實社會在這些原則的對照之下，究竟會呈現出什麼樣的面貌？除此之外，我們也必須思考，我們自身與這些原則的關係又是什麼。羅爾斯認為，去提出一個禁不住我們現實社會裡的身分認同檢驗的正義理論，是沒有意義的。也因此，我們可能需要對這樣的理論做一些微調，讓它得以適用於那些生活在現實世界中的人。我們的直覺不能被永久排除，這就是為什麼這種概念叫作「反思均衡」——我們必須在理想情境與現實之間來回反覆地微調，直到兩者之間達到一個穩定的狀態。你降下「帷幕」遮蔽現實來提出你的理論，然後你升起帷幕來看看這個理論是否有機會在現實中實踐，如果它沒有實現的可能——例如它可能太不務實、要求太過苛刻、對人性過於樂觀，又或者過於烏托邦式或其他種種因素——使得理想理論難以實現，你就必須再一次降下帷幕，重新開始構思理想的理論。而這一次，你比之前還要更加了解社會是如何運作的，你也知道為什麼之前提出的理論不可行。於是乎，如果你將這些新的見解融入你對理論的構思，那麼你將可以重新形塑那些足以被實踐的、人們對正義原則的共識。然後你再次揭開帷幕，看看這些新的原則能否成立。

羅爾斯細緻地進行這種思想活動，他反覆放下又升起「無知之幕」。這也是為什麼他的論證進行得緩慢而扎實的原因。他希望他的理論不僅僅是一個思想實驗，而是能真正在現實發揮作用。他主張，藉由這種方式，我們有可能可以提出一套簡單但全面、具有挑戰性但又符合現實的原則，來捕捉如他所身處的社會——即二十世紀中後期的美國——應該要視為正義的標準為何。

這些原則又是什麼呢？它總共有三個細項，雖然羅爾斯只把它們分為兩個部分（他把三個原則標記為1、2.1和2.2）。他認為，人們在「無知之幕」背後最先會達成的共識，也是最重要的原則，就是他們希望能確保個人自由，並盡可能地去擁有羅爾斯所謂的基本自由。當無知之幕升起後，人們將不會願意承擔自己有可能會生而為奴隸的風險。因為成為奴隸的風險，將會遠遠超過有機會成為奴隸主所可能得到的利益，遑論奴隸制將會腐蝕並摧毀所有人。

但羅爾斯的第一個原則不僅止於此。羅爾斯認為，我們會希望為那些嚴重處於不利地位的人提供一些保障，並盡可能排除讓這些人為了改善自己的處境，而受誘惑出賣自身自由的情境。這是為了排除壓迫與專制社會主義的可能性，這種社會主義向受壓迫者——我們可以稱他們為無產階級——提供一種交易的可能，說服他們放棄自由以換取另一種正義觀是有好處的，並以此作為剝奪人們自由的正當理由。這種社會主義認為，這顯然得以達致物質條件更平等的正義。然而，對羅爾斯來說，最優先應該保障的是自由，因為他相信，在「無知之幕」的背後，其他人也會如此認同。在所有人所享有自由都是平等的前提下，人們會盡可能想要擁有最大程度的自由。如果我們的判斷不受眼前現實社會可能帶來的恐懼所影響，我們都會想要確保我們的自由。

羅爾斯認為，我們還會希望確保的是，在一個自由且公平的社會裡，個體可以獲得自我實踐的機會，而這些機會對所有人來說也都是平等的，沒有人會因為自己所處的階級地位而被剝奪某些自我實踐的機會。這是因為在現實社會裡，總會有些人比其他人享有更好的機會，比如有一些人天生就有機會得到更好的工作，也更有機會去過上更好的生活。但正因如此，機會平等將會成為「無知之幕」背後的共識。這是為了防範任何人都有可能出生到一個被歧視的階級，而這是人們想規避的風險。他假設人們會擔心自己可能處於受到歧視的劣勢地位。舉例來說，一個只要你不是猶太人就可以當醫生的社會，或是一個只要你不是女人就能上大學的社會，這種社會將被「無知之幕」背後的人們拒絕，因為人們會非常清楚他們可能出生於被歧視的群體。自由平等原則的目的，是防範人們出賣他們的自由。機會平等原則，則是為了防範人們受到歧視。這是一種基於正義的原則，並不是因為它符合人們的道德直覺，而是因為在不知道自己將出生成為什麼階級的人的情況下，我們都會同意這是正當的原則。

最後是第三原則（羅爾斯認為這是第二原則的第二部分），這一原則往往最受到羅爾斯的讀者關注。它被稱為「差異原則」（difference principle），有時也叫作「最大化最小值原則」（maximin principle），而這個原則的起源，來自羅爾斯所謂的「效率原則」（efficiency principle）。差異原則指出，社會的組成方式，應該盡可能對每個人都有效益。如果我們不知道自己將出生在什麼樣的社會階級、具備什麼樣的社會身分，那麼我們會希望社會得以被規範、原則和制度所組成，而這種組成方式將能夠確保，無論我們具備什麼樣的社會身分，我們都不會被社會排除在外。沒有一套規則能讓每個人都感到快樂，或讓每個人過上他們想要的生活。但在可能的範圍內，它們應該把我們所有個體視為目的，而非手段。沒有人應該為了其他人的幸福而被犧牲。

在經過一系列反思均衡與反覆思索之後，羅爾斯進一步限縮了這個原則的規範。他主張，我們會同意，為了讓一個社會變得公平，除了擁有基本的自由和平等的機會之外，社會需要由特定的規則所組成，而這特定的規則將會讓社會整體而言變得有益於**最弱勢**的群體。我們最優先應該考量的，是確保社會中最貧困、最不利、最不幸的人可以獲得最多的幫助。這一原則並不優先考慮物質平等，它並不是一種支持共產主義的理論，也不支持共產主義的實踐。同樣地，它也不允許富人為了自身利益而變得更加富有，不管從理論與實踐上來看，這都不是某種美國夢的論述。第三個原則優先考慮的，是在不違背平等自由和機會平等的前提下，去改善最弱勢群體的處境。換句話說，只要在最弱勢的人也能受益的前提下，那麼物質的不平等是被允許存在的。這是一個支持國家資源再分配的自由主義論點，這種國家會根據其規範和原則，關注社會底層的人們。

為什麼羅爾斯認為我們所有人——甚至包含既得利益者在內的所有人——都會同意最後這個原則呢？這是個比較難回答的問題。當然，我們也可能會懷疑，我們是否會無條件同意前兩個原則。我們真的會無動於衷於對方提出的任何條件，永遠不拿自己的自由冒險與對方進行交易嗎？然而，最後這個原則，往往引發了最多的、針對羅爾斯政治哲學的質疑。這個原則似乎對人們提出了一個更大的要求。因為其他原則的適用對象是所有人，而這個原則只適用於最弱勢的群體。羅爾斯為什麼會認為，我們所有人都會同意這個原則呢？他提出了一個相當具體的回答，而這取決於他如何看待人類對於生活的看法，以及是什麼構成了人們所理解的美好生活。他的假設是，我們都是理性的。儘管我們每個人對生活有不同的期望，有著不同的價值觀，也有著不同的人生規畫。有些人可能想成為詩人，有些人可能想成為醫生，有些人可能想過著某種宗教生活，有些人則在家庭生活或家庭責任中尋找生命的意義，有些人可能想旅行，而有些人則可能只想隨波逐流。但無論如何，我們都會有一個在人生中追求著什麼的想法，而由於我們是理性的，我們會意識到追求的手段與追求的目標之間的關係。如果我們想要有實現人生規畫的合理機會，那麼我們都會意識到，我們需要一些社會資源（哪怕我們只打算隨波逐流，但或許正因為我們想隨波逐流，我們更適用於羅爾斯的反思）。我們對社會的運作有充分的認識，知道如果我們不幸成為那些處境非常不利的人之一，那些最貧困的人，或者那些出生在極其艱困的環境之中的人，那麼我們實現任何個人對美好生活的追求的路途都會變得非常困難。這表示哪怕我們只有一絲風險成為這樣的人，我們都會希望確保讓這樣的人能盡可能有最多的機會，來達成其人生規畫。隨之而來所浮現的，是「最小化最大可能的損害」的思路（或最大化最小值原則）。我們都會接受，為了實現任何一種人生計畫，最重要的是擁有**一些**資源讓人們得以獲取契機。一些資源，遠比大量的資源來得更為重要。因為最重要的區別在於「一些」和「幾乎沒有」或「一無所有」之間的區別。極端貧困的情境，將會扼殺多數的人生規畫，因為當生活是一場每天反覆重現的求生的戰鬥時，沒有人會有時間或空間（包括心理空間）來規畫人生。也因此，如果我們有可能會成為那些每日艱難度日的人，我們就會知道，想要擁有實現充實生活的合理契機，我們需要讓這些最弱勢的人成為公共政策的重點關注對象。

這個原則的推論及其基本假設是，如果我們是其他群體中的一員，處於中產階層、上層階層、富裕階級，甚至是超級富豪，那麼持續積累財富，在財產等級中不斷向上攀升，之於我們人生規畫的實踐或獲取實踐人生的契機而言，其實不會有太大的影響。變得愈來愈富有，並不會給我們帶來愈來愈豐厚的人生充實感。羅爾斯假設在這之中存在著一種報酬遞減的規律，而我們都應該能夠理解這一點：單純積累更多的財富、資源或優勢，並不會讓我們更有能力過上美好生活。關鍵在於擁有足夠的資源，而不是過多的資源。這就是為什麼我們會同意「極小化最大損害」原則。我們會同意它，是因為我們知道，除了失去自由之外，最糟糕的情況是成為最弱勢的群體。這是我們在「無知之幕」背後，在不知自己將會出生到何種社會身分的情況下，最想避免的情況。

對羅爾斯論點的批評

這樣的論點遭到了各式各樣的批評。其中一個批評是，這在心理學上是不合理的。從心理學的角度上來說，這不會是我們所有人都會同意的原則，因為人們的風險偏好差異很大。對某些人來說，一種單純為了規避風險的策略，不一定會是具備正義普遍原則的策略，反而可能更像是一種約束。批評者認為，即使在「原初狀態」中，有些人可能仍舊願意承擔風險。他們可能會認為，為了有機會登上頂端，他們願意承擔處於最底層的風險。就算他們不知道自己可能出生在什麼樣的階級，他們也可能會覺得，隨機出生的機制裡依然存在相當合理的可能性，會讓他們出生於那些最富庶的階級，而這是因為他們對美好人生的定義，單純是他們的生活比大多數人都過得更好。為了達成這樣的人生規畫，他們甘願承擔風險。許多人似乎確實是這麼想的，安逸的生活與富有的生活之間有著龐大的差異，甚至在富有和超級富有之間也存在著區別。正如人們有時會說，擁有一億美元和擁有兩億美元之間的區別是什麼呢？答案不就是我多了一億美元嗎？但就算有些人抱持這樣的想法，在「無知之幕」的背後，不太可能有夠多的人會這麼想，以至於破壞整個推論過程。大部分財富積累的刺激感，來自於那種令人興奮的體驗，而「無知之幕」的目的就是要去除這種興奮感——它要減緩我們在討論正義時的情感，達到理性共識。

然而，這又引發了另一種批評：羅爾斯的一切推論都過於冷靜，也過分理性。更甚者，他的哲學似乎過於傳統、平淡無奇，也可預見地機會偏向社會民主主義，甚至，我可以用更符合歷史背景的說法來說，羅爾斯的理論帶有一點「瑞典式」的意味——它在強調資源再分配，強調福利，強調舒適安逸的同時，最終卻也有點讓人沮喪。這不正是那種老舊的左派政治嗎？不正是哈佛校園裡的人會認為是「正義社會」的那一類政治嗎？它既不極左翼，也絕對不具革命特質——羅爾斯可不是羅莎·盧森堡——只不過是在哈佛校園的標準上來說足夠偏左而已。那其中的激勵人心之處又在哪裡呢？但我認為，羅爾斯可以說——而且羅爾斯的追隨者也確實這麼說——它激勵人心的地方在於，美國不是瑞典，它從來就不是瑞典，所以如果在美國的脈絡下來看，這種「瑞典式」的想法仍然具有衝擊力。美國從來不是那種存在福利的社會，儘管有過一些短暫的時刻，讓美國的政治看來可能會將關注最弱勢的群體的困境視為首要之務，例如一九六〇年代中期林登·詹森（Lyndon Johnson）總統主政的「偉大社會」[2]政策。但這些時刻非常罕見，且往往轉瞬即逝。它們不僅遭遇制度上的阻礙，還面臨著美國社會中的種族隔閡和種族歧視的殘酷現實，而羅爾斯的前兩個正義原則正是針對這些現實所提出的。正如羅爾斯所說，它們不僅僅是要讓這些短暫的時刻持續得更久，而是要使其成為美國生活的基礎，而這一點並不平淡無奇。這其實是相當激進的。

而且，即便以羅爾斯的標準來看，現在的瑞典也不再「瑞典化」了。瑞典的不平等現象也在上升，而這對最弱勢群體來說並無益處。一個真正以最弱勢群體的生活機會為核心的社會，可能需要的不僅僅是斯堪地那維亞式的社會福利政治。它可能需要徹底重構資本主義，把更多的權力交到國家手中，而不是放任市場操控。羅爾斯是少數隨著年齡增長而變得更激進的思想家之一，他的立場從社會民主主義逐漸轉向更接近民主社會主義。儘管羅爾斯對二十世紀的平等正義計畫政治深感懷疑——尤其是蘇聯式的社會主義政治，因為這些政治從一開始就違背了正義的首要原則（在這點上，羅爾斯**確實**與羅莎·盧森堡看法一致）——羅爾斯最終認為，自己的正義理念所需要的，不僅僅是重新分配資本主義的果實。這些果實往往過於「黏手」而讓人難以放手，並且常常附著在社會民主國家無法觸及的特權網絡裡，由那些自利的菁英群體所掌控。從他位處哈佛校園書房的視角出發，他理應很輕易就能看穿這一點。這些菁英大學，即使其教育方針與理念再怎麼懷抱善意，它們終究會是特權的堡壘。金錢和權力彼此護衛著對方，尤其當國家對這層關係視而不見時更是如此。羅爾斯的正義可能需要的是「預先分配」，而不僅僅是「再分配」：藉由

2 偉大社會（Great Society）：由此提出的施政目標主要在於促進經濟繁榮並消除族群不平等。

國家的控制，從政治初始就創造出更公平的競爭環境。羅爾斯本人最終相信了這一點。他的政治觀從來都不平淡無奇。

還有另一種批評——一種更具哲學性的批評——這種批評針對羅爾斯的理論，認為它過於理性主義。它將過上美好生活的意義，過於狹隘地理解為一種手段與目標的關係。羅爾斯的理性主義暗示了一種人為建構的生活排序。首先，我們要先決定哪些事物能使我們的生活有意義——是詩歌、家庭、事業或任何其他事物——然後我們系統性地去追求那個目標。這聽起來過於井然有序。除了身處職涯輔導員的辦公室裡，誰會真的這樣規畫生活？美好生活不能總是被簡化為一種，如何達成目標的手段與目標之間的衡量。在多數情況下，我們是隨著生活的進展來決定人生下一步該怎麼走。同樣地，許多人對美好生活的看法，並不僅僅關乎自己的個人目標，而是更常受到歸屬感、社群感，和共享的身分認同所影響。一個人的價值觀未必是理性主義生活觀下的價值觀；它們可能是來自宗教或文化的價值觀，而這些價值觀不一定優先考慮個人目標。事實上，理性主義式的個人主義本身，也可以理解為某種宗教文化的產物，比如清教徒文化，而這正是美國東北部某些城鎮創立之初的哲學。哈佛大學的創立者約翰．哈佛（John Harvard）就是一位清教徒。也許羅爾斯的世界觀確實源自這種視角。

羅爾斯認真看待這種批評，也許是因為它確實擊中了要害。即使他的政治觀點變得更加激進，他也同時調整並緩和了他的哲學進路。他並沒有改變正義原則，但他改變了對於要如何達成這些原則的途徑的理解，也反思了更多關於美好生活的多樣性思維。他不再堅持「原初狀態」中的參與者必須是理性的，改而認為他們只需要是能做出「合理的」決定的個人。你對自我的認識以及你所屬社群的價值觀，不必在理性主義的意義上是目標導向的。對於什麼讓生活有意義，你可以持有不全然理性的觀點。但唯一不能被接受的，是你不能試圖將你個人的觀點強加於他人之上。你的世界觀仍然必須與那些不認同你觀點之人的世界觀共存。在「無知之幕」的背後，沒有人可以堅持讓別人相信他們所相信的，因為沒有人知道自己所相信的是什麼。你所能做的最好的選擇，就是在帷幕揭開之後，同意我們彼此之間存在著不同意——這是唯一合理的選擇。因此，羅爾斯說，正義的原則將會是「奠基於共識的」，這是一個有些平淡的詞。但這仍然是相同的正義原則。

隨著這樣的反思而來，羅爾斯現在的目標，是要達成他所謂的「**暫訂協議**」(modus vivendi)——這是一種人們共同接受「彼此各自生活，互不干涉」的生活形態，而不是一個基礎性的共識——它讓不同的宗教、不同的觀點和不同的世界觀可以公平且正義地共存。對此，有批評者指出，羅爾斯走上這條道路使得他本來就平淡的哲學變得更加平淡，讓學術性的哲學變得更加學術性。他的文風確實沒有變得更容易理解。更糟糕的是，當羅爾斯朝一個方向轉向時，美國政治走向了另一條道路。在一九七〇年代初，「最大化最小值」原則看起來還在政治上得以成為可能。但在隨後的幾十年裡，這一理想變得愈來愈遙遠。在連續幾屆政府（其中大多數是共和黨政府）的治理下，美國逐漸採納了一種「最大化最大收益」(maximax) 的政治。富人變得更加富有，不僅僅是只有百分之一的人坐享百分之九十九的財富，也甚至不是只有千分之一的人，而是萬分之一的人。中產階級在這個過程中日益受擠壓，而我們很難相信，富人與窮人之間不斷擴大的差距之所以被允許存在，是因為這種貧富差距擴大有益於最弱勢者的處境。羅爾斯從社會民主主義轉向民主社會主義，不僅僅是他脫離了現實的表現，反而可以視為是對當時局勢的直接回應。隨著美國放棄社會民主走向新自由主義，他也放棄了社會民主，轉而選擇更強而有力的事物。羅爾斯的正義理論，因為其所堅持的原則，隨著時間的推移對美國政治的影響逐步遞減，是否應該被視為其理論的失敗呢？還是這反而表明了這些原則有多麼為時代迫切所需？

與此同時，「共識」也變成了一個更為遙不可及的理想。「理性」這個詞彙——與「讓我們講理一點吧！」的訴求——在川普時代聽起來似乎過於平和，因為我們的政治體制已從政黨分歧轉向了極端的黨派對立，從不信任政敵轉向了更極端的陰謀論。這是否使這種概念顯得更加無力？還是說，這反而意味著它並不那麼平和？在一個不理性的時代，理性反而成為了一個真正帶刺的理念？羅爾斯的「暫訂協議」仍然要求將不理性的人排除在政治之外，必要時甚至可以用武力排除。正如卡爾．施密特所言，即使是最理性的自由主義者，也沒有理由不為自己辯護並反抗敵人。但前提是，自由主義者要有意願去與敵人戰鬥。

羅爾斯的理論，在其他面向上也顯得過時。女性主義對羅爾斯的批評是有道理的。羅爾斯在帶領人們進入他的「無知之幕」時，假設他所談論的對象他稱之為「戶長」(heads of households)。在一九七一年，這幾乎無一例外是指男性。此外，家庭生活似乎在羅爾斯反思的範圍之外。羅爾斯不願意將正義原則——包括關於自由和機會平等的問題，更別提「最大化最小值」原則——應用於個人關係中。羅爾斯是一位自由主義者，他本能地反對讓政府機構干預男性與女性、父母與孩子之間的相處方式。政府權威涉入家庭被視為跨越一道不可踰越的紅線。而批評者則會追問：為什麼不可以？既然家庭往往是最大的不公義發生的地方，為什麼政治不應該干預？正如熊彼得式的民主可以延伸到家庭生活，羅爾斯式的自由主義也應如此。如果你真的在考慮最弱勢群體的利益，你就必須承認，這些最弱勢者往往是女性，而這是社會生活中的一個現實。即便是在「無知之幕」背後構建的正義，也不能對性別保持中立。

同樣地，為什麼這樣的理論要止步於美國的國界？美國社會確實存在許多不公正的現象，但與全球財富分配的不平均相比，這些不公平顯得無足輕重。在美國成為窮人固然十分艱困，但相比之下，活在世界上最貧窮的地方，尤其是亞洲和非洲最貧困的地區，所要面對的艱辛遠比美國窮人要來得嚴峻許多。所以，如果你想知道什麼是公平，那麼你必須問，在「無知之幕」的背後，如果我們不知道自己會出生在美國還是剛果民主共和國，我們會制定什麼樣的全球規則？如果我們仍然想要防範最壞的結果——而我們肯定會想這麼做——那麼正義的原則就必須跨越國界。最後，羅爾斯的正義理論難道不應該是一個全球範圍內大規模再分配的論證嗎？但羅爾斯本人從未將他的理論推得那麼遠。他或許認為，像美國那樣必要的制度根本不存在。誰會來對全球徵稅呢？誰會在必要時用武力從北美和歐洲拿走資金，然後將其分發到那些生活機會被最極端的貧困所破壞的地方？但是，批評者認為，如果你真的認真看待正義，你就應該嘗試建立起能夠實現這種正義的制度。反思均衡理論可能會告訴我們，這是不可能的，我們無法擁有一個世界規模的國家，也無法擁有全球規模的財富稅。但「無知之幕」會表明，如果我們因此認為，自己生活在一個近乎正義的世界裡，那我們只是在自欺欺人。或許我們早就已經意識到這一點了。

從許多方面看來，羅爾斯的論點指向了一種，我們對新型民主制度的需求。如果這些正義原則，是那些對自身處境一無所知的人類所會採用的原則，而美國的民主政治（理論上應該為所有人提供發聲機會的政治）卻允許了更多的不平等存在，甚至讓那些已經擁有所有優勢的人積累更多的優勢，那麼這不正意味著，將人們的選票轉化為集體意志的結果的民主制度出了什麼問題嗎？羅爾斯也意識到了這一點。在《正義論》中，有關於公民不服從權利的部分，承認了喚醒民主制度對該制度盲點的必要性。有時候，抵抗是傳達問題的唯一方式（這部分內容受到越戰期間徵兵抗議的啟發，但遠不止於此）。然而，羅爾斯的重點主要著重在物質和社會資源的分配上——例如財富、教育、醫療、就業機會等等——因為他認為基本的民主自由已經由正義的第一原則所保障。但如果情況不是如此呢？如果美國的窮人從來無法得到公平對待的原因在於，美國的民主實際上並未提供窮人發聲的機會，因為它被權力和金錢所主導，而且因為美國建國之初那些富有的男性，因為害怕直接民主，反而設置了重重阻礙來干涉直接民主的實踐呢？若然如此，當務之急就不再是瑞典式的福利民主，而是去推翻那部美國憲法，讓美國政治重新開始。

對羅爾斯的最後一個常見批評，我想應該可以追溯到他在政治上過於不切實際的指控。自《正義論》出版以來，羅爾斯或許是英語世界中最具影響力的哲學家，至少其他政治哲學家幾乎沒有人能夠不去提到羅爾斯。每當有人思考要如何更好地組成社會時，無論是批評他、支持他、微調他、修正他，還是激進化他的論點，政治哲學家都在與羅爾斯對話。一個以羅爾斯和後羅爾斯為核心的學術產業應運而生，羅爾斯在象牙塔的世界裡，特別是在北美學術界，有著深遠的影響。他在法律界的影響也十分龐大。羅爾斯的論點在法庭判決中，比在立法機構中更有可能被考慮並帶來具體結果。法官在判決中經常引用羅爾斯的思想。他在法學院被廣泛教導和研究。因此，也存在著這麼一種說法，而這種說法通常被視為批評，亦即認為羅爾斯的政治哲學實際上不是真正的政治哲學，而是一種法律哲學；它實際上是為法律人所準備的理論。誠然，巴拉克．歐巴馬（Barack Obama）曾深入研究過羅爾斯。但歐巴馬之所以研究羅爾斯，是因為他曾在哈佛法學院修課，而那裡教授了羅爾斯的思想。然而，當歐巴馬成為美國總統時，坦白說，他並沒有在政策實踐中捍衛羅爾斯的正義原則。他有些政策確實帶有羅爾斯的關懷，但那類政策的數量遠遠不夠多。你肯定不能說，在歐巴馬八年的總統任期結束後，「最大化最小值」原則已然在美國社會生效。

或許這是一種需要法院的時間與空間的政治哲學，需要一位法官退一步思考案件，回到基本原則，重新翻閱那已然被反覆閱讀的羅爾斯著作，然後做出啟發性的判決。這依然是一種政治形式，但它並不是政治的核心：它不是民主政治。這帶有一點菁英主義的色彩，有些象牙塔的味道，顯得有些脫離現實。這種政治形勢能達成很多事，特別是美國政治在很大程度上是由法官的決定所塑造，但如果政治被限縮為由法官來決定的場域，那仍然與獲得真正的民意支持這項艱難的政治理念相距甚遠。

這是個極為有效的批判，但同時也是有限度的批評。這種批判隱含了一種帶有諷刺意味的論述，而這種嘲諷論述所針對的不是法官，而是政治家。當羅爾斯於二〇〇二年去世時，一位在哈佛所舉辦的追悼會上發言的人提到，終於有一位美國總統開始認真對待《正義論》中的論點了。然而，當時的美國總統是喬治．布希，他對羅爾斯的思想沒什麼興趣。這個發言人所指的、那位真正關注《正義論》的總統，是影集《白宮風雲》中的美國總統約書雅．巴特勒，這位總統是每個自由派的理想總統。在影集中虛構的總統會看重羅爾斯，從哈佛法學院出身的法官也會，甚至當歐巴馬在短暫擔任法學教授時也是如此，但那些身陷民主政治的混亂局面、每天疲於應對、時時刻刻在與政治戰鬥、只求不被淹沒的當選的政治家，卻沒有時間去重視羅爾斯，他們甚至連想都沒有時間去想到羅爾斯。連歐巴馬總統都沒有這樣的時間。

這是一種政治現實主義的批判。政治現實主義者的批判是，羅爾斯所謂的道德主義政治，要求太多的冷靜與超然，要求人們要花費太多的時間，要求人們退一步思考，而真的這麼做的政治家會被那些步伐快速的對手擊垮。在現實世界中，沒有時間退到「無知之幕」的背後；也沒有時間去假設我們不知道我們的社會身分。如果我們在現實中假設不自知我們的社會身分，那麼其他人就會搶走我們的社會身分所有的契機，而這就是民主政治的本質：它是一場混戰。也許現實主義的批判確實有其道理，但我們永遠都可以對它提出反論。如果所謂的現實政治沒有留予人們反思的時間，那麼它到底算什麼呢？它不過是一場空拳練習，不過是一場表演罷了。而這種政治一點也不現實。

思想家小傳

約翰．羅爾斯

（John Rawls, 1921-2002）

羅爾斯於一九二一年二月二十一日出生在馬里蘭州巴爾的摩。他的童年充滿悲劇；他曾感染並傳染給兩個弟弟致命的疾病，導致他們相繼去世。羅爾斯在普林斯頓大學學習期間對神學產生興趣，並曾考慮投入神職人員的行列。然而，在第二次世界大戰太平洋前線服役期間，他失去了信仰。日本投降後，羅爾斯加入了道格拉斯．麥克阿瑟將軍的占領軍，但廣島的廢墟以及他接觸軍隊紀律制度的經驗使他更加失望。一九四六年，羅爾斯離開軍隊，回到普林斯頓開始攻讀道德哲學的博士學位。一九五二年，他獲得了富爾布萊特獎學金前往牛津大學，在那裡他遇見了自由主義理論家以撒．柏林（Isaiah Berlin）和法律理論家賀伯特．哈特（H. L. A. Hart）。回到美國後，羅爾斯先後在康乃爾大學和麻省理工學院任教，隨後接受了哈佛大學的聘請，並在那裡任職將近四十年。他的代表作《正義論》是他花費了近二十年對公平正義的社會問題深思熟慮的產物。根據他的說法，社會應該是自由的（即社會應該保障個人自由）且公平的（即資源的分配應該有利於最不利的人）。這本書激起了非常熱烈的迴響。對許多政治哲學家而言，羅爾斯提供了一種進步改革的願景，而且這一願景並未暗示任何通往極權主義的滑坡效應。實際上，羅爾斯的再分配福利主義讓人聯想到戰後的社會民主主義。然而，當他出版此書時，美國成為一個社會民主國家的可能已經逐漸消失。儘管如此，他在學術界的影響力卻不斷增長。在隨後的幾十年裡，學者們將他關於公平、平等主義和分配正義的理念應用於從種族不正義到環境破壞等各種議題上。他也吸引了許多批評者，包括社群主義者如邁可・桑德爾（Michael Sandel）以及自由放任主義者如羅伯特・諾齊克（Robert Nozick）。羅爾斯本人在後來的作品如《政治自由主義》（*Political Liberalism*）中回應了一些批評，該書專注於處理人們在根本道德問題的分歧時，要如何在多元社會中凝聚共識的問題。儘管羅爾斯極受歡迎，但他的性格卻與此不符。儘管他的許多學生成為了著名的政治哲學家，羅爾斯本人對成為公眾知識分子並沒有太大興趣。他說話有口吃，且厭惡公開場合。他非常忠於他的妻子瑪格麗特（Margaret Warfield Fox）和他們的四個孩子。以撒・柏林曾開玩笑說他的謙遜如同耶穌。一九九五年，羅爾斯罹患了致殘性中風，然而，他直到二〇〇二年十一月二十四日去世前仍繼續發表著述。

第十一章

諾齊克談國家治理的正當性

《無政府、國家與烏托邦》(*ANARCHY, STATE, AND UTOPIA*, 1974)

- 反對羅爾斯
- 為什麼要接受國家治理？
- 以保護之名的勒索
- 諾齊克對批判者的質問
- 放眼未來的烏托邦

反對羅爾斯

這是一份人名清單。名單中有一些人可能不太為人熟知，但名單上大多數的名字應該都相當耳熟。看著這名單，我們要問的問題是：這些人之間有什麼共同點呢？

維根斯坦、伊莉莎白・泰勒、伯特蘭・羅素、多瑪斯・牟敦、尤吉・貝拉、艾倫・金斯堡、哈里・沃夫森、索魯、凱西・史丹格爾、路巴維茨的拉比、畢卡索、摩西、愛因斯坦、休・海夫納、蘇格拉底、亨利・福特、萊尼・布魯斯、拉姆・達斯、甘地、艾德蒙・希拉里爵士、雷蒙・盧比茨、佛陀、法蘭克・辛納屈、哥倫布、佛洛伊德、諾曼・梅勒、艾因・蘭德、羅斯柴爾德男爵、泰德・威廉斯、湯瑪斯・愛迪生、H.L.孟肯、湯瑪斯・傑佛遜、拉爾夫・艾里森、鮑比・費雪、愛瑪・高德曼、彼得・克魯泡特金、你、你的父母。

這份名單出自羅伯特・諾齊克的《無政府、國家與烏托邦》一書，這本書於一九七四年出版，帶有一些一九七〇年代的氛圍。首先引人注目的是，名單上的人物幾乎都是男性。名單上的女性少得可憐，儘管伊莉莎白・泰勒是名單上頭幾個出現的名字，名單裡也包含了艾因・蘭德、愛瑪・高德曼、你的母親（在大多數情況下）以及你（如果適用）。名單上有相當多的棒球選手，這有點奇怪，也可能反映了諾齊克的個人興趣。但他們到底有什麼共同點呢？可想而知，答案當然是：沒有。名單上的人之間沒有任何共同點。

這只是一組隨機的、由名人和不那麼有名的人所組成的名單。這份名單的目的是要表明，想要試圖建構出一個社會、一種政治安排、一個正義觀、一個美好生活的構成形式，甚至是對美好生活的任何想像，是多麼荒謬的事。因為這些人之間的差異太大了（即使他們幾乎全是男性）。試想要為這群人構建一個社會有多麼困難。名單的關鍵在於最後才出現的人物，因為諾齊克說，就算你把名單上其他人都剔除掉，光是設想一個既適合你又同樣適合你父母的理想社會，有多麼困難。這本書屬於它的時代——那是一九七〇年代中期——也是一個世代之間存在嚴重鴻溝的時期，尤其是在政治思維上，不同世代的人們之間存在著幾乎難以弭平的鴻溝。當時也與現在相仿，人們都很難想像出一個社會，能夠在正義和美好生活的理念上，同時適合他們與他們的父母，反之亦然。

諾齊克在這本書裡實際上想要對抗的，是那些關注社會正義的哲學家，包括約翰．羅爾斯。羅爾斯是諾齊克的同事，他們一起在哈佛工作，兩人的職業生涯幾乎全都在哈佛大學的校園裡。他們兩人彼此也相當熟識。因此，某方面來說，這是一場相當內部的辯論。《無政府、國家與烏托邦》是一本針對羅爾斯的書，它在《正義論》出版三年後問世，並且否定了羅爾斯對政治和如何思考美好社會的多數預設。那份名單是對羅爾斯的批評，因為它旨在削弱「無知之幕」的概念：之所以提出那麼多名字有一個重點，那就是「無知之幕」認為，不告訴人們他們的社會身分，僅只是要求他們根據自身對社會運作的了解來提出一套正義理論，是荒謬的。因為這也是全然不充分的。你是蘇格拉底還是伊莉莎白．泰勒，是佛陀還是法蘭克．辛納屈，這些都是至關重要的問題，因為這涉及了你所認識的社會的運作是什麼。更廣泛來說，諾齊克是在反駁這麼一種思維，認為人們得以提出一個既能解決羅爾斯的首要政治問題——「什麼是正義？」——又能同時滿足這份名單上所有人的價值觀的答案。雖然這份名單上的名字顯得有些混雜，但這恰恰反映了人類經驗之中深刻的多樣性。如果你無法為這些人回答羅爾斯的問題，那麼你就無法為任何人回答羅爾斯的問題。從這個意義上來說，這場辯論將不再只是哈佛大學教授的內部辯論。

只是，或許會有些出人意料之處在於，這份名單其實來到諾齊克論著的第三部分（也是全書的最後一部分）時才出場，而該部分所要反對的並不是羅爾斯的論點。《無政府、國家與烏托邦》的第三部分是「烏托邦」。諾齊克非常認真對待這個問題，即生活在我們所能想像出的最理想社會裡，究竟意味著什麼？他仍然希望我們能夠大膽地思考。即使我們無法針對這個問題提出一個答案，其中所蘊含的正義理念能夠讓從維根斯坦到你的父母在內的每一個人都感到滿意，但他仍然不認為，我們應該放棄政治哲學的最高抱負。諾齊克依然認為，政治應該志在高遠。而我將在本章末尾回到這一點來多做解釋。

這本書的第二部分「國家」，才是反對羅爾斯的主要章節。在這部分裡，諾齊克拆解了羅爾斯所支持的再分配福利國的概念，即「最大化最小值的國家」，這種國家關心社會中最弱勢的群體，並以正義與公平之名來聚焦提倡他們的福祉。這本書以「無政府」的部分開篇，這大概也是它迄今最為人所熟知的部分。我也會從這一部分開始，然後再回到關乎伊莉莎白．泰勒和佛陀的討論。《無政府、國家與烏托邦》的第一部分試圖回答一個與羅爾斯的起點截然不同的問題，這個問題與我在本書中提出的問題更為相似：諾齊克所提出的是「why問題」，而不是「what問題」。在討論無政府狀態時，諾齊克並不想知道國家是什麼。他想回答的是一個更根本的問題：我們為什麼會有國家？我們如何可能為國家辯護？對諾齊克來說，這個問題之所以如此重要，是因為他認為很難解釋國家如何以及為什麼是正當的。我們應該設立的假定是，國家沒有正當性。因此，對諾齊克來說，無政府主義（anarchism）是預設立場。任何國家都必然是沒有正當性的，因為國家是壟斷性組織，國家強制壓迫我們，侵犯我們的權利，也干涉我們的生活。國家指示我們該做如何行動，限制我們能採取什麼樣的行動，國家會監禁我們，懲罰我們，並向我們徵稅。我們為什麼要接受這一切？

為什麼要接受國家治理？

諾齊克假設我們每個人都有固有的權利，不應該受到干涉、虐待或被指示該如何行事。這些權利不僅不依賴於國家，還應當保護我們免於受到國家的侵犯。他稱這些為「自然權利」，並在書的開頭總結了自然權利的定義：「個人擁有權利，也因此，有些事情是任何人或團體都不得加諸個人的，因為這麼做將意味著侵犯個人的權利。」為什麼我們會允許像國家這樣的非個人組織肆意踐踏我們的權利？我們必須要有一個非常充分的理由，才能允許這種情況發生。因此，諾齊克認為，有太多當代政治哲學從錯誤的起點展開它們的立論。這些政治哲學理所當然地認為國家的存在是合理的，然後才在國家的前提之下討論我們應該如何使用國家的權力。諾齊克想知道的是，我們是否應該對國家的權力做任何限定來試圖合理化國家的權力。而他認為，如果國家的存在本身就無法得到正當性辯護，那麼我們根本不應該試圖合理化國家的權力。我們根本不應該接受它。

然而，諾齊克終究並不是一名無政府主義者。他確實相信國家是合理的。他又是如何開展他為國家正當性的辯護呢？他是透過借鑑一位，出自與我迄今為止所探討的內容極為不同的智識傳統來推演他的論點。在《無政府、國家與烏托邦》的參考書目中，出現頻率最高的人物是十九世紀美國政治活動家、無政府主義者、個人主義者、時事作家和法律改革家萊桑德．斯波納（Lysander Spooner）。他的名字在今日幾乎不為人知，也很少出現在政治思想史的正典中，但他是美國無政府主義思想史上的核心人物。斯波納相當特立獨行，他的智識脈絡從屬於那一長串不喜歡被人指示的美國智識傳統。他的政治理念也十分多元。斯波納是一名廢奴主義者，但他同時也認為南方各州脫離聯邦並沒有錯，因為他說，沒有人應該被強迫接受違背他們意願的政治安排。他相信自然權利，同時也是一名社會主義者，他曾經是國際工人協會（International Workingmen's Association，史稱第一國際）的早期會員。諾齊克身上也有不少「斯波納式」的特質。像斯波納一樣，諾齊克年輕時曾經是一名社會主義者，後來轉向對自由放任主義、無政府主義和個人主義思想感興趣。諾齊克對自然權利的信仰伴隨著強烈的政治激進主義。然而，除了斯波納，諾齊克還借鑑了現代政治思想主流論述中常見的兩位更為人熟悉的人物。一位是十七世紀的英國哲學家約翰．洛克，另一位是十八世紀的蘇格蘭經濟學家亞當．史密斯（Adam Smith）。他們兩位都不是激進、古怪的無政府主義者。

諾齊克基本上從不同思想家的論述中擷取了一些他認為有用的觀點。他從洛克那裡擷取的是洛克版的自然權利論：我們擁有對自己身體的權利，擁有對自己觀點的權利，但最重要的是，我們對自己生產的東西擁有權利。正如洛克所說，我們對那些「融入了我們的勞動」的事物擁有權利。如果世界上有些事物是我們所創造出來的，而這些事物在我們投入勞動之前並不存在——無論是食物、藝術、耕種的土地、啟蒙的觀點等等——那麼我們就擁有這項事物。我們對自己辛勤勞動的成果擁有權利。這種權利可以用一種術語來稱呼，即人們所謂的私有財產權（property rights）。諾齊克由此出發，認為如果我們擁有這些權利，那麼允許任何人或任何事干涉這些權利的唯一理由就只能是，我們除了被干預之外，確實沒有其他選擇。權利只能基於要保護權利這個理由而被侵犯。

這種思路是諾齊克為國家辯護的基礎。但他並沒有延續洛克的路數。洛克想像了一種契約安排，即人們出於自覺、自願地交換或交易自己的權利來創造一個政治共同體，並由這個政治共同體來為人們的權利提供必要的保護。諾齊克認為這不太可信。這種方式既過於苛求（要徵得每個人的同意），又過於簡化（將一切都維繫於國家形成的瞬間就完成了）。不同於他的同事羅爾斯，諾齊克對社會契約傳統並不感興趣。

相對地，諾齊克從亞當．史密斯那裡借鑑了他所謂的「看不見的手」（invisible-hand）的論述。史密斯將市場經濟的運作，理解為一種對參與市場活動的人來說，本質上是無形的一種力量。市場不是有意識的理性主體，市場是決策的場所，其結果可能對所有人有利，也可能對所有人不利，而這些結果並不是由任何特定的人或團體刻意設計或操控的。諾齊克希望找到一種基於市場、看不見的手的對國家為什麼存在的解釋。我們之所以有國家，並不是因為在某個瞬間我們決定交換自己的權利，而是因為在保衛我們權利的過程中，我們的行為逐漸使國家成為唯一的選擇，不論我們是否願意，也無論我們是否有意識到這件事。

諾齊克「看不見的手」的論點是如何運作的呢？他從設想一個自然狀態開始，在這個狀態中，人們擁有他們的自然權利，並藉由相互交易和交換來保護這些權利。我們很容易可以想像，在不久之後，這些個體會組成諾齊克所謂的「保護權利服務的機構」（protection associations）。他們會意識到團結的力量，而私有財產權最能夠藉由互助防衛的形式來得到保護——你保護我的財產，我也保護你的財產。這之中也存在著一種史密斯式的分工概念：有些人更擅長於提供某種形式的保護，例如防止他人入侵、追查不法之徒，甚至可能實踐某種私刑（這肯定不是人人都能接受的）等等。在自然狀態中，人們自然會想要保護自己的財產，並尋找那些他們認為能為自身財產提供最佳保護服務的人。

不久之後，不同的組織將會開始競奪誰能夠提供最佳的保戶服務，誰能建立更穩固的安全系統，誰會更加警覺，並在夜間隨時為客戶提供保障。隨著時間的推移，他們可能還會提供其他服務，包含某種基於審判的程序，以試圖找出不法之徒，因為如果你的保護權利服務的機構能夠追查出真正的罪犯，你將會變得更加安全。從商業的角度來看，浪費時間追查無辜者是毫無意義的，因此，相互競爭的組織將會尋求向客戶保證他們會根據證據行事。久而久之，諾齊克表示，顯然有些組織在這些方面會表現得比其他組織更好，客戶也因此會聚集在那些效率最高、最可靠的保護權利服務的機構周圍，因為它們提供了最佳的價值。在商業競爭中勝出的不一定是最便宜的選擇，因為沒有任何想要保護自己財產的人會只關心保護所需要的成本。他們會認為，真正重要的是付出成本後得到的保護是確實有效的。與此同時，現在所謂的網絡效應也會發揮作用。加入某個特定組織的人愈多，就愈讓人有理由認為自己也應該加入這個組織。到這裡，值得再次強調諾齊克的觀察：團結的力量將會為人們帶來安全感。

這導致了一個結果，競奪提供保護服務的市場，將自然而然地朝著一個由特定保護權利服務的機構主導市場的趨勢發展。總會有其中一個組織在最終占據上風，因為這就是市場的運作邏輯。它將形成一種近乎壟斷的狀態，但這不會是真正的壟斷，因為總會有一些拒絕加入的人——即使在網絡效應的情況下，也會有一些人出於各種理由而不想加入（就像在搜尋引擎主導的世界中，儘管網絡效應存在，但仍然會有一些人拒絕使用Google）。而且，人們完全有權利不加入其中，而且沒有人可以強迫他們簽約加入，因為這樣做將會侵犯他們的權利。這意味著主導這個市場的保護權利服務的機構仍然不同於國家。諾齊克對此非常清楚，因為國家之所以成為國家，其必要的前提是它能真正地壟斷。諾齊克接受了韋伯所提出的基本定義：國家壟斷了擁有合法強制

（或提供保護）的權力。因為諾齊克讀過萊桑德．斯波納，他更因此知道必然會有一些美國人不會簽約加入其中，而這不僅僅是美國人的問題，哪怕這本書確實有著非常濃厚的北美色彩。總會有一些人願意選擇與一個較小的、更加粗糙的、與這個主流社群呈現競爭關係的社群合作，或者根本不加入任何一個社群。這就是自然狀態。在諾齊克的腦海中，這儼然就像是美國那荒野一般的大西部。有人會直白地說：「謝謝你提供保護的服務，但我可以保護自己，也沒有義務要去遵守你的規則，沒有義務同意你的程序，當然也沒有義務支付你提供保護的費用。我會照顧好自己和我的家人。」然而，要使這個主導的社群得以被視為國家，在一定的程度上，這些拒絕加入社群的人也必須被要求加入。

諾齊克認為，讓那些拒絕加入主流社群的人也加入，將會是無人能抵的壓力。其中一部分的原因在於，主導了市場的保護權利服務機構的成員，將不會允許他們所屬的社群在某些時刻、某些場合，或對某些人沒有管轄權。他們擔心，如果萬一不幸與這些不從屬於社群的人相遇並起了衝突，那麼將沒有任何事物得以為他們提供保護。人們會期望他們的保護權利服務機構隨時保護他們，而當他們所數的社群是主導者時，他們尤其會如此期望著。人們不願意面對有些地方可能是法律無法適用的無法之地這樣的境況。因此，這個社群會面臨必須將那些法外之人也納入其中的壓力。但它要如何在不侵犯他們權利的情況下，強迫他們加入呢？如果人們不想加入，社群又能如何強迫他們加入？諾齊克有一個答案——他的答案或許過於狡黠，但它確實是種解答。他說，如果有些人不想加入社群，但社群又需要他們的加入才能提供全面的服務時，那麼在強制他們加入的過程裡難免對他們的權利造成傷害，而社群必須在事後對這種傷害進行補償。它又能如何補償這些人呢？諾齊克說，藉由免費為這些人提供保護來補償。它可以對這些人如此辯解：「我們接受你不必加入的事實，但我們仍然會強迫你加入，這意味著我們侵犯了你的權利，但我們會以不讓你支付費用作為補償來彌補你的損失。」諾齊克認為，這麼一來，我們就擁有了一個國家，一個符合韋伯定義的國家，哪怕韋伯不會認同這是一個國家。而這就是諾齊克所謂的「最小限度的國家」（a minimal state）。它履行我們期望國家所做的基本職能。它提供保護，並收取費用，這些費用也就是所謂的稅收，而且它重新分配其收益，某些人必須繳稅，但其他人則不需要支付稅款，他們可以免費獲得服務。這不僅僅是一個自願組成的組織，這個組織的會員資格也具有強制力。與此同時，它也僅只不過是一個保護權利服務的機構，而這就是諾齊克所謂「最小限度」的涵義。

以保護之名的勒索

我們應該如何看待這個論點呢？自從諾齊克寫下他的論點以來，哲學家即為之感到困惑不已，並試圖找出其中的漏洞（這個理論很可能確實存在一些漏洞，那種補償的作法看起來有點像不擇手段的詭計）。但諾齊克希望我們理解的，並不僅僅是他找到了一種巧妙的方式來為國家的存在辯護，而是這是**唯一**可能存在的辯護。因此，國家除了提供保護之外，將不被允許有任何其他作為。許多讀者會注意到，這個主導的保護權利服務機構——這種治安維持的政治版本——看起來與黑手黨極其相似。換句話說，它更像是一種以保護為名的勒索。人們聚在一起，支付一個組織以獲得組織的保護，然後對於那些不願加入的人，則提出一個他們無法拒絕的提議。然而，諾齊克的想法是，這並不是一種以保護為名的勒索，因為我們可以用某種方式來解釋它的起源，從而讓每個可能因為權利被侵犯，而對組織提出索賠的人，都能得到為什麼被如此對待的解釋。

在諾齊克看來，真正以保護為名、行勒索之實的是羅爾斯政治理論裡的社會福利國家。諾齊克主張，任何超出這個最小限度定義的國家，例如試圖根據某種正義理念干涉社會並進行資源再分配，並根據公平的理念來糾正錯誤的國家，都是在濫用其權力，是在利用其壟斷控制強迫人們做他們本不會做的事情。國家使用權力唯一的理念根據，是不侵犯個人的權利。諾齊克「看不見的手」的理論，旨在說明在任何時刻，哪怕是自由狀態裡，都沒有人受到外力強迫。而一旦國家的行為超越了最小限度的國家所能容許的範疇，那麼真正的強制與壓迫也將就此展開。為了支付國家所提供的保護服務，以及為了向那些不願意加入你的社群而被迫加入的人提供補償，唯有以這兩種理由徵稅，才是可以接受的範疇。但為了其他任何目的徵稅——哪怕是照顧貧困者、保護失業者、建立福利國家、遵循最大化最弱勢群體的效益的原則等理由徵稅——則是全然不可接受的。對諾齊克來說，這種國家才是真正的勒索，是羅爾斯提出的勒索。

這本書的第二部分——「國家」——是諾齊克為他的論點提出論述並加以佐證的章節。第一部分雖然有著優雅的哲學內涵，但其調性卻更像是敘事作品。相比之下，第二部分更像是一部分析政治哲學的著作。這其實表達了諾齊克對羅爾斯的敬重。諾齊克曾說，羅爾斯是一位出色的哲學家，他的正義理論比任何人的哲學都更能激發人們，讓人們能夠真正質疑自己的論點也同時挑戰他們論點中的預設。羅爾斯為諾齊克做到了這一點。諾齊克對羅爾斯所做的回應，只是對一部他認為本身極具價值的作品提供他自己的回饋。雖然諾齊克是如此自我定位，他接下來的分析卻是試圖從根本上削弱羅爾斯的理論。

在《無政府、國家與烏托邦》的第二部分裡，也存在著敘事元素。諾齊克擁有一種罕見的才能，能夠提出易於理解且引人注目的例子來支持他的論點。我將討論其中的幾個例子。其中一個例子是，他要求我們想像一個婚姻市場：市場上有二十六個人，我們稱之為A到Z，同時也有二十六位這二十六人的潛在伴侶，我們稱之為A^*到Z^*。然後他說，讓我們對他們進行排名：A／A^*是最具吸引力也最受歡迎的兩個人；Z／Z^*則是最不具吸引力也最不受歡迎的兩位。我們進而假設他們都想結婚，並且也得以自由選擇任何想要結婚的對象。如果這是一個自由市場——並且這個市場提供了人們在做選擇時所需要的一切充分資訊——那麼他們配對的可能性將根據彼此的吸引力而發展。A將會想和A^*在一起，B（現在A^*已經從市場上移除）則將選擇B^*，C會選擇C^*，依此類推。這都是自由選擇，蘊含了彼此合意的結果。其中沒有任何強迫，沒有壓力，也沒有錯誤訊息，每個人都在公平的條件下做他們有權做的選擇。這意味著到最後，Z只剩下一個人可以選，那就是Z^*。對Z來說，這也是一種選擇，但這並不是太充分的選擇，因為市場上已經沒有其他人可以和Z結婚了。

但諾齊克堅持指出，對Z來說，這依舊是一個自由的選擇。而且，他說這並沒有任何不公平之處。這是一個公平的選擇，因為在這個市場運作的過程裡，沒有發生任何不公平的事物。如果這是你所剩下的選擇，那麼這就是你所應得的選擇。他希望我們反思，Z／Z*代表著任何社會中最弱勢的人，然後他希望我們記住，最大化最小值原則要求我們思考，我們能如何改善他們的處境。然而，我們在這裡真的能做些什麼嗎？我們真的要為了公平而走上強迫婚配的道路嗎？我們要重新分配吸引力、強制重新定義人們受歡迎的程度或任何導致這些人以上述方法選擇彼此配對的要素嗎？我們真的要干預這個市場嗎——也許我們不要用婚姻市場這個名詞，而改稱之為戀愛市場——就因為我們不喜歡它將產生的結果？如果我們不這樣做，那麼我們又以什麼為依據去干預其他市場？對於底層的人們感到同情是很容易的。但我們以什麼為根據去干預自由與不受強迫的選擇，而這些選擇最終導致的結果，只是讓那些一開始就擁有最少資源的人，在做選擇時可能的選項也變得最少？

他給出的另一個例子被稱為「威爾特．張伯倫事例」。在一九七〇年代初期，威爾特．張伯倫是美國最受歡迎的——或至少是最多球隊想簽下的——職業籃球運動員。在未來的幾個世代中，這個例子可以是麥可．喬丹、俠客．歐尼爾或者是勒布朗．詹姆斯的例子。但最受歡迎的籃球員是誰在此並不重要，諾齊克只是剛好活在威爾特．張伯倫主宰籃壇的日子，也因此提出了張伯倫事例。諾齊克對他的批評者說：「別再吵了，就當我接受你們的說法，隨你們所願吧。我會讓步，我會承認你們可以建立一個從你們的角度看來是完全公正的社會，必且在這個社會中，每個人都能獲得他們應該擁有的事物，其中最弱勢的人會得到照顧，窮人會被關心，沒有人受到剝削，也沒有人在無意義地受苦。」然而，當諾齊克如此宣稱的同時，他實際上是在說：「我將給你一根烏托邦的魔杖，讓你揮舞它來創造你的完美社會，使其按照你們的正義原則運作。等你們滿意了，再請你們告訴我，你們已經創造出一個一切都符合其原則的社會。但在那之後，我將在你的社會——你完美的社會——引入一些東西，或者更確切地說，某個人：威爾特．張伯倫。這個人是一名遠比其他人更出色、更有趣、更具魅力、更加激動人心的籃球運動員，而他正在盡情打籃球。」這麼做，會得到什麼結果呢？諾齊克說，這些批評他的理論家將會發現，在他們的完美社會中，人們會樂於多花一兩美元的門票去看威爾特．張伯倫的比賽。會有成千上萬、數十萬，甚至可能是數百萬的人樂於花一美元或更多的錢來觀看張伯倫的比賽。這之中沒有人是被強迫的，也沒有人被欺騙。這是一個公開的、自由的等價交換，所有人都過得更好：觀看威爾特．張伯倫比賽的人都很快樂，而威爾特．張伯倫也很快樂，因為他將變得非常富有。如果有一百萬個人願意每個人付他幾美元去看他比賽，那麼他將在瞬間變得比他們都來得富有許多。因此，這些理論家所構築的那個完美的典範一般的，人人都得以享有其應有之物的社會，突然之間開始變得不協調了。它開始扭曲了，威爾特．張伯倫讓它本應平衡的天平開始傾斜。可以這麼說，這毀掉了那個理想社會。然後，諾齊克說，在這個過程裡，沒有人做了任何一件錯事。

諾齊克對批判者的質問

諾齊克挑戰了他的批評者，質問他們，在這個張伯倫的故事中，錯誤的地方在哪裡？如果沒有錯誤，那麼他們就必須接受他們完美的、典範化的社會不可能在現實中得以存續。如果發生了某些讓他們無法抱怨，卻足以破壞他們典範的事件，那麼他們就必須放棄這個典範。因此，諾齊克得出了一個結論，人們不能依據正義原則來構築典範社會，因為人們終將必須承認，他們將只能藉由不正當的強制權力來維護這樣的社會。最精心設計的理論規畫，都會被他所稱的「合意的成年人彼此之間的資本主義行為」所破壞。

關於這兩個例子，我們還有什麼可以說的呢？首先，它們旨在引發人們去思考，因為人們很難不感覺受到挑戰。戀愛市場的例子引發我們去反思，應該要在哪一處畫定可再分配的資源與不可再分配的資源之界線。諾齊克假設，我們對於國家有責任重新分配外貌或吸引力的想法會感到相當不安。然而，隨著科技的進步，確實有些人開始質疑，我們是否不應更深入思考那些在生活的經濟彩券和基因彩券中都處於劣勢之人的正義與公平問題。這包括一些受到羅爾斯的正義理念啟發的哲學家，他們提出，為什麼我們認為在考慮彼此應得的東西時，我們的身體特徵——我們的體態能力和殘疾——是不可多談的禁忌（應該說，是羅爾斯自己相信這些是禁忌）。我讀過一些非常嚴肅的文章，論證現代社會中最根深柢固的歧視形態就是針對外貌醜陋的人，而這些人因為自己無法控制的原因，面臨著比其他人相比更為低劣的生活機會。我們為什麼不多做什麼來補償這種情況呢？

然而，諾齊克在這個例子中，真正想表達的觀點是關於一九七〇年代的工業關係。他的論點是，工會在說那些不得不接受低於生活基本工資而勞動的工人受到剝削時，工會的立場並沒有立足之地。諾齊克希望我們把這些工人看作是婚姻市場中的Z或Z*。而這個類比仰賴著洛克的假設，即我們的身體資源和勞動的產品，同樣是我們自己的。但是從那些找到更高薪工作的人那裡拿錢，用來補償那些留在低薪崗位上工作的人，就彷彿是在告訴他們，他們可以和誰結婚、不可以和誰結婚似的。當然，僅僅因為諾齊克——以及在他之前的洛克——堅持這一論點，並不意味著我們也必須接受這一假設。這只是一個前提，而不是結論，但如果你拒絕了這個前提，結論也就不會成立。此外，與婚姻市場不同的是，勞動市場更容易進行集體談判：個人可能會受到強大團體的強制行為的影響。諾齊克會說，這仍然不是提高最低工資的理由。相反地，這是打破工會權力的另一個理由，因為工會會干擾勞動市場中的自由個人選擇。這取決於你認為哪些團體擁有更多的權力：老闆，還是工人？

威爾特．張伯倫事例引發了其他問題。諾齊克想要呈現資本主義運作最為直接的圖景：人們交出金錢以換取商品和服務，然後有些人變得比其他人更富有。這暗示了這些交易是透明的，也是直接的。我們支付威爾特．張伯倫打籃球的費用，或者我們支付勒布朗．詹姆斯打籃球的費用，錢就這樣從我們手中流向他們。然而，實際上並非如此。這筆錢經過了許多手，過程是如此不透明和模糊，以至於追蹤起來可能非常困難。當然，財富並不是簡單聚集在那些讓觀眾入座的人手中。這些人確實會變得富有，但許多其他人也同樣如此，他們提供的後台服務很難以其受歡迎的程度來表述。而那些最富有的人往往是擁有整個營運的人。資本主義是一個極其複雜且錯綜複雜的交易系統，經常令人困惑於難以解釋為什麼**這些人**（而不是**那些人**）擁有所有的金錢。

在體育界，某些表演者確實會表現得比其他人更出色，這一點並不難理解：數據（得分、進球數、擊球數）、結果（勝利、失利），甚至看到某些超級明星表演的無形興奮感是確實存在的，也往往是不言自明的。許多公共意見調查都表明，大多數人對於最佳體育表演者賺取巨額金錢的想法相對寬鬆，前提是他們確實賺到了這些錢。但大多數人並不這樣看待銀行家，對金融巨頭或超級執行長也不這麼想。事實上，他們對絕大多數在資本主義經濟中賺取巨額財富的人，都帶有某種批判心態，因為這並不透明，顯然也不是基於才能。那些在摩根大通賺取天文數字薪水的人——更不用說那些在我們甚至不曾耳聞的的冷門對沖基金工作的人——他們真的是金融界的威爾特．張伯倫嗎？他們真的在自己的工作中表現出遠比其他人更優秀的能力，並且我們也都心甘情願地交出零用錢來享受他們的服務嗎？並不是如此。資本主義並不是這樣運作的。觀眾入座產生門票收入來觀看表演，這是體育，也是娛樂，但這不是資本主義。在資本主義經濟中，賺取最多金錢的將是那些能夠獲得壟斷並隱藏其市場控制程度的人。運氣眷顧不擇手段的人。如果說有什麼可以多說的，那就是資本主義才是一個巨大的以保護為名的勒索。

諾齊克的論點還有另一種不同的涵義，而他自己也開始認真對待這一點。這似乎是一種對最小限度、非干預國家的辯護，因此這似乎暗示著，當面對那些看起來不公平和錯誤的問題時，我們所能做的事情似乎很少。諾齊克關注這個涵義，很大程度是因為諾齊克的論點專注於過去發生的錯誤。國家——這個保護權利服務的機構——只能在某些錯誤已經發生的情況下進行干預，它不能以預防未來錯誤發生為由來干預。但是，正如許多人所指出的，過去的錯誤有很多。問題是你願意追溯到多遠？如果我們都擁有我們的身體和財產的權利——即我們得以擁有那些注入了我們勞動的事物——那麼美國無疑是建立在一次又一次的錯誤之上，因為美國的土地是從原住民那裡奪取的。即使是最小限度的國家，如果它致力於糾正過去的錯誤，它可能會認為賠償過往錯誤應該是其首要職責。這裡的原則不是羅爾斯式的最大化最小值原則——尋找在特定社會中最弱勢的人並努力使其受益——而是一種最大化歷史中最小值的原則，這就意味著我們要去尋找那些歷史上遭受最為不公待遇的人，並努力使其受益。在這種情況下，美國政治應該圍繞著修補那些過往對原住民所犯下的錯誤來運作。在很多方面，這將是一個比任何來自羅爾斯的斯堪地那維亞式軟性左派福利主義（甚至民主社會主義），更加激進的理念。當然，諾齊克很有可能是一個更為激進的哲學家。諾齊克本人曾對這個想法有所涉獵，儘管他對此的討論僅限於幾個附帶說明和注腳。然而，很顯然他有意識到，認真對待他的洛克式觀點，很可能意味著推翻美國現有的整個財產制度。哈佛大學等機構將不得不將占有的一切歸還原主。

放眼未來的烏托邦

然而，到頭來，這並不是諾齊克在書中所採取的路線。他並沒有向過往追溯到最初，而是選擇將視線投向未來。這段旅程從無政府狀態經過國家，最終到達烏托邦。那麼，烏托邦的元素是什麼呢？諾齊克知道，許多讀者不會喜歡他的論點，因為他的論點聽起來過於冷酷無情。他們會覺得，他充其量只是提供了一個對婚姻過於簡化的形象，或許也提出了某種對資本主義的諷刺。他們會與他在一些真正重要的事物上產生分歧，例如對於「哪些地方遭受了最大程度的損害」與「誰的痛苦最為重要」等問題的看法上有所不合。他知道，無論他說什麼，仍然會有許多人堅持福利政策，也仍然會存在著激進支持資源再分配的人，存在著堅定的共產主義者和有原則的無政府主義者。無論如何組成，人類社會都將涵蓋所有一切可能存在的各種政治觀點，因為任何人類社會都將會包含本章一開始提出的那份名單上的人（以及他們的種種變體）。即使我們把名單限縮成只有女性，名單上還是存在著伊莉莎白·泰勒、艾因·蘭德、愛瑪·高德曼這些不同的女性，而這種不同就已經足以構成不同的政治觀點。我不知道伊莉莎白·泰勒的政治立場是什麼，但艾因·蘭德是一名全然的自由放任主義者，而愛瑪·高德曼則是一名無政府社會主義者。在我們有機會提及你和你父母之間存在的價值觀的差異之前，我們就已經遇到足夠多的多元差異了。

那麼，是什麼樣的社會最能包容這麼廣泛又多元的政治觀點呢？諾齊克認為，這必須是一個擁有最小限度國家的社會。他主張，將政治化約成最小限度，在本質上與政治多樣性是一致的；

事實上，它可能是唯一允許這種多樣性存在的政治形式。諾齊克的烏托邦主義所想像的、最小限度的國家可以不僅僅是一個在隱藏在幕後的保護權利服務的機構，隨時準備在有人侵犯你的土地或拿走你的財產時出手保護你。最小限度國家可以是一種傘狀組織，提供足夠的安全性，讓其成員能夠實驗不同的社群理念。諾齊克非常願意承認，對於那些想要共產主義的人來說，他們的想法與常識並沒有什麼問題。如果他們的美好生活理念是優先考慮財產的共有制，甚至要共同撫養孩子，那麼諾齊克會說，希望他們能夠順利達成他們的理想。在諾齊克所追溯的十九世紀美國無政府主義思想傳統中，存在著強烈的烏托邦社會主義傾向。許多無政府主義者也是深具社群意識的人。他們希望在自己的生活中，獲得比外部世界所能提供的更為豐厚社群意識，但那種社群意識必須是符合他們自身所設立的理想條件。這種社群意識是無法從外部強行施加的。

諾齊克的烏托邦願景的本質在於，最小限度的國家會允許多種其他類型的政治社群存在於其中。唯一的差異在於，這些政治社群本身不能成為國家。這些社群的成員資格不能是強制性的。諾齊克對共產主義本身沒有意見，讓他無法忍受的是強制性共產主義——由國家實施、強迫所有人加入的共產主義。他認為當這個現象發生時，你實際上已經進入了有組織犯罪的場域，這和黑道基本上沒有差異。然而，發乎自願的共產主義，讓人們自由選擇加入大小不一的共享財產的社群，卻是可以存在的。如果一個國家裡存在著一個自願的共產主義社群，那麼諾齊克將不允許任何人來奪走這個共產主義社群所擁有的事物。國家應該保護共產主義者，但共產主義者不能接管國家。

關鍵在於，所有這些不同形式的人類社群，哪怕形式各異——對於佛陀來說有他理想的社群，對於法蘭克．辛納屈來說也是如此，湯瑪斯．傑佛遜的理想社群很可能是某種理想化的美國鄉村，而甘地的理想社群很可能是理想化的印度農村——但它們都必須是自願的。強制性社群——一旦生在其中就無法離開，並且會以威脅和強制力來維持其存續的社群——不論其形態為何，都是絕對不應該存在的。唯一一種可以存續的強制性社群，只能是國家。但這也就是為什麼對諾齊克來說，國家必須是最小限度的存在，國家不會試圖將其對社群的看法強加於任何人身上。然而，在我看來，這裡依然存在著問題。那個問題就是，這樣的國家是否能保持其最小限度的特徵？對我來說，原始意義上的最小限度國家，即只允許自身對個人私有財產權進行良好干預的國家，與一個必須不斷詢問其內在的所有社群（從家庭到農場，再到聚落、鄉鎮、城市，甚至可能到更大的實體），詢問其中的人們是否有自由離開的權利的國家，還是有著極大的不同。後者那種國家必須時時深入這些多元的社群，以試圖了解有多少強制行為正在社群裡發生。因此，這種最小限度的國家也可能是一個侵入性極強的國家。如果它要根據諾齊克的說法來履行其職能，那麼它最終將更接近於一種監控國家。

諾齊克的著作，在許多面向上都具有極其深遠的影響。他的著作仍然被廣泛閱讀著，哪怕隨著他的學術生涯發展，他終將逐漸遠離政治哲學，成為一位對心靈哲學更感興趣的哲學家。然而，他的第一本書仍然他是迄今為止最為人所熟知的作品，他的影響力在矽谷尤其顯著，那裡有許多專家和億萬富翁都讀過《無政府、國家與烏托邦》。這本書是許多後來促成數位革命的人其成長過程中出版的著名書籍之一，也深刻影響了他們和這一革命。另一部對這些人影響深遠的作品，來自諾齊克所列舉的名單中的人物。那是艾因．蘭德的《阿特拉斯聳聳肩》（*Atlas Shrugged*），這是一部聲勢浩大、弘揚自由放任論述的小說，講述了個體是如何戰勝國家的掌控。第三本書影響深遠的著作是與《無政府、國家與烏托邦》同年出版的，由羅伯特．梅納德．波西格（Robert M. Pirsig）所寫的《禪與摩托車維修的藝術》（*Zen and the Art of Motorcycle Maintenance*），這本書將嬉皮的敏感性與對機械的熱愛結合在一起，恰好符合矽谷裡許多人的自我形象。

科技巨頭為什麼會喜歡諾齊克的書呢？這個問題可以有兩種解釋。對於他們當中的某些人來說，這本書為他們的巨額財富提供了依據、解釋、辯護和支持。那些建立了Google、提出了臉書的構想、將亞馬遜從一家書店轉變為一個多功能、全方位全球企業的人，他們就是科技業中的威爾特．張伯倫。如果你認為自己是科技界、零售界或資訊界的威爾特．張伯倫，你可能會認為你坐擁一百億美元是完全可以接受的，而且沒有人有權將這筆錢拿走，因為這會侵犯你的權利。如果你是這麼認為的，那麼這本書的論調就非常適合你。但如果他們真的這麼想，那麼他們就錯了。這些人並不是威爾特．張伯倫。你只需要應用透明原則就能瓦解這個迷思。我完全無法肯定，當我將錢從你的口袋一路追蹤到亞馬遜公司創始人傑夫．貝佐斯（Jeff Bezos）的銀行帳戶時，在追蹤的過程中沒有發生任何一絲強制或誤導的行為。

但在矽谷，還有另一種論點也頗具影響力，而我認為這是一個更具吸引力的論點。諾齊克原初構想的烏托邦主義是類比式的（analogue）。它之所以是烏托邦，因為他清楚知道他所提議的事物，在我們所能想像的任何地方都無法被真正實踐。在一個最小限度的國家框架內，共同存在著斯堪地那維亞社會民主理念的社群、共產主義社群、無政府主義社群或自由放任主義社群；在這個國家裡，人們會因共同的宗教、愛情或商業觀而決定聚在一起，藝術家的領地與高盛執行長的領地和平共存，而人們會各自則按照他們自己喜好的方式組織自己的小社群。這樣的願景，無疑是只存在於幻想中的世界。畢竟，在現實世界裡，這樣的事情可能會在什麼地方發生呢？它不會是在一九七〇年代的美國，也不會是在二〇二〇年代的美國，甚至不會在任何地理、人口或物理親緣性仍然有著深遠影響的地方發生。但也許，這個烏托邦，可以在那曾經被稱為虛擬空間的場域發生。

網際網路最早期的形態，似乎許諾了這麼一件事：人們可以在網路世界裡自由創造社群，而個體看似在不同的社群之間自由移動。在網路上，你可以找到志同道合的無政府主義者，找到志同道合的福利主義者，找到志同道合的佛教徒，並試圖與他們建立一個虛擬社群。這不會是一個實體社群，但它仍然可以是真實的。這將在什麼樣的支持下發生呢？好吧，也許這可以在一個最小限度的，甚至如果有需要的話，還可以是全球規模的最小限度的國家的庇護下發生。網路世界可以仰賴某種全面的，在必要時提供強制力來支持，並負責架構基本硬體設施（包含網際網路的架構）讓資訊技術世界得以實現的組織來運作。這麼一來，在組織所支撐起來的網路世界裡，各種其他形式的政治、創造力、社會實驗和合作都有可能實現。

這當然還是有著濃厚的烏托邦色彩。無庸置疑地，早期對一個解放的網路空間的理想，例如約翰．佩里．巴洛（John Perry Barlow）在一九九六年發表的《網路獨立宣言》（*A Declaration of the Independence of Cyberspace*）就強調：「我們必須宣告我們的共同自我不受你們的主權控制，即使我們繼續同意你們得以繼續統治我們的身體。」但在亞馬遜、Google、臉書以及中國監控和俄羅斯假新聞的時代裡，這種理想似乎並沒有隨著網路技術的發展而成為現實。但就算如此，我們仍然可以想像，在未來，這項技術將會回歸到其原始的潛力，允許在網路世界裡存在著真正的社會和政治實驗。然而，如果諾齊克是這種希望的來源，那麼至關重要的是，我們必須謹記諾齊克並不是一位無政府主義者。而我認為，他的一些讀者，特別是那些在矽谷的讀者，常常忘了這一點。《無政府、國家與烏托邦》中的無政府狀態是被國家所取代的，而國家是通往烏托邦的墊腳石。第一部分將讓位於第二部分，而第二部分也會在第三部分得以實踐之前出現。這種烏托邦只有在國家的強制權威下才得以實現。它需要一個不僅具備保護權力，還有徵稅和再分配權力的主權政治體，但這並不是為了實踐羅爾斯式的公平，而僅僅是為了確保系統有可能正常運作。按照諾齊克的說法，網際網路烏托邦的可能性，更直接地指向一個全球國家，而不是一個自由放任的無序狀態。

在上一章裡，我提到羅爾斯在《白宮風雲》中得到了應有的待遇。在巴特勒總統的政府中，喬許、托比和其他人一邊從一個辦公室走到另一個辦公室，一邊辯論著他們對羅爾斯原初狀態的看法。這部影集被呈現成羅爾斯的精神家園。諾齊克也在流行文化中被顯眼地提及。在影集《黑道家族》的其中一集，我們會發現一位思索著是否要作證對抗東尼．索波諾的角色正在閱讀《無政府、國家與烏托邦》。當那個人發現自己將要作證的對象是東尼．索波諾時，他放下了書。因為他知道與黑道對抗，會有什麼樣的結果。

這種將書籍論點與影集再現的形象聯繫在一起的作法，總會存在著不恰當的地方。將羅爾斯放入《白宮風雲》的影集裡，助長了他作為某種自由主義理想家的形象，暗示了他的正義理論在美國的現實情境下無法實現，只有在編劇亞倫．索金（Aaron Sorkin）所描繪的幻想的美國中才可能存在。但羅爾斯並不是理想家。在很多面向上，他是一位現實主義者，他了解自己的政治哲學面對現實的所有局限，並努力地去修正這些局限。同樣地，諾齊克也不是黑道的辯護人。他並不僅僅是一個以保護為名實行勒索的政治理論家。誠然，他的寫作方式有時會給人這種印象，他會故意挑釁讀者（時至現今，閱讀他的著作的一大樂趣就在於，讀者仍時常會被他的論點震懾），但他並沒有站在東尼．索波諾的陣營裡。我有一位同事，他在同時觀看了《白宮風雲》和《黑道家族》之後，對這兩部影集的評語是，他不僅寧願看《黑道家族》，而且寧願由《黑道家族》來治理。但他也不認為諾齊克會希望由《黑道家族》來治理。他的書仍然是對國家治理的辯護，因為他開始探討我們為何會有國家這個問題，他認為我們會需要一個答案。他也相信，他提供了一個合理的答案。

羅伯特・諾齊克

（Robert Nozick, 1938-2002）

諾齊克於一九三八年十一月十六日出生在紐約布魯克林，父母是第一代俄羅斯移民。他在紐約的公立學校體系中接受教育，並就讀於哥倫比亞大學。在那裡，他共同創立了工業民主學生聯盟的分支組織，該組織後來成為了民主社會學生聯盟（the Students for a Democratic Society，簡稱SDS），這是一九六〇年代激進主義的溫床。他在普林斯頓大學攻讀博士學位，期間他逐漸從社會主義轉向對自由市場社會的堅定支持，這部分的經歷是因為他受到弗里德里希・海耶克（Friedrich Hayek）和路德維希・馮・米塞斯（Ludwig von Mises）等經濟學家的影響。諾齊克隨後幾乎整個學術生涯都在哈佛大學度過，在那裡他成為約翰・羅爾斯的同事，並於一九八一至一九八四年期間擔任哲學系主任。他的第一本書《無政府、國家與烏托邦》奠定了他的聲譽，該書因其可讀性極強的風格（尤其與其他政治哲學學術著作相比）而贏得了美國國家圖書獎。至今，這本書仍然是對現代福利再分配國家理念最著名的反駁之一，並在矽谷有著極為廣泛的讀者群。儘管這本書鞏固了諾齊克作為政治哲學家的地位，但他隨後的作品逐漸遠離該領域，轉向形上學、知識論和邏輯學等其他哲學領域。諾齊克的興趣廣泛，他的寫作涵蓋了他認為「美好生活」的各個層面，從宗教一路拓展到性。他是一位富有魅力的講師，聲稱從來不會重複講述同一門課，並認真對待哲學在提升人類生活品質以及擴展知識資源中的作用。他的批評者認為他晚期的一些著作，尤其是那些帶有「宇宙視角」的寫作，相比他早期銳利揭穿陳規的作品，顯得過於感傷。他隨著年齡的增長，在早期的自由放任主義立場上有所緩和，開始考慮了關於如何糾正歷史不正義和改革遺產稅的反思。一九九五年，他被診斷出胃癌末期，預計只能活六個月。他的回應是全身心投入工作和治療，最終他又活了七年，並且在此期間持續發表新的研究。他認為自己對病情的回應是「哲學性的」。二〇〇二年一月，他去世了，比他的同事兼對手羅爾斯早了十個月離開人世。

第十二章 史珂拉論習以為常的殘忍

《平常的惡》
(*ORDINARY VICES*, 1984)

- 與日常無異的殘酷地獄
- 對五種惡習的警惕
- 對抗殘忍的方法
- 民主社會的偽善
- 社群媒體的善意與殘忍
- 接納雙重生活的變動與自由

與日常無異的殘酷地獄

在這本書裡，我討論了形形色色的書籍。在這些書籍當中，哪一本是最卓越的著作呢？答案有可能是尼采的《道德系譜學》，這是有史以來最卓越的著作之一。又或者，答案可以是西蒙．德．波娃的《第二性》。那麼在這些之中，哪一本是最動人心弦的呢？對我來說，答案會是道格拉斯的《我的奴隸生涯與我的自由》。而最具原創性的著作，我想會是巴特勒的《埃魯洪》。然而，在這些書籍裡，我個人最喜愛的著作，是我們這一章的主角，儘管它可能也是最不為人知的著作。

這本書的作者是朱迪絲．史珂拉，她是一位拉脫維亞裔、加拿大與美國籍哲學家和政治理論家，她在一九九二年去世。這本書的書名是《平常的惡》，於一九八四年出版。史珂拉與羅爾斯和諾齊克同時都在哈佛大學工作，一位同事形容她是「哈佛大學裡最聰明的人」，而我想這樣的形容是有分量的。但史珂拉與諾齊克或羅爾斯相比，是非常不同的哲學家。從許多方面看來，她根本不是他們那種類型的哲學家。她更懷有普世精神，也更不受傳統束縛。除此之外，身為一名女性，她還需要克服更多的制度層面的障礙（在一開始，學校因為她要撫養三個孩子為由，拒絕提供她全職終身聘教席的機會，而這是不曾發生在任何一名男性教授身上的事）。史珂拉對歷史、文學、法律與哲學都有著深厚的興趣。她廣泛撰寫與小說有關的著作。《平常的惡》一書裡所涉及的作家，除了討論盧梭和尼采之外，也討論了莫里哀（Molière）和珍．奧斯汀（Jane Austen）。

時至今日，《平常的惡》仍舊是她最著名的著作，儘管這本書在學術圈外沒什麼知名度，目前也已經絕版。然而，與羅爾斯和諾齊克一樣，史珂拉和她的書也曾經出現在流行文化裡，留下驚鴻一瞥的足跡。那是一部名叫《良善之地》的影集，這部影集在表面上看來是一部情境喜劇，但影集的內容實質上是關乎地獄與哲學的討論。影集的背景設定在地獄，而影集中喜劇的元素也源自於此。《良善之地》的劇情圍繞於四個人在來世甦醒的過程，在睜開眼的剎那，他們發現自己身處在一個看似天堂的世界，而這個世界由仁慈的泰德．丹森所主導。這一切看起來非常美好，美好得幾乎令人難以置信。事實上，也確實不應該讓人輕信。四個人慢慢意識到，這個表面上看似天堂的地方其實是地獄，因為地獄不過是天堂的變形。只須對這個世界稍作微調，就能使美好的樂園轉變成魔鬼的居所。在影集的最終，丹森所扮演的角色的真實身分也被揭開——他終將化身為魔鬼。

這個喜劇的其中一部分內容在於，這四個人在世時都過著相對來說毫無價值的生活，而這就是為什麼他們死後會身處地獄的原因。其中一個人以道德哲學家的身分過著毫無意義的生活——他任教於巴黎的索邦大學——這顯然是一個浪費時間的職業。儘管如此，他還是在這個地獄世界裡為其他居民開課，試圖鼓勵他們反思如何過上更好的人生，甚至可能在最終進入一個更好的世界。他講述了一些道德哲學的經典著作——花了相當多的時間討論康德——但在某一集，他也為居民簡要介紹了史珂拉的《平常的惡》，並非常精練地總結了這本書所要傳遞的核心論旨。事實上，這本書的論旨確實不難總結。史珂拉認為，我們應該盡力避免許多惡習，其中最重要的惡習就是殘忍。正如她所說，當我們在思考我們能犯下的最糟糕的行為是什麼時，我們應該「把殘忍放在首位」，因為殘忍是痛苦、恐懼與孤獨的根源。在《良善之地》裡，這個道德寓意是，當你身處一個看起來有點像天堂的地獄時，你必須注意生活中所有細小的殘忍，因為這些細微的殘忍，正是人們得以區分天堂與地獄的關鍵所在。這也是史珂拉的主題：哲學需要更加關注殘忍，這是最糟糕的卻也是可以是再普通不過的惡行。

史珂拉的人生和思想，被另一種地獄所籠罩。她是一名移民到美國的學者，出生於里加。她的母親是一名醫生，他們的家族有德國猶太人的血統，在一九三九年不得不逃離拉脫維亞。他們一家先逃去了挪威，然後經由西伯利亞鐵路抵達日本，最終安全地抵達加拿大。史珂拉的寫作，受到二十世紀中期恐怖事件的影響。那不僅僅是猶太大屠殺，也不只是法西斯主義，還包括了史達林主義。那是個經歷了所有這些極權主義政權的苦難時代，而這些苦難都是不同形態的地獄。但史珂拉並不是一個只關注最糟糕的情境下所發生的事物的作家。殘忍固然是最糟糕的，極權主義政權也的確充斥著殘忍，但史珂拉想強調的是，殘忍可以發生在任何地方。她的想法是，地獄也可以以任何形態出現在任何地方，而這就是為什麼她出現在《良善之地》影集裡是恰到好處的。也許會有一種形態的地獄，與我們習以為常的生活沒有太大區隔，因為我們的日常生活中也可能存在著極端的殘忍和悲慘，而我們應該對此有所警覺。

史珂拉在《平常的惡》中也明確指出，雖然她非常關注殘忍，但她並不會過分關注罪惡。當我們開始思考地獄可能會有的形態時，人們很容易會把注意力集中在邪惡之上，認為這是人所能犯下的最糟糕的行徑。但她指出，罪惡（至少就其概念起源來說）是對上帝權威的冒犯。你會因為冒犯神祇而下地獄。但相反地，惡習與我們對上帝或對我們身旁的宗教規範的所作所為無關。惡習是關乎我們對彼此的所作所為。惡習是發生在人類之間的相互關係裡，而平凡的惡習則可以發生在任何地方，甚至可能在所有地方都發生。可以這麼說，對史珂拉而言，地獄是一種他者。這可能會帶有幾分沙特的味道，但史珂拉的意涵與沙特所說的他者略有不同。沙特害怕被困在自欺的關係裡。但對史珂拉來說，地獄可能以更加平凡的形式存在——地獄很可能就存在於，人們在沒有其他人關注時，對彼此所做的事物裡。

對五種惡習的警惕

《平常的惡》實際上講述了五種惡習，其中之一是殘忍。史珂拉將殘忍放在首位，因為她認為這是我們應該集中注意力、特別警惕的惡習，但除此之外，還有其他平凡的惡習。這些惡習包含了偽善、勢利、背叛和厭世。它們之所以被稱為普通的惡習，是因為這些都是我們在日常生活中可能時不時會犯下的惡習。沒有誰的一生中，從未感覺到自己曾經或可能是個虛偽的人。我們內心深處都有一些勢利，哪怕只是一種反向的勢利，例如我們都喜歡那種自己所屬的群體其實優於其他群體的感受，無論在客觀的社會階級裡，我們所屬的群體究竟屬於什麼階級。我們都曾經被背叛過，而如果我們稍微誠實一點，如果我們能放下我們內心深處的虛偽，那麼我們也會承認，我們都曾經在某些場合當過背叛者。厭世則是一種人生在世時常會面對的誘惑。因為現實生活是如此艱難，我們身邊的人也並不總是那麼友善。當生活開始變得苛刻，有時候這種嚴苛會讓人覺得，問題就是出在我們自己身上，然後我們開始變得厭倦自己的存在。厭世的情緒並不是人類的墮落，也不是人性的邪惡，而只是表現了人類的脆弱而已。我們總會有那麼些個瞬間，會幾乎放棄相信我們能夠做得更好，而這種放棄有時甚至會為我們受傷的心靈帶來解脫般的慰藉。順著這個情緒一路走下去，最終我們會慢慢地靠向虛無主義，我們或許會認為，到最終，我們所做的一切都不那麼重要。但史珂拉認為，我們所做的一切都是極其重要的，因為如果我們不小心，我們都有可能變得殘忍，而厭世很可能是把人們變得殘忍的藥引子。如果我們開始不那麼在乎我們的所作所為，也許我們也就不會在乎，或不會注意到，我們每個人都可能變得多麼殘忍。

史珂拉堅持對這些惡習進行排序。殘忍要排在首位，其他的惡習都遠遠排在殘忍之後——它們確實是壞的，但它們也沒有那麼壞。史珂拉的說法是，如果我們不警惕自己，殘忍是最糟糕的事，我們可能會花太多時間擔心其他惡習。因為這些惡習雖然沒那麼嚴重，但卻可能更容易令人煩惱。她的論點與心理學中的煩躁和無所作為緊密相連。我們常常被那些對我們危害相對較小的事情所困擾，從而忽視了那些我們真正應該避免的危害。例如，當我們對勢利者感到厭煩時，我們可能反而助長了直言不諱的暴君。史珂拉的反思和心理洞察取自各式各樣的來源。她援引的對象除了小說家和詩人之外，還涉及了我在本書中討論過的幾位作者。史珂拉曾寫過一本關於盧梭的書，她在《平常的惡》中也反思了盧梭的理論。她談論了山謬·巴特勒，反思了邊沁，並詳細地討論了尼采。她在討論殘忍的問題時提到了邊沁和尼采，加深了她對殘忍的論點。關於殘忍，除了我們應該避免它發生之外，還有更多必須論述的內容。關於其他惡習，也不僅僅是把它們排序在殘忍之後那麼簡單。

試著免除殘忍的問題就在於，讓人們時時保持警惕、永遠記得殘忍是最糟糕的事情，可能反而會讓這種對抗殘忍的執著，藉著某種方式讓殘忍得以從後門悄然進入。這種執念會產生盲點。反對殘忍的狂熱分子，與所有狂熱者都有著極其相似之處，那就是對於殘忍是如何悄然逼近的過程變得遲鈍。這不是集中營的殘忍，也不是最顯而易見的政治壓迫的殘忍，而是那種日常生活中，細微又讓人習以為常的殘忍。對史珂拉來說，殘忍之所以如此可怕，就是因為無論它以何種形式出現，無論是在宏觀層面，在個人層面，還是在微觀層面（那種波娃深刻體悟到的微小殘忍），當你是殘忍的受害者時，你會有著同樣的感受，因為殘忍就是恐懼所在之處。

史珂拉在《平常的惡》一書裡，之所以提到邊沁，是為了強調兩個論點。第一個論點是，邊沁長期以來被誤解和錯誤詮釋，而這與我在前幾章的努力有幾分相似。史珂拉熱情地為邊沁辯護，反駁那些荒謬的指控，例如指稱邊沁式的效益主義導致了二十世紀最糟糕的政治現象，包含了極權主義。史珂拉完全拒絕了這種指控，即控制一切的嘗試，是從邊沁所引起的那種對理性主義式的扭曲心態延伸而來的結果，也是邊沁那近乎瘋狂的演算思維所必然導向的後果。史珂拉正確地指出，邊沁的執著在於防止殘忍，這使他成為反極權主義者。邊沁是一個善良的人，他看到他所生活的世界周遭有多麼可怕，充斥著那些原本可以避免的痛苦，並因此希望能制止這種恐懼存在。他並不想為高度控制和操縱的政治打開大門，而是想確保對弱勢群體施加恐懼的權力能夠被遏制。然而，史珂拉指出，像邊沁這樣純粹反對殘忍的人，可能會陷入試圖將反殘忍系統化的陷阱，而邊沁確實有走上這一步。他想確保在任何地方都能杜絕殘忍。他對殘忍毫不寬容，並基於此建立了一個系統，旨在引導我們的行為朝加倍善良的方向走。但這類系統的問題在於，到了最終，它可能會像羅爾斯所說的，把人變成手段而不是目的。將人及其經歷納入系統以保護他們，以拯救他們免於遭受最為糟糕的情境，很可能會讓我們對這些經歷的多樣性和細微差別變得漠然。儘管不管從什麼意義上來說，邊沁的效益主義都不是通往極權主義的道路，但正如羅爾斯所指出的，如果你試圖將這樣的思想變成一個完整的哲學體系，你可能會得到極其荒謬的結果。在試圖最小化痛苦的過程中，由於演算方法的原因，有些人的痛苦可能比其他人的痛苦有著更低的排序。這樣有系統地反對殘忍，可能會在無意中讓殘忍再次回歸。

尼采則展示了另一種，殘忍在政治哲學中所存在的截然不同的陷阱。史珂拉認為，尼采最痛恨的是對殘忍的虛偽，尤其是基督信仰的虛偽。而尼采認為，基督信仰就是一個立基於殘忍的宗教。正如尼采所揭露的，沒有人比基督徒在試圖改造異端和異教徒時更加殘忍。我們只要回想一下西班牙的宗教裁判所[1]就能夠得到這個結論。但尼采的回應並不是在說，殘忍是最糟糕的事，而是說我們應該誠實並公開承認我們有著殘忍的傾向。最糟糕的事並不是殘忍，而是試圖掩蓋並隱藏殘忍。因此，最糟糕的事物就是基督信仰，在這樣的信仰裡，殘忍被埋藏在關於高尚與正義的虔誠話語背後。尼采這位反虛偽者最終因此擁抱了殘忍，儘管並不是因為他喜愛殘忍。史珂拉對尼采也非常公正，正如她對邊沁一樣。尼采不是一個怪物，也不是一個施虐狂。尼采一如邊沁，是一個相當纖細敏感的人。他對人類的痛苦非常敏感，但他說服自己，最糟糕的事情是否認我們有施加痛苦於他人身上的能力。這並沒有讓尼采成為一名厭世者，尼采也絕不是一個只對現實冷嘲熱諷的人，尼采堅決地反對虛無主義。但他認為，尤其當我們以基督信仰為例來反思人類時，我們人性中存在著一種危險，即假裝我們比實際上要來得良善，這使得我們很容易對自己不誠實。而這也表示，對自己誠實並藉此實現我們身而為人的真正潛能的方法之一，就是去接受我們是殘忍的這個現實。

對抗殘忍的方法

史珂拉認為，我們永遠不應該接受殘忍，我們應該要永遠與之對抗，但我們必須找到一種方法，始終反對殘忍而不變成狂熱的、清教徒式的反殘忍者。同時，我們也不能過於關注殘忍的細微差別，從而導致我們忽視了它的野蠻本質。我們要如何做到這一點呢？他說，這涉及人的氣質和品格。沒有任何哲學體系能告訴你該如何解決這個難題、這個挑戰。在某種程度上，你必須像

1　西班牙宗教裁判所（the Spanish Inquisition）：創設於一四七八年的異端裁判所，估計當時約有有十五萬人遭起訴，其中有三千至五千人被處決。在歷史上是宗教不寬容和壓迫的典型案例。

邊沁一樣敏感，像尼采一樣聰明且開放，但又不能成為邊沁或尼采。你必須做你自己，但我們每個人在做自己的時候，我們都必須意識到，我們永遠也無法全然規避殘忍，無論是我們成為殘忍的受害者，或是在無意間成了殘忍的加害者。

這是一個精妙且複雜的論點。當史珂拉談到其他惡習時（如勢利、偽善、背叛，和厭世），這個論點變得更加複雜但也更加清晰。她提到了一些與殘忍相關的論點，而這有助於澄清她對殘忍的反思。其中一個論點是，由於對殘忍保持警惕的挑戰非常艱巨且充滿陷阱，人們可能會被誘惑而將注意力轉向其他惡習。對於殘忍，尤其是日常生活中那平凡的殘忍來說——例如家庭生活中的殘忍、工作場所的殘忍、自由民主政治中的殘忍，而不僅僅是法西斯主義或史達林主義政治中的殘忍——真正的挑戰在於，我們有時很難看清這種殘忍的真相。它往往被其他事物所遮掩，隱藏在更閃亮且更表象的行為背後。這是種微笑背後的殘忍。困難之處就在於，你不能成為那種在日常生活的各個面向中挖掘出殘忍的存在的、清教徒式的狂熱者。這會讓你變得對開始干涉一切、到處插手，從而為了看到那些不在眼前的殘忍，質疑每一抹微笑。但即使如此，你仍然必須對它的平凡保持警惕。

與殘忍相比，偽善、勢利、背叛這些事物都更容易被人們發現。我們對於偽善和勢利的察覺非常敏感，因為我們非常厭惡它們。有趣的是，儘管殘忍是最糟糕的惡習，但它並不是最容易讓人反感的惡習。在很多時候，當我們發現自己最感受到羞辱的時刻，是別人對我們居高臨下地說話的時刻；是當他們對待我們的態度並沒有造成任何實質傷害，而只是對我們表現出輕視的時刻。然而，偽善和勢利並沒有那麼糟。面對一個虛偽的人，並不是在直接面對人類行為中最糟糕的一面（至少虛偽的人總是必須戴著面具）；面對勢利的人，也不像面對一個殘忍的人那樣會為你帶來實質傷害。如果我們專注於偽善、勢利，甚至是背叛，我們可能會忽視真正應該擔心的事物，從而讓殘忍從後門悄然進入。但在這裡還有另一個挑戰，一個在應對殘忍的時候更為嚴峻的挑戰。如果你去打擊勢利或偽善，你往往會讓問題變得更糟。但對於殘忍，當你試圖打擊它時，你不會讓殘忍變得更加極端，只是如果你採取了錯誤的方法，你將永遠無法消除殘忍。而對於勢利和偽善，當你試圖打擊它們時，你會得到的最多就是你可能會發現，你將面對更多的勢利與偽善。

史珂拉藉由聚焦民主社會來闡明這些想法，因為民主社會對勢利和偽善這兩種惡習最為敏感。在民主社會中，我們應該是平等的。我們應該或多或少是相同的，或者至少應該以相同的方式對待彼此，雖然我們允許彼此之間的差異，但我們不允許這些差異讓某些人比其他人更高出一等。理論上來說，民主是一種反對互相凌駕的政治。傳統的勢利、貴族的勢利、基於家族權威的勢利，即一個人因為他們出生在哪個家族或成長的背景，讓他們有著自己就是比其他人高貴的想法，是民主社會試圖根除的思維。民主社會對那些因為自己的家族名聲而認為自己就應該高人一等的人進行強烈的批判。史珂拉主要想到的是美國——那個反貴族、反勢利的美國，而這與舊歐洲的民主不同，沒有那些曾經是與生俱來的統治者的階級遺緒留在其中。或者至少，這是美國人經常自我說服的。

但在現實中，在所有人類社會裡，甚至所有的人類都會被階級和親屬感或歸屬感所吸引，這讓任何人都能感受到，在某個特定的階級中，至少總會有一些人比自己低等。即使在民主社會中也存在著階級、等級和種姓制度，但在民主社會中，這一切都被宣稱是在某種程度上是人們所應得的。在民主政治中也存在著勢利，所有民主社會中都有著勢利的惡習存在。但在這種情況下，這種勢利並不承認自己是勢利的，因為它認為勢利的背後有著足以讓人勢利的理由。這使得勢利更加糟糕，因為勢利的人相信，他們之所以處於社會階級的頂點，並不單純只是因為他們的出身。他們凌駕於他人之上，同時又相信自己與真正的貴族毫無相似之處。受過教育的人對未受過良好教育的人非常勢利，但他們並不承認這是勢利，因為他們認為正是自己受過教育的事實，讓他們高過那些沒受教育的人。

這個論點，與社會學家麥可．楊（Michael Young）在一九五八年提出的論點相似。在當時，麥可．楊創造了「菁英政治」（meritocracy）這個術語，儘管這個詞後來的涵義與他最初的意圖已然不同。它最初是一個諷刺的標籤，表示著這是人們應該避免的事物。楊認為，按照能力來排序社會的想法，引發了人們相信他們在社會中所得到的排序是應得的。當這種情況發生時，並不是勢利的心態減少了，而是勢利的心態更普遍了。這種勢利不僅更加難以抗拒，也更加殘忍，而這正是史珂拉的難題。菁英政治中的勢利，尤其是受過教育的人在民主社會中對待未受到良好教育者的方式裡，存在著一種殘忍。這種殘忍最終會引發政治反應。沒有人喜歡被這樣對待。當民粹主義的民主政治家試圖表達那些被輕視者的怨恨時，這種殘忍的受害經驗將被放大了。而民粹主義也可以演變成一種殘忍的政治。總而言之，民主社會對勢利有著更低的容忍（尤其與貴族社會相較），但這不僅可能為勢利成為普遍打開了方便之門，也可能引發更多的殘忍。

在論及背叛時，史珂拉也提出了類似的觀點，雖然她是以不同的方式來說明。背叛是一種非常平凡的惡習，但有時它被包裝成一種非凡的事件，然後被稱之為叛國。在貴族社會中，背叛是司空見慣的。如果你生活在中世紀的宮廷裡，或者在國王圈子裡或封閉的菁英群體中，周圍的人都在藉由個人關係競奪地位，那麼背叛就成為了生活中不可或缺的一部分；當背叛成為生活中的一部分時，人們也會對背叛有著一定程度的包容，因為每個人都預期自己有一天也會被背叛。當然，就算在這樣的時代裡，人們對背叛也不會全然容忍，因為沒有人喜歡被背叛，而背叛者也總是會試圖掩蓋自己的行跡。即使是在麥地奇家族[2]的時代，在亨利八世[3]的時代，或者在伊凡雷帝[4]的統治之下，沒有人會全然公開自己是一個無情的混帳。但在民主出現以前的時代，背叛是人們所預期並學會與之共處的、生活經驗的一環。當背叛發生時，你可能會尋求報復，可能會以背叛回應背叛，但在貴族社會的情境下，背叛並不會被視為世界末日。如果說當時的人對背叛有任何看法的話，他們會認為背叛是循環出現的。但在民主社會中，某些形式的背叛被視為全然不

2　麥地奇家族（the Medicis）：十五至十八世紀中在歐洲勢力龐大的佛羅倫斯望族。
3　亨利八世（Henry VIII）：都鐸王朝第二任國王，在位期間為一五〇九至一五四七年。
4　伊凡雷帝（Ivan the Terrible）：開創俄羅斯沙皇國，並成為第一位沙皇，統治期間為一五四七至一五八四年。

能被人所接受的事件。對社群的背叛、對某種價值觀的背叛、對國家的背叛都是如此。背叛的語言被放大了，而不是逐漸被削弱，並因此引發了獵巫與公審的行為。又一次地，史珂拉想到的是美國的例子。這不是一個極權主義社會，但在其頻繁試圖根除外來哲學在美國社會中立足的可能性時，它確實有一種獵巫的傾向。它似乎有一種無法抗拒的衝動，要去尋找那潛在於社會角落的叛徒，有時甚至會以極大的殘忍來對待這些被指認為叛徒的人。史珂拉非常清楚的麥卡錫主義，就是這種極端的殘忍。

但面對背叛的難題，史珂拉維持著她一貫的思考風格，這個難題同樣沒有簡單的解決方案。她引用了佛斯特（E. M. Forster）的名言：「如果我必須在背叛我的國家和背叛我的朋友之間做出選擇，我希望我有勇氣背叛我的國家。」佛斯特認為，有些背叛比公開的背叛更為嚴重。在這種意義上，他似乎預示了史珂拉的見解，即環繞著公開的背叛的歇斯底里，可能會引發更大的殘忍。然而，《平常的惡》之所以如此出色，其中一個原因就在於史珂拉不為任何人提供輕鬆的答案。她會直言揭穿她認為的荒謬，包括這裡她所引用的佛斯特。她指出，如果我們仔細檢驗佛斯特所說的話，我們會發現其言之荒謬。認為背叛朋友比背叛國家更嚴重的觀點，完全站不住腳。當然，有些對國家的背叛可能是任何人所能做出的最糟糕的事情，比如故意讓敵人進入國門。但成為叛徒的方式不僅僅是交出機密檔案而已，甚至可以是放棄你所存在的社會賴以維繫的價值觀，而這將為最殘酷的行為打開大門。史珂拉警惕著任何一位試圖把人們偶然的選擇美化成人們基於原則才做出選擇的人，因為她認為一旦這麼做，就難免會創造盲點。佛斯特也有他的盲點。

民主社會的偽善

下一個是偽善。在某種程度上，偽善是最有趣的平凡的惡習，因為它非常普遍，讓人們司空見慣。我們都是虛偽的，我們沒有人完全能實踐自己高尚的價值觀，所有人都會有言行不一的時候。它是如此平常，但卻也因此令人如此煩惱。幾乎沒有人不會在某個時刻發現，某位朋友、伴侶或同事會要求別人遵守那些他們自己都無法遵守的準則，並因此感到心煩意亂。我們多麼厭惡那些似乎暗示著「對自己有一套標準，對別人有另一套標準」的人。當我們發現某個政治人物言行不一，破壞了他們自己標榜的標準時，我們會更加討厭這種偽善。在英國，這種厭惡情緒，充分體現在社會對那些，打破了自己所制定的防疫封城政策的政治人物——包括前英國首相鮑里斯．強森（Boris Johnson）——的公眾反感裡。這種強烈的情緒是可以理解的。誰不會看著那些政治人物，心想：「你怎麼敢這樣對待我們？你怎麼敢認為我們必須遵守規則，而你卻不必同樣遵守？」

在民主社會裡，偽善往往是最容易激怒最多人的事物。一個政治人物一旦被揭發他是個言行不一的人，很可能會終結掉他的政治生涯。追捕偽善者是一種民主運動；它困擾著環保政治，並為反對者提供了一個打擊對手的方便武器。綠能政治的政治人物，經常會因沒能採用他們試圖強加給他人的生活方式而飽受指責。當前工黨領袖艾德．米勒班（Ed Miliband）在倡導淘汰汽油車的活動中，被人問到他自己是否已經購買了一輛電動車時，他的回答是「正在進行中」。這是政治人物的委婉修辭，意思就是「我還沒有買」。他的採訪者對他的回應是「請身體力行」。「言出必行」正是民粹民主的口號。

我們憎恨偽善，並試圖根除偽善。一旦我們揭露了偽善，我們就會對其發起譴責。然而，正如史珂拉所說，這樣做完全適得其反。對抗偽善的運動是最自我挫敗的運動，而這有兩個原因。首先，如果我們要求全然地公開透明，要求人們堅持自己的原則，不對我們有所隱瞞、不擁有私人的空間和私人俱樂部讓他們得以在其中享受與我們截然不同的規則，那麼我們將無法創造一個公開、誠實、透明的社會，因為每個人都需要一些隱藏的空間，這也包含了所有的政治人物。對這種程度的公開透明的要求，只會把政治人物推向埋藏更深的祕密。將公開透明當作運動來推行，並不會產生更開放的政治。這種運動反而會迫使政治人物及其親密夥伴去尋找更加隱密的場域來隱藏自己。如果你有任何不想被公眾知曉的事情——每個人都有這樣的事情——那麼在一個要求完全公開透明的文化和環境裡，你會得到的結果不會是更加公開透明，而是會有更多埋藏得更深也更黑暗的祕密。

反對偽善的運動必將自我挫敗的第二個原因是，在最終，它會讓世界上出現更多的偽善。會有更多偽善的原因是，這讓我們所有人都成為偽善者。如果我們要求政治人物遵守我們自己都無法遵守的標準，如果我們要求他們始終保持公開、誠實和透明，而我們知道自己在各自的生活中並無法做到這一點，那麼我們不會讓他們不再成為偽善者，而是讓我們自己成為偽善者。所有的父母都知道，教育孩子的第一條原則是「照我說的做，而不是照我做的做」。然而，我們卻告訴政治人物要「言行一致」。反對偽善本身就是一種偽善的哲學。對史珂拉來說，更糟糕的是，她對偽善感到憂慮，正如她對勢利和背叛感到憂慮一樣。如果我們對這些事情變得過於不寬容，最終我們只會打開更多通往殘忍的大門。

讓我用唐納・川普當例子來說明這一點。儘管川普並未出現在《平常的惡》這本書裡，但如果史珂拉有機會目睹他非凡的政治生涯，她肯定會辨別出川普的類型。川普是一位殘忍的政治家。殘忍是他的標誌之一。他在對待周圍的人時可以非常殘忍，而且他常常殘忍地對付那些批評他的人。他會嘲笑他們，抓住他們的弱點。他專門攻擊對手的痛點，而且毫不留情。身處在川普的圈子裡，意味著你會很容易遭受他的貶低和羞辱。但川普不是一個偽善者。事實上，這就是他作為民主政治家具備如此非凡吸引力的主要原因之一。因為他看起來就是他原本的真實樣貌。他似乎願意在公共場合表現出和私底下一樣不友好的行為。我讀過的所有關於他如何對待在白宮、他的企業甚至他的家庭中為他工作的人的報導，而這種種都讓人聯想到他是如何對待他的政治對手。他是藉由欺凌、嘲笑、恐懼來統治。川普從頭到尾都是同樣的一個人——全然殘忍的人——但這也使他保持了一致性。在某種意義上，偽善的對立面就是誠實。有人會說，儘管川普是一個說謊成性的人，但他也是一個誠實的政治家。他對自己說謊成性的本質非常坦誠，並不試圖隱藏或掩飾自己的真實性格。這是一種厚顏無恥的坦白承認。

我們普遍對偽善的不寬容，是促使川普最終成為美國總統的原因之一。他巧妙利用了公眾對政治家出於本能的厭惡，尤其是厭惡那些看起來有著私人規則，並且讓這些規則只適用於他們自己和他們的朋友，而不願與公眾分享的人。這與人們對偽善意味著掩蓋腐敗的懷疑論密切相關。畢竟，為什麼這些人不願易分享？他們試圖隱瞞什麼？在二〇一六年的美國總統大選裡，希拉蕊·柯林頓（Hillary Clinton）非常容易遭受這種偽善指控的攻擊。人們指控她在公眾面前是一個樣子，在私底下又是另一個樣子。在選舉期間，有一段她在一家華爾街銀行演講的、未經授權的錄音檔曝光了，而這成為她競選活動的陰影。這段錄音似乎揭穿了她公開宣稱對金融巨頭強硬的立場。更糟糕的是，她似乎也知道這對她有害，不然為什麼她會費盡心思去掩蓋它呢？這對她的打擊遠大於川普錄音檔的曝光，川普在那段錄音中以貶低、性化的語言來談論女性（他直接說「抓住她們的私處」）。但川普的言論沒有造成太大的傷害的原因就在於，這正是人們預期川普在私下會說的話。

我們大多數人可能都知道，不應該對日常的偽善過於激動。僅僅因為某人偶爾無法達到自己的標準，並不意味著這個人就全然不可信。我們也知道，政治人物不可能總是對自己誠實。然而，人類心理中有一個部分會讓這種懷疑慢慢滲入，人們會擔心如果**這一切**都是騙局怎麼辦？川普巧妙利用了這種懷疑，他既藉由提出這種懷疑，也藉由讓自己看起來不像一個典型的偽善政客來達成目標。有時候，川普在他厚顏無恥的表現中，甚至看起來不像個政治人物，因為他毫不掩飾自己的殘忍，而這反而讓他不那麼偽善。

社群媒體的善意與殘忍

在《平常的惡》中，史珂拉指出，如果我們錯誤地排列惡習的順序，若不將殘忍放在首位，而是過度關注偽善的表象所帶來的恐怖，我們將會毀掉我們的政治。我會把決定權留給我的讀者，讓你們來決定川普的出現，是不是就是一個史珂拉論點的絕佳例證。在我寫下這段文字的當下，我無法預測當這本書出版時[5]，川普是走在再次成為總統的路上，還是在走向監獄的路上，又或者，他同時走在這兩條路上也是很有可能的。但無論如何，重要的事在於，史珂拉的論點是發表在一九八四年。而這個年份，到今天仍然讓人們不可避免地聯想到歐威爾筆下的老大哥。但儘管這是在一九八四年發表的論點，在資訊技術高度發展到現今這個網際網路的時代裡，這個論點的洞見依然成立。史珂拉的論點成立的，不僅是對殘忍的分析而已。我常常驚訝於社群媒體上有多少善意，人們花了多少時間互相支持？互相鼓勵？互相稱讚？比如推特（現在叫X，不知道當你讀到這本書時，它是否還存在），我們在X（或推特）上一直存在著大量的善意，但與此同時，似乎也伴隨著大量的殘忍。

X／推特是反殘忍的工具，但卻讓殘忍從後門悄然進入。在X／推特上，和其他社群媒體平台上一樣，都存在著勢利，甚至很可能這些平台上存在的勢利，遠比人類歷史上任何時期都要來得多上許多。X／推特是一個讓人們感受到部落忠誠的地方，它讓人們可以給自己和他人排名，建立等級制度，排除他人也貶低他人。在那裡經常發生著背叛，也充滿了偽善。事實上，網際網路是一個超大型的偽善製造機，因為它讓我們能夠揭露彼此的偽善，從而暴露我們自己的偽善。

5 原書於二〇二四年出版。

當前民主政治人物的問題之一是，他們過去所說或所做的幾乎每一件事都可以在網路上被找到。不論是五分鐘前還是五年前，挖掘出一些似乎與政治家現在的言行不一致的證據開始變得太過容易。偽善無處不在，但雙重標準也無處不在。我們會一擁而上，嗜血地公審某個淪為眾矢之的的人，但直到我們與被公審的人面對面時，我們才會發現這種公審行為有多麼殘忍。唯有當人們成為這種獵巫與公審的受害者時，才能體會到我們在不處於受害者位置時的行為，有著多麼讓人難以忍受的偽善。

史珂拉認為，面對這樣的現象，我們能做些什麼呢？我們如何避免陷入清教徒式的挑剔和厭世的虛無主義這兩個陷阱呢？這同樣沒有簡單的答案。但她確實從我們的困境——人類的困境——總結出一系列的啟示。其中之一是，我們應該對其他平凡的惡習更為寬容。這並不意味著我們應該接受它們。你容忍某些事情，不是因為你認為它們是可以接受的，而是因為即使你認為它們不可接受，你也不得不與它們共存。我們應該更加容忍偽善——不是去接受它，而是要容忍它。我們仍然可以憎恨它，仍然可以希望偽善能少一些，但我們必須停止試圖將它根除的行為。她還認為，我們的注意力應該更加放在普通惡習是如何藉由制度體現於現實的層面，而不是只關注在個人言行如何表現了普通惡習。我們總是關注個別政治人物的偽善，檢視這個人或那個人是否達到了他或她宣揚的標準，並挖掘他們的私人生活作為檢驗的憑據。在民主社會中，自從我們獲得了了解民選政治人物個人生活的手段以來，對這些私人生活的關注也日益增長。一旦這種情況發生，我們就很難停止窺探。當偽善者被揭露時，那種隨之而來的憤怒——例如通奸的道德家，或者把手伸進金庫的財務監督者——是如此難以抵擋。我們認為這些事物是邪惡的，但這也是為我們帶來痛快感受的邪惡。

然而，我們需要謹記，還有比個人偽善更糟糕的事情，這不僅僅是指殘忍而已。制度性的偽善也遠比個人的偽善來得糟糕。有許多制度無法實踐它們自己的價值觀，美國就是一個例子。美國的建立是立足於偽善之上的。美國憲法就是最原初的偽善，這份文件被包裝成保障自由和平等的文書，卻同時將一些人視為次等的，甚至給出了一個具體數字（奴隸只能被算成是五分之三個人）。雖然奴隸制已經被廢除了，但這種偽善的遺緒仍然存在。這值得人們努力去根除它，但這還遠遠未竟完成。試圖讓制度實現其標準並非自我挫敗的行為。這可能會令人沮喪，因為你永遠無法讓任何制度完全符合其公開擁戴的價值觀，但相較於過度關注個人的偽善，將制度性的偽善作為政治批判的目標是合理的。

史珂拉也指出，最終我們如何回應這些問題，是一個性格或氣質的問題。這是一種有些不合時宜的觀點。這個解答沒有固定的規則。為普通惡習制定規則是危險的，因為殘忍會從系統的裂縫中滲透出來。史珂拉所主張的，是一種不同的方式，而這關乎一種在世界中生活的方式，最終關乎的是一種願意過雙重生活的態度。那是種現代公民的雙重生活。史珂拉的英雄之一，是十六世紀的法國散文家和政治家蒙田（Montaigne），她有一些關於普通惡習和殘忍的危險的觀點出自於蒙田。蒙田過著一種雙重生活。他有著厭世的傾向，有時對他的人類同胞感到絕望。他渴望友情，卻也明白維繫友情的困難。他常常表示，當他從世界中隱退，退回象牙塔中寫作、思考、遠離其他人類時，他感到最為幸福。思考人類比與人類共同生活更加容易，與其他人交往有時就像是身處地獄。儘管如此，蒙田也過著深刻的政治生活，因為他知道，你不能簡單地從人類情境中退縮並保持距離來研究它。你必須參與在其中，必須體驗人類的情境。他討厭政治，但他也實踐政治。當他在象牙塔中時，他感受到世界的吸引力；當他在外在的世界時，他又感受到象牙塔的召喚。雖然我們不能都過著像蒙田那樣的生活，但我們每個人身上都有著那麼一點點類似的雙重性。認識到這種雙重性，是我們能夠容忍偽善的方式之一，即使我們不能接受它。因為這樣的雙重生活，必然會涉及到一些偽善。在蒙田死後才到來的現代性，其偉大光輝之處就在於，它創造了一種政治，讓人們可以在公共和私人這雙重場域之間遊走，讓人們可以有時候在舞台上展現自己，同時也將部分的自己隱藏起來。在這樣的世界裡，偽善、勢利、背叛將永遠存在，而我們應該接受它，因為這樣的世界仍然比其他選擇來得更好。

接納雙重生活的變動與自由

我想以另一位作家的著作為這一章節的討論畫下句點。這是美國作家大衛．福斯特．華萊士（David Foster Wallace）的一篇短篇小說，於二〇〇七年發表在《紐約客》上，小說的篇名是〈好人〉（Good People）。這篇故事對史珂拉的《平常的惡》以及她的理論提出了一個挑戰，而我必須說，我也支持華萊士的想法。華萊士認為，我們需要更加接受偽善，因為它是生活的現實，如果我們能接受偽善，並把它作為生活的現實，我們最終會變得更好。在這個故事中，華萊士寫到一個年輕的基督徒男子，他的女朋友懷孕了。他們尚未結婚，而他們正在努力面對一個可怕的問題，即她是否應該墮胎——雖然在小說裡，我們只能從男方的角度來看到兩人的掙扎。對這位男子來說，這個兩難幾乎是無法承受的，因為一方面他認為，自己並不是真的愛他女友，也不想與她結婚。從這個意義上說，如果她生下孩子，而他娶了她，那麼他將背叛自己的原則，因為他相信愛情。但他也是一名基督徒，他認為墮胎是可憎的。如果她生下孩子，他不能拋棄她。墮胎是不可接受的，但在這種情況下，違背自己的良知與女友結婚這個替代方案也是不可接受的。華萊士描述了這個男孩——他還很年輕，還在讀大學裡——掙扎著應對這個困境時的一些想法。他如此寫道：

> 他就坐在女孩身旁，但如今她對他來說，就像外太空一般陌生遙遠，他等待著她口中可能傾吐出來的任何字句來解救他，因為現在，他覺得自己見到了地獄最真實的樣貌，或至少他見到了地獄的邊緣或輪廓。讓他痛苦不堪的，是他內心兩支巨大而可怕的軍隊，彼此對立，沉默地凝視著對方。那是腥風血雨之前的寧靜，在這之後將會有一場血戰，而戰爭過後將不存在勝者。又或者，戰爭永遠不會發生，這兩支軍隊就只會一直這麼僵持著，靜止不動，彼此對視，看著站在對側的敵人與自己是如此不同，是如此陌生，以至於他們無從理解彼此，無法聽懂對方的話語，甚至無法從對方的臉上讀出任何訊息。就這麼生冷地對峙著，懷抱著彼此那無可化消的不解，直到人類時間走到盡頭。心有兩端，而不論走向何方，都是對自己的偽善。

這是一種將偽善視為地獄的一種陳述。它之所以如此像地獄，是因為它的僵冷，即「偽善者」這一僵冷的身分標籤，一旦被貼上了這個標籤，你就永遠被困在這個身分裡，靈魂中的兩支無法相互理解的軍隊將永遠對峙著。成為一個偽善者意味著被凍結在這種心有兩端的狀態裡。史珂拉會對這種說法有什麼回應呢？我對這種說法又有什麼看法？

我想，史珂拉的回應會是，她在提倡過雙重生活時，並不意味著我們要限於任何近似於這種僵持的狀態。雙重生活的要點在於它是不固定的。那種在公共與私人之間移動的生活方式，其標準是被信仰的，但並不總是被遵守的。在信奉某個標準，與實際言行遵守這個標準之間，存在著一種自由，也包含了改變的可能。我認為這是史珂拉從思想史中得到的其中一個啟示，我們沒有必要將自己牢牢深陷於任何一個單一概念或任何一種單一詮釋之中。我們可以是多面的，但這並不意味著我們就是**那種**多面的事物。你難免會做出一些被嫌勢利的言行，但這並不意味著你就是個勢利的人。偽善的行為也並不意味著你就是偽善者，有過一次背叛並不意味著你就永遠是叛徒。這些都只意味著你是人類。史珂拉想讓我們從她的思想史中理解到的是，對普通惡習的這種容忍，不僅保護我們免受殘忍的傷害，還能讓我們保持自由，成為真正的自己。這並不是唯一解讀思想史的方法，這也不是我們應該從思想中得到的唯一啟示。但這是思想史能教給我們的其中一件事情。

朱迪絲・史珂拉

（Judith Shklar, 1928-1992）

朱迪絲・史珂拉的原名是尤迪塔・尼瑟（*Yudita Nisse*），她於一九二八年九月二十四日出生在拉脫維亞一個擁有德國猶太血統的家庭。她的母親是一名醫生，在里加的貧民窟經營一間公共衛生診所。為了逃避日益高漲的反猶主義，這個家庭於一九三九年先搬遷至挪威，接著再前往日本，最後定居於加拿大蒙特婁。史珂拉自稱是個書蟲，她寫道：「從十一歲開始我就不停閱讀，並且幾乎享受了每一個閱讀的剎那。」她最喜愛的書是狄更斯的《塊肉餘生記》（*David Copperfield*）。她在麥基爾大學求學，然而她覺得那裡的課程大多無趣，卻在那裡遇到了她的丈夫傑拉德・史珂拉（Gerald Shklar），後來他成為了哈佛牙醫學院的教授。一九五一年，史珂拉進入哈佛大學研究所，並於一九五五年獲得博士學位。隨後，她育有三個孩子，並在拉德克利夫學院（哈佛的女子學院）兼職任教。後來，她加入了哈佛大學的政府系，並於一九七一年成為該系首位獲得終身教職的女性。史珂拉曾認為，經歷了二十世紀的恐怖之後，偉大的政治哲學已經終結，但《正義論》的作者羅爾斯使她相信，政治哲學仍有一線生機。她的寫作跨越了哲學、歷史、法律和倫理學，涵蓋了從紐倫堡大審判到美國公民身分追求等主題。一九六九年，她出版了《人與公民》（*Men and Citizens*），這是一部關於盧梭政治思想的研究。一九八四年，她發表了她最著名的著作《平常的惡》，探討了我們如何面對日常生活中的人性缺陷，從虛偽到勢利。同年，她成為首批麥克阿瑟獎（即所謂的「天才」獎）的獲獎者之一。一九八九年，她當選為美國政治學會首位女性會長。她撰寫了非常多的論文與散文，其中最廣為人知的文章是〈恐懼的自由主義〉（The Liberalism of Fear）。這篇文章主張對自由所能提出的最佳保障，就是防範權力最嚴重的濫用，而儘管即便是自由民主國家也無法免於此類濫用，但這樣的國家仍然是人類最好的制度選擇。史珂拉於一九九二年九月在新罕布夏州的度假住宅裡，因為心臟病發作驟逝。雖然人們有時後會把她視為冷戰時期的思想家，但她的聲譽與影響在近幾年開始增長，而她對人們應該警戒殘忍的論點也持續影響人心。

謝辭

我要向所有參與製作了作為這本書原型的Podcast系列的人表達感謝之意，特別是海倫．湯普森（Helen Thompson）、凱瑟琳．卡爾（Catherine Carr）、史蒂芬妮．迪佩文（Stephanie Diepeveen）和夏洛特．格里菲斯（Charlotte Griffiths）。我特別感謝珍．達比．門頓（Jane Darby Menton），她對我的研究提供了珍貴的協助，並且在建立本書主文之後的作家短記與延伸閱讀方面費盡心思。我也要感謝《倫敦書評》中每一位支持我的人，特別是山姆．金欽－史密斯（Sam Kinchin-Smith）和安東尼．威爾克斯（Anthony Wilks），是他們協助規畫將這系列的Podcast節目。快速棕狐公司（Quick Brown Fox）的蘇珊．威廉斯（Suzanne Williams）提供了專業的錄音轉錄服務。而我也一如既往地非常感謝側寫出版社（Profile Books）的安德魯．富蘭克林（Andrew Franklin）和潘妮．丹尼爾（Penny Daniel），以及我的經紀人彼得．史特勞斯（Peter Straus）。我最深的感謝之情要獻給我的妻子海倫，感謝她的支持、鼓勵以及她無可挑剔的校對能力。這本是書獻給她的。

延伸閱讀

第一章　盧梭論文明社會的殞落

盧梭其他的著作

《論科學與藝術》（*Discourse on the Science and Arts*, 1750，又被稱為《第一論文》）：這是讓盧梭聲名大噪的論文。在這篇論文裡，盧梭指出科學與藝術的發展導致了人性虛榮與傲慢的增長，而沒有促進人類自主性的成長，也因此促進了人類的腐敗。

《社會契約論》（*The Social Contract*, 1762）：「人生而自由，卻無處不身陷囹圄。」這是西方政治理論最有名的著作之一，而這句話正是這不朽之著的開卷名句。盧梭在本書的論點，奠基在古典共和主義的思想傳統上，提出了足以統合個人自由與國家權威的理想政治秩序願景。

《新愛洛伊斯》（*Julie; or, The New Heloise*, 1761）：這本書信體的小說有著對瑞士鄉村風光的鍾情描繪，也蘊含了對於人類自主性的深刻反思。在十八世紀，這本小說極為暢銷，也勾引出許多讀者最深層的情感，這讓盧梭曾經自豪地說，在這本小說出版以後，只要他願意，他可以與任何上流社會的女性過夜。

《愛彌兒》（*Émile*, 1762）：盧梭認為這是他「最好也最重要」的著作。這本書探討了教育的本質與形式。其核心問題是，什麼樣的教育得以保存人類天性的美好，同時又會賦予人免於被社會腐化的特質？他的建議包含了居住在鄉村、利用實驗方法學系，以及（至少對男童來說）結合了體力與智識的勞動。

《懺悔錄》（*Confessions*, 1782）：這是最早的世俗性自傳之一。《懺悔錄》裡鉅細靡遺地呈現了盧梭前五十三載的人生。後續的作家如歌德（Goethe）、威廉．華茲華斯（William Wordsworth）與斯湯達爾（Stendhal）在撰寫自傳時，都以這本自傳為典範。

研究盧梭的著作

伏爾泰（Voltaire），〈致盧梭的一封信〉（Letter to Jean-Jacques Rousseau, 1755）：這是伏爾泰在閱讀完盧梭的《第二論文》後，對盧梭論點的回應。在這篇文章裡，伏爾泰以風趣的筆調堅實地為文人與哲學家提出辯護。「讀完您的著作後，讓我想要放棄身而為人的資格，重新回到四腳爬行的嬰兒狀態。但有鑑於我已經荒廢了利用四隻爬行這個技能六十年了，很遺憾地我可能再也沒有辦法回到那個狀態。」

瑪麗．沃斯通克拉夫特（Mary Wollstonecraft），《為女權辯護》（*A Vindication of the Rights of Woman*, 1792）：這本早期女性主義哲學的著作最主要的論敵之一就是盧梭。沃斯通克拉夫特認為，盧梭的著述裡對女性的陳述，意味著在盧梭眼中，適合女人的教育就是把女人教化成男性的歡愉。

里奧．達姆羅施（Leo Damrosch），《盧梭：躁動不安的天才》（*Jean Jacques Rousseau: Restless Genius*, 2005）：在這本傳記裡，達姆羅施從盧梭混沌的青少年時期開始（盧梭曾經是個技藝高超的竊賊），一路追溯到他晚年出乎預期地在哲學上展現的才華，並藉此重建了盧梭如何成為哲學名人的曲折旅程。

大衛．愛德蒙茲（David Edmonds）與約翰．愛迪諾夫（John Eidinow），《盧梭的愛犬》（*Rousseau's Dog*, 2007）：在一七七六年，身心俱疲的盧梭與他的愛犬蘇丹一同抵達英格蘭，他們試著逃離巴黎的紛擾，接受蘇格蘭哲學家大衛．休謨的款待。而劇情從此展開。

潘卡伊．米什拉（Pankaj Mishra），〈盧梭如何預言了川普的時代〉（How Rousseau Predicted Trump），《紐

約客》：米什拉在這篇文章裡提出，盧梭對普世主義菁英的嚴峻攻擊，以及他對不平等的現象對人類心理狀態的影響，是如何殘酷地預示了川普的到來。

第二章　邊沁談人類福祉的總和

邊沁其他的著作

《政府片論》（*A Fragment on Government*, 1776）：這是邊沁的第一本重要著作，以匿名出版，是對英國最重要的法學理論家威廉・布萊克史東爵士的批判。在這本書裡，邊沁第一次提出他的「最大福祉」原則。

《全景監獄，或監視屋》（*Panopticon; or, The Inspection-House*, 1791）：在這本書裡，邊沁鉅細靡遺地陳述了他理想的監獄改革。這之中的關鍵在於設立一個權力不對等、監視無孔不入的機制，讓人們因此而自律。他的設計，是為了杜絕當時監獄所大量採取的身體酷刑。

《議會改革草案，附帶對每一條改革條文的爭議問答》（*Plan of Parliamentary Reform in the Form of a Catechism with Reasons for Each Article*, 1817）：這是邊沁公開表示他支持議會民主的著作。他在其中提倡了多項議會改革方案，包含了擴大選舉人範疇、私密投票、廢除皇家特權以及公開透明的議會辯論等等。

《政治謬誤集》（*Handbook of Political Fallacies*, 1824/1843）：這本書露骨地呈現了政治人物在鼓吹（實質上則是反對）政治改革時，所使用的政治修辭與糟糕議論。

研究邊沁的著作

威廉・海茲利（William Hazlitt），《時代精神，或當代人物側寫》（*The Spirit of the Age: or, Contemporary Portraits*, 1825）：邊沁是海茲利的房東，也是二十五則人物側寫中的第一人。海茲利將邊沁描繪成一個致力於改革的人，代表了時代的改革精神，雖然海茲利也同樣批判邊沁過於簡化了人性。

約翰·斯圖爾特·彌爾，《效益主義》（*Utilitarianism*, 1863）：在這篇影響深遠的效益主義辯詞中，彌爾（他是邊沁的學生之一）試圖調和他老師的哲學允諾與大眾的道德。早在一八三八年，彌爾曾寫過一篇著名的文章探討邊沁，並將他與浪漫主義詩人兼保守派哲學家山謬·泰勒·柯立芝（Samuel Taylor Coleridge）進行對比，視兩者為對立人物。

米歇爾·傅柯（Michel Foucault），《監視與懲罰》（*Discipline and Punish*, 1975）：傅柯在這本關於權力、身體與監獄的研究中，將邊沁的全景監獄描述為「殘酷且精妙的牢籠」，以及「權力的新物理學」。

菲利普·盧卡斯（Philip Lucas）與安妮·希爾安（Anne Sheeran），〈亞斯伯格症與傑瑞米·邊沁的怪癖與天才〉（Asperger's Syndrome and the Eccentricity and Genius of Jeremy Bentham），《邊沁研究期刊》（*Journal of Bentham Studies*）：盧卡斯和希爾安從精神病理學的角度，評估了邊沁不尋常的生活和哲學，並主張從今天的角度看來，邊沁很可能會被診斷出患有亞斯伯格症。

湯瑪斯·麥克馬倫（Thomas McMullan），〈全景監獄在數位監控時代有什麼樣的啟示？〉（What Does the Panopticon Mean in the Age of Digital Surveillance?），《衛報》：在二〇一五年，研究人員在倫敦大學學院邊沁遺體展示櫃上方安裝了一個網路攝影機。全景監獄的隱喻在利用數據捕獲和數位監控的世界中揭示了什麼，又掩蓋了什麼？

第三章　弗雷德里克·道格拉斯論奴隸制的罪惡

道格拉斯其他的著作

《弗雷德里克·道格拉斯的一生，一位美國奴隸的自述》（*Narrative of the Life of Frederick Douglass, an*

American Slave, 1845）：這是道格拉斯的第一部自傳，在他逃離奴役的七年之後出版，並立即成為暢銷書。在這本書中，道格拉斯聚焦於奴隸制的殘酷，並提供了對暴力的生動描述。

《弗雷德里克．道格拉斯的生平與時代》（*Life and Times of Frederick Douglass*, 1881）：道格拉斯的第三部也是最後一部自傳，詳述了南北戰爭後繼續為種族平等而奮鬥的艱難歷程。

〈在一個奴隸眼中，七月四日是什麼樣的日子？〉（What to the Slave is the Fourth of July?, 1852）：這是道格拉斯最著名的演講之一，它探討了美國的偽善，以及憲法和道德上反對奴隸制的論點。他主張，對美國價值如自由和對自由的讚頌，冒犯了那些無法享受美國生活所有福利的數百萬人。

〈紀念亞伯拉罕．林肯的演說〉（Oration in Memory of Abraham Lincoln, 1876）：道格拉斯稱呼林肯為「白人的總統」，也批評林肯直到後來才擁抱了奴隸解放的理念，但同時，他也讚揚林肯的個人信念與力量。尤其是林肯一旦做出承諾就堅持履行承諾的決心：「從真正的廢奴立場來看，林肯先生顯得遲緩、冷漠、呆板和漠不關心；但是從他對國家的情感來衡量，而這種情感是他作為一名政治家必須擁有的，那麼林肯先生表現出迅速、熱情、激進和堅決。」

研究道格拉斯的著作

布克．華盛頓（Booker T. Washington），《弗雷德里克．道格拉斯傳》（*Frederick Douglass: A Biography*, 1906）：這本傳記由南北戰爭之後著名的黑人思想家撰寫，詳細記述了道格拉斯的一生。

奧塔薇亞．巴特勒（Octavia E. Butler），《宿命》（*Kindred*, 1979）：巴特勒在寫這本小說時，從道格拉斯的自傳中汲取靈感，講述了一位年輕非裔美國女性在一九七〇年代加利福尼亞和戰前馬里蘭之間時空旅行的故事。

塞迪亞．哈特曼（Saidiya Hartman），《受奴役的光景：十九世紀美國的恐怖、奴隸制與自我形塑》（*Scenes of Subjection: Terror, Slavery, and Self-Making in Nineteenth-Century America*, 1997）：哈特曼的書以道格拉斯對其

姑姑赫斯特被監工亞倫·安東尼殘酷鞭打的描述開篇，她著重於奴隸制日常的恐怖以及古往今來種族主義之間的連續性。

卡倫姆·麥坎（Colum McCann），《飛越大西洋》（*TransAtlantic*, 2013）：道格拉斯的愛爾蘭之旅，在這本由愛爾蘭作家麥肯撰寫的交織敘事體的小說中占有重要地位。

大衛·布萊特（David Blight），《弗雷德里克·道格拉斯：自由的先知》（*Frederick Douglass: Prophet of Freedom*, 2018）：這部道格拉斯的傳記贏得了二〇一九年普利茲歷史文類獎。在二〇一九年，巴拉克和米歇爾·奧巴馬宣布他們正在將其改編成Netflix的電影。

第四章　山謬·巴特勒對極端與成規的省思

巴特勒其他的著作

《生命與習性》（*Life and Habit*, 1878）：巴特勒的第一篇演化論論文，概述了他的主要生物理論：演化是藉由先祖的記憶為媒介發生的，這種記憶存在於生物本能之中，也構成父母與後代之間個性的一致性。巴特勒的文學風格時而神祕，時而諷刺，這讓當時的科學家感到困惑，但也使他的作品持續具有可讀性。

《是運氣還是狡詐，構成有機變異的主要因素？》（*Luck or Cunning as the Main Means of Organic Modification?*, 1887）：巴特勒與達爾文之間爭論的高潮，書中記述了達爾文及其朋友們對巴特勒所進行的種種（巴特勒眼中的）陰謀，並對《物種起源》中的模棱兩可之處進行了猛烈的批評。

《再訪埃魯洪》（*Erewhon Revisited*, 1901）：這部續集揭示了第一部的敘述者，不小心乘坐熱氣球離開埃魯洪後無意間開創了一個新宗教。巴特勒輕柔地提出了對基督信仰那種啟示性宗教示的嘲諷，其敘事比原作更加精緻，但卻不如原作引人入勝。

《眾生之路》（*The Way of All Flesh*, 1903）：巴特勒的諷刺傑作，是在他去世之後才出版，但也成為愛德華時代文人的標誌之作，其中對維多利亞時代的道德進行了無情的批評。這部作品跨越了龐蒂菲克斯家族三代人的故事，這個家族幾乎再現了巴特勒自己的家族，《眾生之路》涵蓋了一切巴特勒最喜愛主題：遺傳的重要性、婚姻的恐怖和智力發展到極端的荒謬。

《山謬·巴特勒的筆記本》（*Samuel Butler's Notebooks*, 1912）：這是一本內容廣博且常常引人發笑的格言和趣聞集，包括費茲傑羅（F. Scott Fitzgerald）在內的戰間期作家都非常喜愛這本書。

研究巴特勒的著作

喬治·蕭伯納，《巴巴拉少校》（*Major Barbara*, 1907）與《回到瑪土撒拉》（*Back to Methuselah*, 1920）：在這兩部作品的序言中，蕭伯納表明巴特勒是對其思想有著重大影響的人物。

梅伊·辛克萊（May Sinclair），〈山謬·巴特勒的泛心理主義〉（The Pan Psychism of Samuel Butler），收錄於《為理想主義辯護》（*A Defence of Idealism*）第一章：這本書提出一個有趣的對比，將巴特勒的生物學理論與佛洛伊德和榮格的著作相對照。

約翰·巴特勒·葉慈（John Butler Yeats），〈追憶山謬·巴特勒〉（Reminiscences of Samuel Butler），收錄於《愛爾蘭與美國的散文》（*Essays, Irish and American*）：由著名文學家葉慈的父親所寫的對巴特勒個性的描繪。

愛德華·高斯（Edward Gosse），〈山謬·巴特勒〉（Samuel Butler），收錄於《觀點與印象》（*Aspects and Impressions*）第三章：高斯提供了時不時批判巴特勒的論述，描繪了在其聲望巔峰時期的人生。

維吉尼亞·吳爾芙，《班尼特先生與布朗夫人》（*Mr Bennett and Mrs Brown*, 1924）：吳爾芙在其中討論巴特勒作為現代主義的重要先驅。

喬治·戴森（George Dyson），《在達爾文與機器之間》（*Darwin Among the Machines*, 1997）：這是一本關

於人工智慧發展歷史的著作，其書名取自巴特勒早期的一篇文章（雖然其靈感來自霍布斯的《利維坦》）。

第五章　尼采談道德信仰的過去未來

尼采其他的著作

《悲劇的誕生》（*The Birth of Tragedy*, 1872）：這是尼采的第一部巨著，這本書認為古希臘悲劇是藝術的最高形式。在此，他引入了生活是兩種精神之間無休止競奪的理論：分別是代表解構的戴奧尼索斯精神和象徵穩定的阿波羅精神。

《快樂的知識》（*The Gay Science*, 1882/1887）：尼采宣稱「上帝已死」，而殺死上帝的正是我們。

《查拉圖斯特拉如是說》（*Thus Spoke Zarathustra*, 1883/1885）：一位先知從山上下到人群，宣布上帝的死亡和超人的崛起。他還探討了尼采特有的「永恆回歸」的概念。

《善惡的彼岸》（*Beyond Good and Evil*, 1886）：尼采譴責傳統道德和捍衛它的哲學家們。他聲稱「權力意志」是所有人類行為的根源。這本書還包含了對德國民族主義和反猶太主義的批評。

《瞧！這個人》（*Ecce Homo*, 1888）：尼采的自傳，成書於他精神崩潰幾個月前，其中的章節名稱包含了「我為什麼如此聰明」和「為什麼我就是命運」。

研究尼采的著作

湯馬斯．曼（Thomas Mann），《浮士德博士》（*Doctor Faustus*, 1947）：曼在重新講述浮士德傳說時，將中心人物塑造成尼采的形象。小說探討了尼采關於阿波羅和戴奧尼索斯精神的思想，這一主題也出現在曼的史詩小說《魔山》（*The Magic Mountain*, 1924）中。

安吉拉．馮．德．利普（Angela von der Lippe），《關於露的真相》（*The Truth About Lou*, 2009）：尼采和里爾克都愛著她、佛洛伊德則欽佩她。馮．德．利普的小說重新將莎樂美定位成一個有自己權利的人，而不僅僅是著名男性情感追求中的一個注腳。

約翰．卡格（John Kaag），《與尼采同行：成為你自己》（*Hiking with Nietzsche: On Becoming Who You Are*, 2018）：在瑞士阿爾卑斯山的西爾斯瑪利亞上方，一位哲學教授試圖追隨尼采的思想和物理足跡。

蘇．普莉朵（Sue Prideaux），《我是炸藥：尼采傳》（*I Am Dynamite! A Life of Nietzsche*, 2018）：這是一本獲獎傳記，講述了這位認為所有哲學都是自傳性的人的生活，他的生活常常比小說來得怪奇。

亞歷克斯．羅斯（Alex Ross），〈尼采的永恆回歸〉（Nietzsche's Eternal Return），《紐約客》：為什麼有那麼多人，從左派到法西斯支持者，都擁抱尼采？

第六章　盧森堡談民主的社會主義革命

盧森堡其他的著作

《社會改革還是革命？》（*Social Reform or Revolution?*, 1899）：對盧森堡而言，答案很明顯，資本主義的轉變需要一場革命。

《列寧主義還是馬克思主義？》（*Leninism or Marxism?*, 1904）：這是對列寧革命組織的想法所提出的早期批判。

《資本積累》（*The Accumulation of Capital*, 1913）：盧森堡在政治經濟學方面的重要貢獻。她在此主張帝國主義對資本主義而言是必要的，因為資本需要不斷進入非資本主義地區以處理過剩商品。

〈德國社會民主黨的危機〉（The Crisis of German Social Democracy）或〈尤尼烏斯手札〉（The Junius Pamphlet）：

盧森堡批評支持戰爭的左派，並警告說資產階級社會面臨一個選擇：社會主義或野蠻。

研究盧森堡的著作

弗拉迪米爾・列寧，〈該怎麼辦？〉（What is to be Done?, 1902）：在這本手札中，列寧主張馬克思主義者必須組建一個黨或先鋒隊，將他們的思想傳播給工人。盧森堡強烈反對他的結論。

漢娜・鄂蘭，〈一位革命的女英雄〉（A Heroine of Revolution），《紐約書評》：鄂蘭在歐洲左翼的歷史脈絡中，論述了盧森堡遇害的經過和她的神話。

埃里克・魏茨（Eric D. Weitz），《威瑪德國：允諾與悲劇》（*Weimar Germany: Promise and Tragedy*, 2007）：魏茨的歷史著作探索了第一次世界大戰後德國的動盪與希望，並記錄了激進右翼的最終崛起。

凱特・埃文斯（Kate Evans），《血紅羅莎》（*Red Rosa*, 2015）：這是一本關於盧森堡的人生與志業的圖文傳記，其中突出展示了她的愛貓：咪咪。

喬治・伊頓（George Eaton），〈羅莎・盧森堡的來世：這位德國馬克思主義者的影響要如何持續〉（The Afterlife of Rosa Luxemburg: How the German Marxist's Influence Endures），《新政治家》：伊頓認為，盧森堡洞察到社會主義與民主必須結合，是她對政治思想最重要的貢獻。

第七章　施密特論朋友與敵人的區別

施密特其他的著作

《政治的浪漫派》（*Political Romanticism*, 1919）：施密特探討了浪漫主義者和自由主義者之間，智識與心理的關聯，這可以從他們的優柔寡斷到對受眾愛戴的渴望。

《論獨裁》(*On Dictatorship*, 1921)：從羅馬人到蘇維埃政權，施密特追溯了獨裁的歷史，並主張有時主權者需要暫時懸置法治以維護秩序。

《政治神學》(*Political Theology*, 1922)：施密特宣稱，現代國家理論中所有重要概念都是世俗化的神學概念。他還強調了自己對主權的定義，即宣布例外狀態的權力。

《憲政理論》(*Constitutional Theory*, 1928)：施密特對威瑪憲法的解釋涉及到了人民主權。在此，施密特主張政治上的團結是藉由認識到共同的敵人而產生的。

《大地法》(*The Nomos of the Earth*, 1950)：施密特戰後對國際關係的重要研究，在其中他描述了以歐洲為中心的全球秩序的興衰，以及他所認為的、歐洲全球秩序的主要成就：藉由將戰爭限制在主權國家之間，使戰爭文明化。

《游擊隊理論》(*Theory of the Partisan*, 1963)：施密特探討了一種以恐怖主義和游擊戰術為特徵的新形態戰爭的出現。九一一事件後，這本書重新被人們所重視。

研究施密特的著作

尚塔爾．穆伕(Chantal Mouffe)，《卡爾．施密特的挑戰》(*The Challenge of Carl Schmitt*, 1999)：這是左派知識分子與施密特互動的一個例子，穆伕利用施密特充滿對抗性的政治概念來反駁自由主義的勝利。

揚-維爾納．穆勒(Jan-Werner Müller)，《危險的心靈：戰後歐洲思想中的卡爾．施密特》(*A Dangerous Mind: Carl Schmitt in Post-War European Thought*, 2003)：這是一部施密特的傳記，探討了他對歐洲的智識影響如何延續，尤其聚焦在二戰後施密特思想的發展。

塔姆辛．肖(Tamsin Shaw)，〈威廉．巴爾：我們時代的卡爾．施密特〉(William Barr: The Carl Schmitt of Our Time)，《紐約書評》：肖認為唐納．川普的司法部長所提出的，不受限制的行政權力的論點，將我們這個時代的政治「最終還原至施密特」。

張哲（Chang Che），〈納粹如何激勵中國的共產黨人〉（The Nazi Inspiring China's Communists），《大西洋月刊》：「施密特熱」在中國學術界扎根，這在為香港國家安全法辯護的法律學者之間尤其如此。

第八章　熊彼得談民主政治的表演本質

熊彼得其他的著作

〈稅收國家的危機〉（The Crisis of the Tax State, 1918）：熊彼得在這篇原創性的文章中討論了一戰後，鑑於奧地利等國家面臨的巨額債務，對私人經濟活動徵稅的現代政治模式是否可持續運作。他認為有一個解方（包括資本稅的設立），但也懷疑社會主義國家強調所有權和控制的新模式可能過於誘人，難以抗拒。

〈帝國主義的社會學〉（The Sociology of Imperialisms, 1919）：熊彼得想知道為什麼資本家會參與一場將會摧毀他們許多企業的世界大戰。他的答案是帝國主義的「返祖」吸引力。與馬克思主義者不同，他不認為資本主義需要戰爭。但他認為太多的商人受到將資本拓展成帝國的幻象所誘惑。

《商業週期》（*Business Cycles*, 1939）：熊彼得主張技術創新在產生資本主義的不穩定性和生產力方面，有著決定性的作用。他還分辨了壟斷在推動創新中可能扮演的角色。這是一部重度依賴統計分析的歷史著作，使其難以歸類。

《十大經濟學家》（*Ten Great Economists*, 1951）：這本書描繪了熊彼得眼中，與他同時代的同輩人物。這些描繪有些帶著頌揚，有些則較為批判。受到最多關注的是馬克思，但這不是因為熊彼得是馬克思主義者，而是因為他意識到馬克思對後來的人們有多深刻的影響。

研究熊彼得的著作

湯馬斯．麥卡羅（Thomas K. McCraw），《創新的先知：約瑟夫．熊彼得與創造性破壞》（*Prophet of Innovation: Joseph Schumpeter and Creative Destruction*, 2007）：這本傳記將熊彼得的經濟思想與他那個時代的關鍵發展以及他動盪的個人經歷相結合。創造性破壞不僅是他的寫作主題，也是他的生命歷程。

伊恩．夏皮羅（Ian Shapiro），《民主理論的現狀》（*The State of Democratic Theory*, 2006）：夏皮羅是當代民主理論最重要的理論家之一。他主張將熊彼得的最小限度概念應用於從工作到家庭到法律以及政治等廣泛領域。這是對菁英民主競爭概念的創造潛能的一種倡議。

吉爾．勒波爾（Jill Lepore），〈顛覆的機器〉（The Disruption Machine），《紐約客》：這篇文章對創造性破壞理論持懷疑態度的觀點，將熊彼得與哈佛商學院後來的大師克萊頓．克里斯滕森（Clayton Christensen）的思想相聯繫。當克里斯滕森閱讀到這個想法時，他非常憤怒。

〈熊彼得〉（Schumpeter），〈新冠時代的創造性破壞〉（Creative Destruction in Times of Covid），《經濟學人》：這是《經濟學人》的匿名專欄，其中談論商業、財經和管理，專欄以偉大的經濟學家命名。而這體現了熊彼得的思想在新冠疫情時代被應用的一個例子。

第九章　波娃談女性的解放與自由

波娃其他的著作

《她有話要說》（*She Came to Stay*, 1943）：這部形而上學的小說靈感，來自於波娃和沙特與一對姐妹之間的關係，描述了一段錯誤的三角戀情。

《模糊性的道德》（*The Ethics of Ambiguity*, 1947）：在納粹占領法國之後，波娃正式將自己與存在主義聯繫起來，她聲稱這是唯一認真對待邪惡的哲學。

《文人時代》（*The Mandarins*, 1954）：波娃憑藉這部小說獲得了龔古爾文學獎，故事講述了戰後法國一群知識分子的生活，常被視為一部虛構的真人真事小說。

《論老年》（*The Coming of Age*, 1970）：以觸動人心的筆調探討老年生活及其挑戰，而這些挑戰發生在一個崇尚青春的世界裡。

《致沙特的信》（*Letters to Sartre*, 1990）：這是波娃與沙特之間私密甚至殘酷的通信，在作者去世後出版，震驚了文學界。

研究波娃的著作

尚－保羅·沙特，《存在與虛無》（*Being and Nothingness*, 1943）：波娃研究了沙特的所有作品，包括這部他的代表作，其中概述了存在主義的哲學。

馬德琳·戈貝爾（Madeleine Gobeil），〈西蒙·德·波娃：小說的技藝第三十五號〉（Simone de Beauvoir: The Art of Fiction No. 35），《巴黎評論》：這是一場在波娃的巴黎公寓中進行的訪談，訪談始於波娃為何鍾愛英國文學的討論。

莎拉·貝克威爾（Sarah Bakewell），《我們在存在主義咖啡館：那些關於自由、哲學家與存在主義的故事》（*At the Existentialist Café: Freedom, Being, and Apricot Cocktails*, 2016）：這是一本關於存在主義哲學家那多彩多姿的社群的傳記，使生活與哲學的界線變得模糊。

凱特·寇克派翠（Kate Kirkpatrick），《成為西蒙波娃》（*Becoming Beauvoir*, 2019）：寇克派翠指出，波娃是一位宣稱女性生活不應該被簡化為情色情節的女性，然而她的人生卻一直被簡化為情色情節。這部傳記聚焦重建了波娃作為一位思想家和情人的身分。

第十章　羅爾斯談正義的本質

羅爾斯其他的著作

《政治自由主義》（*Political Liberalism*, 1993）：這本書回應一些《正義論》的批評者，羅爾斯探討了政治正當性要如何以在多樣性及分歧中尋求共識為基礎。在此，他支持公共理性的理想和文明的義務。

〈廣島原爆五十年後〉（50 Years after Hiroshima），《異見》：在這篇罕見的媒體評論中，羅爾斯概述了正義戰爭的原則，並譴責了美國對日本的轟炸。正如他所言：「戰爭當然是一種地獄，但為什麼這意味著在地獄裡，道德區分將不再適用呢？」

《人民之法》（*The Law of Peoples*, 1999）：羅爾斯構想了一個將正義原則擴展到國際領域的「現實烏托邦」。

《正義即公平：理論重探》（*Justice as Fairness: A Restatement*, 2001）：在他人生的最後階段，羅爾斯重訪了他早期著作的主題，並表明了從資本主義福利國家理想向左傾的趨勢。

研究羅爾斯的著作

邁可．桑德爾，《自由主義與正義的界限》（*Liberalism and the Limits of Justice*, 1982/1998）：這本書是社群主義政治哲學對羅爾斯的批判，挑戰了他對人性論的預設。

蘇珊．莫勒．奧金（Susan Moller Okin），《正義、性別與家庭》（*Justice, Gender, and the Family*, 1989）：這本女性主義對現代政治理論的批判，也包含了批評羅爾斯，奧金認為傳統家庭是重要但常被忽視的不平等的場域。

湯米・謝爾比（Tommie Shelby），《黑暗貧民窟：不正義、異議與改革》（*Dark Ghettos: Injustice, Dissent, and Reform*, 2016）：謝爾比以羅爾斯的框架來探討美國當代的種族問題。

卡崔娜・福瑞斯特（Katrina Forrester），《正義的陰影下：戰後自由主義與政治哲學的重構》（*In the Shadow of Justice: Postwar Liberalism and the Remaking of Political Philosophy*, 2019）：這本書詳細描述了自由平等主義如何成為英美學界的主流立場，並提出適用於當今時代的政治哲學的關鍵問題。

丹尼爾・錢德勒（Daniel Chandler），《自由與平等：一個公平社會應該具備什麼面貌？》（*Free and Equal: What Would a Fair Society Look Like?*, 2023）：這是一個大膽的嘗試，旨在調整羅爾斯的政治哲學，讓它更適用於二〇二〇年代的政治，並為英國下一屆工黨政府提供具體的政策建議。

第十一章　諾齊克談國家治理的正當性

諾齊克其他的著作

《哲學解釋》（*Philosophical Explanations*, 1981）：這是一部涵蓋範疇廣泛的著作，試圖對一些最棘手且無法解答的哲學問題採出新的反思方向，將哲學的目標從尋找真理轉化成為更像是為不同世代的哲學家積累智慧，直到有朝一日人們能對這些問題提出解答。

《省思的人生》（*The Examined Life*, 1989）：諾齊克在這本書裡，朝著包容一切的想法上更進一步，這本隨筆集有時略帶神祕主義傾向。有些人認為它太過矯情，也有人認為它充滿啟發。

《蘇格拉底式的難題》（*Socratic Puzzles*, 1997）：這本隨筆集反映了諾齊克早期政治哲學許諾的一些反思，同時也探討了另一種對哲學的理解。哲學意味著要學會如何面對命運。

研究諾齊克的著作

傑佛瑞．保羅（Jeffrey Paul）編，《閱讀諾齊克：〈無政府、國家與烏托邦〉論文集》（*Reading Nozick: Essays on Anarchy, State, and Utopia*, 1981）：這是一本涵蓋了諾齊克名著各個面向的文集，其中的論文由包括伯納德．威廉斯（Bernard Williams）、彼得．辛格（Peter Singer）和奧諾拉．奧尼爾（Onora O'Neill）等著名哲學家撰寫。

強納森．沃爾夫（Jonathan Wolff），《羅伯特．諾齊克：財產、正義與最小限度國家》（*Robert Nozick: Property, Justice and the Minimal State*, 1991）：這是對諾齊克最小限度國家論點及其對後續政治哲學影響的批判性研究。

史蒂芬．梅特卡夫（Stephen Metcalf），〈自由的騙局〉（The Liberty Scam），《Slate雜誌》：這篇文章利用諾齊克的「威爾特．張伯倫事例」來探討諾齊克的自由主義的內在問題。

第十二章　史珂拉論習以為常的殘忍

史珂拉其他的著作

《烏托邦之後：政治信仰的衰落》（*After Utopia: The Decline of Political Faith*, 1957）：這本書探討了在二十世紀重大政治災難的背景下，政治理論的重要變遷。

《人與公民：盧梭社會理論研究》（*Men and Citizens: A Study of Rousseau's Social Theory*, 1969）：這本書提出一系列對盧梭的反思，其中深富對盧梭思想的同情，但對盧梭的為人則較為保留。

《孟德斯鳩》（*Montesquieu*, 1987）：這本書是對史珂拉心目中重要的智識偶像的思想所做的簡短介紹。

《美國公民：訴求包容》（*American Citizenship: The Quest for Inclusion*, 1991）：這是對成為美國人將存在著什麼涵義的哲學反思，強調參與投票和促進公民意識的行動有多麼重要。

研究史珂拉的著作

伯納德．威廉斯，《一開始就是行為》（*In the Beginning was the Deed*, 2007）：本書是一名著名哲學家的論文集，其論文有部分靈感來自史珂拉的「恐懼的自由主義」論述。

大衛．朗西曼，《政治虛偽》（*Political Hypocrisy*, 2008）：本書藉由自霍布斯到歐威爾等作家的思想，來思考虛偽這一史珂拉筆下的平凡的惡習。

卡崔娜．福瑞斯特（Katrina Forrester），〈朱迪絲．史珂拉思想中的記憶與希望〉（Memory and Hope in the Thought of Judith Shklar），《現代思想史》（*Modern Intellectual History*）：這篇期刊文章借鑑史珂拉早年關於烏托邦主義和信仰的著作，以理解她後期有關恐懼的論述。

ithink
RI7014

世界還能變好嗎？

劍橋大學教授談12位時代思想巨人，開展平等、正義與革命的關鍵思考

The History of Ideas: Equality, Justice and Revolution

• 原著書名：The History of Ideas: Equality, Justice and Revolution • 作者：大衛．朗西曼 David Runciman • 翻譯：陳禹仲 • 封面設計：FE設計 • 內文排版：李秀菊 • 校對：李鳳珠 • 主編：徐凡 • 責任編輯：吳貞儀 • 國際版權：吳玲緯、楊靜 • 行銷：闕志勳、吳宇軒、余一霞 • 業務：李再星、李振東、陳美燕 • 總經理：巫維珍 • 編輯總監：劉麗真 • 事業群總經理：謝至平 • 發行人：何飛鵬 • 出版社：麥田出版／城邦文化事業股份有限公司／115台北市南港區昆陽街16號4樓／電話：(02) 25000888／傳真：(02) 25001951 • 發行：英屬蓋曼群島商家庭傳媒股份有限公司城邦分公司／115台北市南港區昆陽街16號8樓／書虫客戶服務專線：(02) 25007718；25007719／24小時傳真服務：(02) 25001990；25001991／讀者服務信箱：service@readingclub.com.tw／劃撥帳號：19863813／戶名：書虫股份有限公司 • 香港發行所：城邦（香港）出版集團有限公司／香港九龍土瓜灣土瓜灣道86號順聯工業大廈6樓A室／電話：(852) 25086231／傳真：(852) 25789337 • 馬新發行所／城邦（馬新）出版集團【Cite(M) Sdn. Bhd.】／41, Jalan Radin Anum, Bandar Baru Seri Petaling, 57000 Kuala Lumpur, Malaysia.／電話：+603-9056-3833／傳真：+603-9057-6622／讀者服務信箱：services@cite.my • 印刷：漾格科技股份有限公司 • 2025年5月初版一刷 • 定價520元

國家圖書館出版品預行編目資料

世界還能變好嗎？：劍橋大學教授談12位時代思想巨人，開展平等、正義與革命的關鍵思考／大衛．朗西曼（David Runciman）著；陳禹仲譯. -- 初版. -- 臺北市：麥田出版：英屬蓋曼群島商家庭傳媒股份有限公司城邦分公司發行, 2025.05
面；　公分
譯自：The History of Ideas : Equality, Justice and Revolution.
ISBN 978-626-310-844-8（平裝）
EISBN 978-626-310-843-1 (EPUB)
1.CST: 政治思想史　2.CST: 政治學
570.9　　114000785